国家出版基金项目
NATIONAL PUBLICATION FOUNDATION

中国粮食经济与安全丛书

粮食安全视角下
中国粮食储备管理制度与
风险防范研究

樊慧玲　著

中国农业出版社

北　京

图书在版编目（CIP）数据

粮食安全视角下中国粮食储备管理制度与风险防范研究／樊慧玲著 . —北京：中国农业出版社，2024.2
（中国粮食经济与安全丛书）
ISBN 978-7-109-31774-1

Ⅰ.①粮…　Ⅱ.①樊…　Ⅲ.①粮食－国家储备－风险管理－研究－中国　Ⅳ.①F324.9

中国国家版本馆 CIP 数据核字（2024）第 051356 号

粮食安全视角下中国粮食储备管理制度与风险防范研究
LIANGSHI ANQUAN SHIJIAO XIA ZHONGGUO LIANGSHI CHUBEI GUANLI
ZHIDU YU FENGXIAN FANGFAN YANJIU

中国农业出版社出版
地址：北京市朝阳区麦子店街 18 号楼
邮编：100125
责任编辑：肖　杨　王佳欣
版式设计：王　晨　责任校对：张雯婷
印刷：北京通州皇家印刷厂
版次：2024 年 2 月第 1 版
印次：2024 年 2 月北京第 1 次印刷
发行：新华书店北京发行所
开本：720mm×960mm　1/16
印张：14.5
字数：283 千字
定价：85.00 元

总　序

　　粮食事关人民健康、经济发展、社会稳定，粮食安全直接影响人民生命安全、经济安全乃至国家安全。粮食安全影响中国，也影响世界；影响当前，也影响未来。

　　新中国成立 75 年来创造了中华民族农业史上的四个里程碑：彻底摆脱了持续数千年的饥饿困扰，彻底结束了持续 2 000 多年交"皇粮"（农业税）的历史，基本结束了持续数千年"二牛抬杠"依靠畜力耕地的历史，彻底消除了现行标准下的绝对贫困。2021 年，我国人均粮食占有量已经达到 483 千克，超越了联合国粮食及农业组织规定的人均 400 千克粮食占有量的温饱线（吃饱线），但距发达国家人均消费粮食 800 千克左右的"吃好线"还差 317 千克。可见，"吃饱没问题，吃好要进口"是中国粮食安全的基本国情，粮食安全问题将长期存在，我国必须走出一条具有中国特色的农业发展、粮食安全的发展道路，牢牢地把饭碗端在自己手中。

　　未来，粮食安全问题将更为突出，粮食安全鸿沟将长期存在，粮食安全将长期困扰人类生存与发展。当前，世界上 78.9 亿人中仍有 8.28 亿人没有吃饱，未来还将出生的 25 亿人吃什么？世界粮食安全期待第三次绿色革命，期待填平粮食安全鸿沟，期待人类粮食命运共同体的诞生！

　　在国际环境日益复杂多变的形势下，推动粮食产业高质量发展、稳住"三农"基本盘是应对国内外各种风险挑战、保障国家经济安全的战略要求。确保国家粮食安全，既需要足够的粮食产量和合理库存作为前提，又离不开相应的加工流通能力和产业链掌控能力。在复杂的地缘政治环境和不确定的贸易政策形势下，我国 1 亿多吨的粮食进口面临着国际粮源与供应链中断风险；在农业资源约束趋紧、粮食供需错配的背景下，6 亿多吨的消费量、3 亿多吨的存储量、2.4 亿吨的跨省物流量，给国内粮食生产、收储、加工、流通带来了巨大压力和挑战。我国既可能面临国际市场风险加剧、国际供应链中断所带来的防御型安全威胁，又可能面临"谷贱伤农""米贵伤民"在粮食生产、流通领域的管理型安全威胁，必须统筹好粮食生产、储备、流通、贸易，大力发展粮食产业经济、健全粮食产业体系。

第七次全国人口普查数据表明，我国人口总量将在 2025—2030 年达到峰值 14.5 亿人，以人口老龄化为核心的人口结构性矛盾日益突出。为应对人口峰值和老龄化所形成的粮食安全保障与消费新需求，必须谋划粮食安全保障新战略和粮食产业发展新方式。同时，随着居民收入增长与消费升级，口粮直接消费（面粉、大米）逐步减少并趋于稳定，肉蛋奶的消费总体仍呈上升趋势，未来我国粮食消费结构中，除了主粮、饲料粮，蛋白饲料、能量饲料等需求将呈持续增长趋势。2021 年我国人均国内生产总值（GDP）已达到 12 551 美元，但距高收入国家标准还有不小的差距。经验表明，进入高收入国家，食物消费结构将发生较大变化。目前，我国粮食需求仍然处于上升通道，保障粮食供应的任务十分艰巨，但同时也为粮食产业链的转型升级、高质量发展提供了战略性机遇。

产业强、粮食安，习近平总书记多次对粮食问题作出重要指示，强调抓好"粮头食尾""农头工尾"，抓住粮食这个核心竞争力，延伸粮食产业链、提升价值链、打造供应链，深入推进优质粮食工程，做好粮食市场和流通的文章，为保障国家粮食安全、加快粮食产业高质量发展指明了正确方向，提供了根本遵循。

为深入贯彻习近平总书记关于保障粮食安全的重要论述，全面系统研究中国粮食经济与安全领域的关键性理论问题，更好地支撑粮食经济与安全发展，中国农业出版社组织编写了"中国粮食经济与安全丛书"。该丛书围绕"立足新发展阶段、贯彻新发展理念、构建新发展格局、推进高质量发展"，在粮食产业高质量发展评价体系设计与应用的基础上，从流通、贸易、金融化、储备、基础设施、经济史等方面按照"高质量发展及支持政策的问题识别→解决短板、实现高质量发展的路径设计与机制识别→保障高质量发展的推进策略"的思路，进行流通、贸易、金融、储备、基础设施等关键环节的政策效果评估和路径优化研究，有利于构建链条优化、衔接顺畅、运转高效、保障有力的粮食产业体系，进而实现我国粮食安全保障战略和粮食产业高质量发展。该丛书共 7 册，分别为《粮食安全视角下中国粮食储备管理制度与风险防范研究》《"双循环"下中国粮食流通体制改革与创新研究》《地缘政治风险影响中国粮食价格的传导机制与实证研究》《中国跨国粮食供应链构建的现实逻辑与路径优化》《中国粮食生产高质量发展研究》《粮食安全战略下农业基础设施建设对粮食增产效应的研究》《中国粮食经济史》，是国内首套中国粮食经济与安全的系统性著作。

该丛书的顺利出版，对于构建具有中国特色的粮食安全与产业高质量发展理论体系、深化对以粮食为客体的若干重大关系的认识、破解粮食产业高质量发展政策目标错位的难题、指导粮食产业高质量发展评价等都具有重要意义。该丛书既可为我国粮食战线广大干部职工和科技人员学习研究提供参考，又可为政府部门制定与完善我国粮食安全战略和推动粮食产业高质量发展政策措施提供借鉴。

手中有粮，心中不慌。我国粮食安全问题是一个需要持续关注的兼具理论性和现实性的战略问题。该丛书对于相关问题的研究不免挂一漏万，希望更多的专家学者关注、研究中国粮食安全问题，为"中国人的饭碗任何时候都要牢牢端在自己手中，我们的饭碗应该主要装中国粮"作出新贡献。

清华大学国际生物经济中心主任

前 言

　　储为国计，备为民生，粮安天下。备豫不虞，为国常道。在 2021 年年底召开的中央经济工作会议上，习近平总书记深刻指出，"对我们这样一个大国来说，保障好初级产品供给是一个重大的战略性问题"，强调"要加强国家战略物资储备制度建设，在关键时刻发挥保底线的调节作用"。当前，我国粮食综合生产能力稳步提高，粮食安全保障能力不断提升。但是，我国粮食储备主体单一，以政府储备为主，粮食企业储备规模较小，难以适应粮食流通市场化改革的需要，亟须通过深化改革，创新完善粮食储备管理体制机制。2019 年 5 月，中央全面深化改革委员会第八次会议上审议通过《关于改革完善体制机制加强粮食储备安全管理的若干意见》，对我国粮食储备管理作出全面部署，勾勒了全新的粮食储备安全制度框架。2021 年年底，中共国家粮食和物资储备局党组发表《党领导百年粮食改革发展的历史经验与重要启示》，指出要以史为鉴，加快构建更高层次、更高质量、更有效率、更可持续的国家粮食安全保障体系，坚决扛稳管好"大国储备"和"天下粮仓"的政治责任，在更高层次上保障国家粮食安全。当前，在新冠疫情冲击下，世界百年未有之大变局加速演进，粮食供应面临的不确定性增加，局部冲突等因素加剧了全球粮食供应链紧张，给我国经济社会稳定发展带来新的风险挑战。基于此，本书开展完善新时代中国粮食储备制度、规避粮食安全风险、保障中国粮食安全的相关研究具有较强的理论意义和政策价值。

　　首先，剖析了宏观粮食储备之于粮食安全的经济效应。一方面，国家粮食储备会调节市场供求矛盾、确保国内粮食市场稳定、利于实施粮食应急管理等；另一方面，国家粮食储备也会造成资源浪费、成本增加等问题。但是，总体而言，国家粮食储备制度是符合国家经济发展需要和国家安全需要的。为此，本书提出可从粮食收购制度、批发市场及期货市场入手完善我国的粮食储备制度，消除其对粮食安全的不利影响；在充分利用国家粮食储备实现粮食调控的同时，不断完善相关配套制度，尤其是要加强各项法律法规的建设，规范各市场主体的行为，真正形成体制健全、灵活有效的粮食宏观调控体系。

其次，梳理了中国粮食储备的历史成就与现实困境。纵观我国的粮食储备体系发展历程主要经历了 1840 年以前的古代粮食储备体系、1840—1948 年的近现代粮食储备体系、1949 年至今的当代粮食储备体系。通过对 1978 年以来相关数据的整理发现，在较长时期内，我国粮食供求将会处在一种紧平衡状态，粮食安全形势千万不能掉以轻心。而且，随着工业化和城镇化的不断推进和发展，中国粮食储备面临着诸多现实困境：第一，粮食储备规模过大导致国家财政负担加重；第二，我国粮食生产发展仍然面临资源约束趋紧、劳动力结构性短缺、生产成本较高等问题；第三，我国粮食储备布局方面难以实现规模储存效益；第四，当前粮食储备调控体系中尚存一定的问题；第五，我国储粮基础设施仍然呈现出落后的状态。为此，新时代中国粮食储备体系可从"储什么""怎么储""谁来储"以及"如何用"四个方面，同时采取加快推动国家储备领域立法进程、全面加大国家储备监管力度、打好改革发展"组合拳"以及坚决筑牢守好安全底线等多项举措实现新时代中国粮食储备体系的改革与创新。

再次，运用 PEST 分析法对影响粮食储备的经济因素、社会因素、政治因素以及技术因素进行分析。研究表明，政府始终在我国的粮食储备中发挥着重要作用，但同时也有其他影响粮食储备的关键因素。第一，我国是粮食消费大国，需要一部分进口补充，复杂的国际形势会对我国粮食储备产生影响，其中，粮食出口国的粮食贸易政策是影响国际粮食市场的最主要政策。第二，从我国粮食生产、消费和粮食市场价格等方面分析影响我国粮食储备的经济环境，研究发现粮食储备规模的确定很大程度上取决于粮食生产与粮食消费之间的差额。第三，通过分析得出了人口增长和城镇化发展对于粮食储备安全有着促进与阻碍的双重作用，而国民经济的发展会改善粮食储备所处的社会环境，带动粮食的生产和消费。第四，分析了直接技术环境以及从事粮食工作的技术人才的数量和质量对保障粮食储备安全的重要性。

又次，进行粮食储备风险管理的学理基础分析。从粮食储备风险管理的现实逻辑和理论逻辑两方面出发，论证对粮食储备进行风险管理的必要性。在界定粮食储备风险管理含义的基础上，详细介绍我国现阶段粮食储备管理中长期存在的规模风险、质量风险、成本风险、运营风险、轮换风险以及国际风险，这些风险的有效化解可以在很大程度上保障国家粮食安全。但是每一种风险产生的原因并不是单一的，而是具有动态性和关联性。粮食储备风险具有复杂性和动态性的特点，故而粮食储备的风险管理也应该是不断改进和完善的过程。

最后，在借鉴国内较为成功的粮食储备经验的基础上，提出规避粮食储备风险，保障我国粮食安全的相关政策建议。不仅需要通过加强工作领导，还需要加大粮食储备的透明度，对粮食储备有充分认识。同时，加强硬件建设，推行规范管理，打造适合我国的粮食储备管理的软硬件环境，形成科学合理的粮食储备标准规范体系。再通过加强内外监督和健全立法，形成对粮食违法的防范和惩戒机制，为构建科学合理的粮食储备管理打下坚实的基础，通过适合我国的粮食储备管理体制，真正发挥与粮食储备意义相适应的作用，为稳定国家粮食安全大局提供坚实的保障。

著　者

2022 年 6 月

目　录

第一章
基础理论的回顾与评述

粮食安全作为我国战略安全之首，始终是治国安邦的头等大事，且是推动经济发展和社会稳定的基础。粮食储备是国家粮食安全体系中极其重要的组成部分，是国家宏观调控能力的重要基础，在保障国家粮食安全中起着重要的作用。因此，在粮食安全视角下对中国粮食储备的理论与实践进行研究，首先要了解国内外学者对粮食储备、粮食安全等相关主题的研究进展，梳理具有代表性的观点，为进一步的研究作铺垫。本章是全书的首章，主要分为四节，前三节分别对粮食储备、粮食安全、粮食储备风险管理等国内外研究进行回顾，第四节则对目前关于粮食储备、粮食安全、粮食储备风险管理的国内外文献作整体研究述评。

第一节 粮食储备国内外文献回顾

一、粮食储备国外文献回顾

（一）粮食储备功能的相关研究

Lines（2011）提出，过去5年的粮食价格危机再次引发人们对贫穷国家粮食供给问题的关注，以及意识到以往对贫穷国家依靠世界市场弥补任何供给缺口的建议过于空泛化。早期的粮食安全概念，涉及对国内或区域供给的过度依赖，正在被重新审视，包括部署公共粮食储备以满足迫切需求。纵观各个国家各种类型的粮食储备，有不同的制度和目的，但粮食储备的主要作用是纠正粮食市场总量的基本失灵、平滑价格波动、补充或替代私人部门以及应对粮食危机等突发情况。Brian（2011）研究了中东和北非的粮食储备和粮食安全。这些国家，由于水资源有限，其在扩大农业方面没有比较优势，因此，认为粮食短缺的风险在一定程度上可以由粮食储备来消除，粮食储备是一种比追求自给自足更有效的粮食安全战略。受粮食价格危机等因素的影响，中东和北非的一些国家目前正在考虑投资战略粮食储备、追求自给自足和获取外国土地，同时对国内粮食消费提供大额补贴、增加粮食储备规模、消除粮食价格歧视以确保国内消费的粮食供给安全。Fraser 等（2015）探讨了三种不同类型的粮食储备政策：美国的"Bever-normal"粮仓政策、欧盟的共同农业政策和非洲的战略粮食储备政策。研究发现，随着时间的推移，粮食储存一方面因其耗资巨大受到批评，另一方面却在粮食危机时期往往被证明在保护贫困消费者方面发挥着重要作用，当前需要更多的研究来评估实施粮食仓储系统的规模，以确保粮食系统的弹性，以及最有效的治理和管理机制。Jonatan 等（2018）认为，在2007—2008 年和 2011 年世界粮食价格危机出现之后，一些亚洲国家一直在维持紧急粮食储备，以确保大额粮食供应和稳定粮食价格。灾害和极端气候事件进一步证明政府紧急粮食储备的合理性。调查结果表明，大多数政府坚持认为，充足的粮食储备可以缓和国家粮食价格冲击以及灾害和气候变化带来的冲击，并缓解灾害和气候紧急情况期间因出口禁令而造成的贸易中断。对于粮食储备的功能，有学者持相同意见，Chima 等（2018）提出，2007—2008 年的粮食价格飙升引起了全世界对粮食安全的关注。面对挑战，实施粮食储备的国家有能力采取措施将风险降至最低。尽管存在一定争议，但粮食储备被认为是应对粮食冲击的有效方式。他们研究了中国台湾地区 2010—2012 年在 APEC（亚太经济合作组织）论坛上提出的粮食储备倡议，研究揭示了 APEC 成员经济体之间的农业利益冲突，进一步承认粮食贸易是 APEC 情景下保障粮食安全的无可争议的措施，粮食储备能有效应对粮食危机。Yarkova 等（2013）认为，在WTO（世界贸易组织）条件下，粮食储备需要成为促进地区粮食独立和国家粮食安全的主要有效途径之一。国家支持农业生产者的进一步创新，以发展该地区的粮食储备，并提出建立粮食储备的措施，包括组织咨询活动和公共投资，这些活动的实施将有助于提高农业生产效率和增强地区的粮食独立性，保障粮食储备能力。

（二）粮食储备规模的相关研究

Francesco 等（2016）认为，食品贸易一直是深入调查的主题，人类社会依靠粮食储备和农产品进口作为应对作物歉收和相关粮食短缺的手段。此前关于食品储备的量化研究较少，尚不清楚粮食库存如何变化以及它们是否在下降。研究通过使用 92 种产品的食品库存记录来重建 50 年的总食品储备，详细的统计分析表明，整体区域和全球人均粮食库存是稳定的，这对人们普遍认为的粮食储备量正在减少的印象构成挑战。到 2050 年，全球人均粮食储备存量有 20％的可能性。但是，存在一些明显的地区差异：西欧以及包括北非和中东在内的地区的人均粮食储备存量减半的概率较小，而北美和大洋洲的减半概率和人均粮食储备量均高于全球平均水平。非洲人均粮食储备量较低，到 2050 年存量减半的可能性较高，这反映了该大陆粮食不安全状况较明显。Jha（1999）在研究粮食储备最优规模时，考虑了不同粮食品种之间的粮食消费和粮食储备具有一定的替代性，从而构建了多品种动态均衡的随机模型。Reut-linger 等（1980）采用动态随机模拟模型对粮食储备方式和缓冲储备的成本效率进行了研究，并评估了替代贸易和储备政策下食品消费的稳定性。

Gouel 等（2015）提出在没有公共干预时，粮食价格由国内生产力冲击和国际价格决定。最优存储策略不利于消费者，因为稳定政策带来的福利流入了世界市场。相比而言，一个最优组合的储备和贸易政策将更有利于粮食国内价格的稳定。全球粮食需求与实际粮食和储备量之间的差距是国际粮食安全危机。Yulianis 等（2021）提出印度尼西亚建立了多层次的国家粮食储备机制，包括中央政府粮食储备、地区政府粮食储备（省、市、区级）和社区粮食储备。印度尼西亚 2021 年年初的国家粮食储备充足，粮食库存消费比达到 25.16％，高于粮农组织建议的 17％～18％。因此，应加大省、市、区重点利益相关方的宣传和协调力度，优化政府粮食储备；发展以乡村为基础的社区粮食谷仓。Cima 等（2018）提出，多年来无论是生产率的提高还是农业面积的扩大，都增加了对粮食储藏能力的需求，这给巴西粮食储藏增加了许多压力，此外，粮食价格的下跌使得农民更愿意先储备粮食而不是出售粮食。这两个因素都促使巴西需要更大的储备空间供粮食储存，研究发现，无论是粮食总产量低或高的地区，总静态存储容量（TSSC）和仓库总数量（TQW）都存在正的空间自相关性。

二、粮食储备国内文献回顾

（一）粮食储备功能及目标的相关研究

粮食储备一直是中国国家安全战略和市场稳定政策的重要组成部分。张昌彩（2004）认为，对于我国这样的粮食大国而言，粮食储备的主要功能是周转库存，同时还具有调节市场供求和价格的作用。因此，我国应高度重视粮食储备的作用，确保国家粮食安全。普冀喆等（2018）提出，粮食储备有三大作用。首先粮食储备的基本目标是保障粮食安全，在粮食供求失调时，保障群众的口粮需要，稳定民心。其次是稳定市场功能，保证市场稳定对于经济平稳发展极其重要。最后是经济福利功能，粮食储备也有一定的再次分配社会收益功能，通过保护弱势群体的利益，促进社会整体福利的提高。高铁生等（2009）提出，中央储备粮体系是国家粮食宏观调控的重要载体，可以依据国家利益的需要，充分发挥自身周转、吞吐等市场运作能力，缓解国际粮价波动对国内市场的冲击。钟甫宁（2011）认为，除了应对短期的意外波动，在供求长期平衡出现问题的初期，粮食储备也往往用于弥补由于基本供求力量不平衡所产生的缺口，从而推迟市场价格发出正确信号的时间。谢洪燕等（2013）提出，国家粮食储备最重要的功能在于发挥蓄水池的作用，平抑粮食市场的价格波动。许多市场经济国家都是以价格波动情况作为粮食储备调控政策介入的指标，我国现行的粮食储备调控政策也是按照这一思路设计的。李蕊等（2021）则认为，当下为了保障中国国内粮食安全，更需要发挥粮食储备的"稳定器"作用，通过储备粮吞吐及时平抑粮食市场各种风险引起的价格波动、填补供应空缺。韩建军等（2021）提出，粮食储备的目标不仅仅是应对自然灾害，同时它也担负着平抑粮价的功能，而粮食应急储备作为调节粮食供求的"蓄水池"，除了能够保障在困难时期人们的基本口粮需求外，还能起到调节粮食市场价格波动的作用。陈超（2021）则认为，粮食储备系统是粮食安全系统的重要组成部分，同时也是农业生产乃至社会经济发展的"调节器"。粮食储备系统可以调控粮食市场供求，稳定粮价，保证粮食歉收时的有效供给，从而发挥"稳定器"的作用。同时，粮食储备调控目标是粮储调控制度核心，是政策制定的出发点和落脚点。曾善娟（2021）围绕粮食储备企业如何构建有效的内部控制机制展开探讨，针对粮食储备企业内部控制主要内容、关键节点、优化策略等逐一阐述分析，认为粮食储备是国家保障和调节粮食市场供应及价格宏观调控的有效抓手，粮食储备企业承担着平衡粮食市场供应、价格平稳的责任。何琳纯（2020）则认为，粮食储备是粮食安全的重要保障，是关系国计民生、维持社会稳定、调节粮食价格与供求的重要手段。我国粮食储备体系的目标主要在于保障粮食供给数量的充足和质量的安全，通过中央储备粮吞吐轮换机制实现粮食供求的安全与平衡。徐黎明（2020）以江西省国家粮食储备库为例，提出粮食储备库以创建"四无粮仓"（即无害虫、无变质、无事故、无鼠雀）为基本目标，推动仓储管理规范化、储量科学化、设施现代化、环境生态化、队伍专业化建设，不断提升仓储管理水平。黄珊珊（2020）研究了我国粮食储备与粮食价格之间的关系，提出粮食储备有四个目标，分别是粮食安全、稳定收入、稳定价格及提高效益，这四个目标具有相互促进、相辅相成、相互矛盾等复杂关系，在不同时期和不同背景下会发生变化，但无论如何，粮食安全始终是粮食储备的最终目标。谭砚文等（2019）详细梳理了印度食品管理制度的演变过程，认为印度粮食储备的主要目的是保障目标公共分配制度的需要以及应对作物歉收、自然灾害等紧急情况的需要。当粮食市场行情不好时，印度政府首先会大量采购粮食，尽可能地稳定市场价格；与此同时，将扩大对贫困人群的支持范围，达到降低粮食库存的目的，最终保障粮食储备消耗率始终处于一个较为合理的范围。蒋和平等（2015）提出，我国粮食储备主要有政府储备与民间储备两种形式：政府储备是保障粮食供求平衡、调整粮食供求、控制粮食价格的重要手段；民间粮食储备又称社会粮食储备，其主要作为经营性粮食储备。

（二）粮食储备体系改革的相关研究

作为衔接粮食生产、流通和消费的中间环节，粮食储备制度是粮食安全保障的重要手段。黄珊珊（2020）经过研究后发现，我国粮食储备经过了四个阶段，分别是自由购销阶段（1949—1952年）、统购统销阶段（1953—1978年）、经济转型阶段（1979—2000年）、中央与地方分级管理阶段（2001年至今）。金梅等（2015）则提出从古时的正仓、太仓、军仓等，到国民政府时期的仓储制度，从新中国成立后至改革开放前的甲字粮、战备粮，到现在的中央储备制度，我国的粮食储备制度经历了数千年的发展，在不同历史时期对稳定政权、促进社会和谐发展发挥了重要的作用。高瑛等（2021）则将粮食储备制度分为了以下几个阶段：中国古代粮食储备制度（1840年以前）、中国近现代粮食储备制度（1840—1948年）及中国当代粮食储备制度（1949年至今）；并且提出我国的粮食储备历史可以追溯到石器时代，到夏、周时代粮食储备已发展成为一项财政制度，两宋时期开启了中央、地方、民间的三元储备制度。至新中国成立后，粮食储备体系按照市场化角度划分为自由购销、统购统销、流通体制转轨、流通体制市场化四个阶段。近年，随着粮食储备机构职责的逐步明确和体制的改革，地方储备也在不断地完善，最终形成国家储备与地方储备协同发展新格局。贾晋（2012）有类似观点，他认为，我国粮食储备体系经历了自由购销、统购统销、流通体制转轨、流通体制市场化四个阶段。构建粮食储备政策不仅要关注储备规模的优化，还需要对粮食储备在中央—地方、产区—销区以及品种结构间的合理布局和配置进行深入探析。亢霞（2019）分析了新中国成立以来70多年我国政府粮食储备体系的演变，认为我国粮食储备已经初步形成了以中央统一领导为基础、中央储备与地方储备、政府储备与企业储备互为补充、协同发展的统一体系。通过不断改革完善粮食储备管理体制机制，聚焦科学确定粮食储备功能和规模，不断健全和完善粮食储备运行机制，服务宏观调控、调节稳定市场、应对突发事件和提升国家安全能力的粮食储备体系目标更加清晰明确，我国政府粮食储备从传统粮食储备体系向围绕建设现代化经济体系和高质量发展的现代粮食储备制度转变迈进。白美清（2019）提出，从1978年贯彻党的十一届三中全会精神到20世纪初这一阶段，全国粮食系统抓住机遇，利用改革开放之机，认真学习世界的先进经验，结合中国的实际情况，采取多种形式，引进国外的资金、技术、人才，建立起符合粮食流通规律的粮食物流运转市场体系，建立起符合中国国情的粮食储备体系（1990年），引进世界银行贷款改善我国粮食流通设施建设（1993—2003年），利用应对亚洲金融危机我国增发国债之机，大规模建设国家储备库（1998—2003年），最终构建起适合我国国情的粮食安全保障体系。彭锁（2019）提出，粮食储备是保证国家粮食安全的"稳定器"，是一定时期解决粮食安全问题的应急措施，也是国家调控粮食市场的重要手段。我国一直非常重视粮食储备建设，1998年后国家开始投入大量的资金，建立大量的中央垂直粮库，改善储粮环境，提升基础设施水平，将中央的储备粮资金纳入财政预算；改革开放后，随着国家粮食流通领域的变化，2000年国家组建垂直管理的中国储备粮管理总公司，粮食储备制度是以政府为主导，中央储备粮以中储粮、财政部、国家发展和改革委员会、国家粮食局和中国农业发展银行为主体的政府储备制度。2018年组建新的机构——国家粮食和物资储备管理局，逐渐适应新时期国家粮食储备的要求。张青等（2009）分析了新中国成立以来我国粮食储备制度的主要发展阶段，将其概括为五个阶段，即以备战备荒为目的的国家粮食储备制度（20世纪五六十年代）、计划经济统配平衡下的国家粮食储备制度（1990年之前）、以稳定供求和调节价格为目的的国家专项粮食储备制度（20世纪90年代）和以垂直管理为特征的中央储备粮管理体制（2000年至今）；并提出每个阶段的粮食储备制度都是在特定的国内外形势之下产生的，是特定的历史时期的产物，是由所处阶段的经济体制所决定的，是与我国的国际地位和经济发展水平相适应的。

第二节　粮食安全国内外文献回顾

一、粮食安全国外文献回顾

（一）粮食安全内涵的相关研究

1974 年，第一届世界粮食会议上就提出关于粮食安全的概念，即"保证任何人在任何时候都能够得到为了生存和健康所需要的足够食品"[①]。定义指出，粮食安全是以生存和健康为目标，实质在于保证人类的基本生存权和生活权。1983 年 4 月，联合国粮食及农业组织（FAO）总干事爱德华·萨乌马更新了粮食安全的定义，他认为，"粮食安全的最终目标是，确保所有的人在任何时候既能得到又能买得起他们所需的基本食品"。相对于世界粮食会议上粮食安全的概念，他将"都能够得到"修改为"既能买得到又能买得起"[②]。

Ryu 等（2013）批判性地回顾自由主义粮食安全观的历史、理论以及对所谓粮食安全指数的论述，从而揭示自由主义粮食安全观的理论和实践局限性。食品安全的概念和论述一直被某些自由主义或新自由主义的观点和理论所主导，这些观点和理论自 20 世纪 80 年代以来一直是世界政治和经济的主导范式。然而，自由主义的粮食安全理论通过主张粮食自由贸易，很可能贬低粮食作为安全问题的重要性，扭曲许多粮食不安全国家的粮食安全实际情况，可能导致其粮食安全状况恶化。因此，需要一个新的"现实主义"的粮食安全概念和理论。联合国粮食及农业组织明确了粮食安全有四个主要维度：供应、实际获取、经济获取和利用率。虽然每个维度对家庭总体粮食安全都是必要的，但它们在农村环境与城市环境中，甚至在不同收入和粮食贸易净平衡的国家中，可能具有不同的权重。Seo 等（2019）主要研究了韩国民众粮食安全状况，并将家庭粮食安全状况主要分为三类：粮食安全家庭、粮食不安全的无饥饿家庭和粮食不安全的有饥饿家庭。通过调查 14 770 名参与者，最终发现家庭粮食不安全与非传染性疾病有关，实施家庭食品安全筛查和公共卫生干预有助于预防和减少非传染性疾病。Per（2009）分析了"什么是粮食安全"以及"如何去衡量是否实现了粮食安全"两个问题，他认为"粮食安全"一词被用来描述一

---

① 吴天锡：《世界粮食安全政策》，《世界农业》，1983 年第 6 期，第 1-4 页。
② 陈蛰蛰：《世界粮食安全形势和展望》，《世界农业》，1986 年第 10 期，第 3-5 页。

个国家能够获得足够的食物来满足膳食能源需求。国家粮食安全被一些人用来表示自给自足，即国家生产自己需要的粮食或人口需要的粮食，国家粮食主权过去和现在仍然被用来衡量一个国家如何向其人民提供所需的粮食，无论粮食是国内生产的还是进口的。在国家和全球层面上，粮食安全这一术语的使用往往集中在粮食方程的供给侧。粮食安全被定义为所有人都能获得足够的食物来过健康和生产性的生活。这一定义随后被扩增，将营养价值和食物偏好纳入其中。Holben（2002）提出，美国约 10% 的家庭仍然存在粮食不安全问题。粮食安全是家庭和个人福祉的普遍维度。它是指所有人在任何时候都有机会获得足够的食物，以便过上积极健康的生活。获得食物包括营养缺乏的安全食物的现成可得性和以社会可接受的方式获得食物的有保障能力。食物安全的家庭或个人不需要紧急食物供应或乞讨、偷窃食物。反之，食物不安全的个体和家庭获取食物的机会或可获得性有限，或以社会可接受的方式获取食物的能力有限。Joda 等（2002）将粮食安全定义为"获得安全、营养、社会和文化上可接受的食物的确有能力"。同时，将食物不安全定义为"每当营养充足和安全的食物的可获得性或以社会可接受的方式获得可接受的食物的能力是有限的或不确定的"。他认为，食物不安全通常会影响所消费食物的质量和数量，如果严重的话，可能首先在家庭中的成年人中造成饥饿，然后在儿童中造成饥饿。饥饿和营养不良是食物不安全的潜在后果，虽然不是理所应当的。为了有效改善饥饿和相关健康问题，决策者需要有效、可靠和有用的食物不安全信息，以最终实现粮食安全。Farrukh 等（2020）认为，粮食安全的定义已经从传统上关注粮食供应和获取，转变为更具包容性的粮食安全措施，如营养价值和稳定性。可以通过在宏观（国家）和微观（家庭和个人）层面同时采取行动来实现粮食安全。粮食安全研究对形势分析和政策制定的有用性直接取决于评估粮食安全的哪些方面。为了取得进展，学者们应该跨学科合作，并利用多维研究设计的效用来研究这个系统映射中确定的各种粮食安全维度以及它们之间可能的相互作用。

（二）粮食安全影响因素的相关研究

Charles 等（2019）认为，影响粮食安全的主要因素有粮食需求、粮食生产能力、气候变化、土地、水资源等。人口和消费的持续增长将意味着全球对粮食的需求将至少再增加 40 年。对土地、水和能源日益激烈的竞争，以及对渔业的过度开发，将影响粮食生产能力；气候变化的影响是另一个威胁。因此，要生产更多的粮食，并确保粮食得到更有效、更公平的利用。要构建多方互联的全球战略，以确保可持续和公平的粮食安全。Shahbaz 等（2008）提出，粮食安全是中国政治议程上的首要议题。中国的粮食安全面临人为、社会政治和政策因素的挑战，包括人口增长、城市化和工业化、土地利用变化和水资源短缺、收入增长和营养转型，农业生产率的持续增长和与全球粮食供应商的稳定关系是粮食安全的两个支柱，国内粮食生产不足会对国际粮食市场造成损害。全球能源市场的动荡会影响粮食价格和供应成本，影响粮食安全和贫困。因此，需要有政策保障，以保护粮食供应不受这些力量的影响。

Shim 等（2019）采用横断面研究方法，通过面对面访谈收集人口特征、家庭经济资源、支出、粮食环境因素和粮食不安全方面的数据，构建 logic 回归对 170 户农村 65 岁以上老年家庭进行调查，研究发现韩国农村地区老年人的经济资源、食品环境和食品不安全因素之间存在着一定关系。研究表明，社区食物环境不足和家庭食物资源有限是韩国农村老人粮食不安全的重要危险因素。Stein 等（2016）研究发现，在非洲和中东部分地区，社会冲突加剧了土地保有权的不安全感，以粮食不安全、青年失地和失业问题最为严重，农业社会面临着严峻的挑战。在这些地区，粮食生产在地域上分散，基础配套设施较差，高额的运输成本和易腐烂的食物导致普遍以农业为基础的投入品和食品市场存在缺陷，优质的土地成为稀缺资源，土地评估权属保障和获得土地的机会成为影响家庭粮食安全的重要决定因素。要保障这些地区的粮食安全，应将生命健康安全和粮食安全纳入更广泛的民生保障视角，给青年创造就业机会和保障基本所需，保障土地评估权属。Ayala（2016）提出，粮食安全被认为是一个受多方复杂因果关系所影响的理想结果，鉴于其广泛的定义，地区粮食安全难以被精确衡量也就不足为奇了。该研究认为，家庭粮食安全包括三个组成部分（粮食数量安全、粮食质量安全和粮食供给稳定性），并试图通过构建跨越这三个维度的指数来解决粮食安全的概念与衡量之间的差距问题。其使用该指数来探索一段时间内粮食安全的空间格局，并评估粮食安全与气候冲击影响的相关性。结果表明，降水量和温度等因素都对家庭的整体粮食安全状况有着显著影响。Chan 等（2020）提出，粮食安全的可持续性是全球关注的问题，与此相关的优先事项之一是确定能够保护整个食品供应链的粮食安全的有效措施。粮食安全相关驱动因素和干预措施的 6 个主题分别是：粮食安全治理参与、投入资源管理、产出管理、信息共享、收入和技术。研究结果确定了管理对可持续粮食安全中介作用的潜力，对可持续粮食安全的驱动因素和干预进行映射和分类有助于加深对食品供应链中粮食安全的有效和创新实践的理解。Firdaus（2019）回顾了来自不同学科和国家的关于气候变化对粮食安全及其四个方面的影响的研究，即粮食供应、可获得性、粮食利用和粮食系统的稳定性。发现大多数研究集中在粮食供应上，因此对粮食安全的其他三个维度没有给予应有的重视，与粮食供应问题相比，气候变化对粮食安全的影响将是毁灭性的。气候变化在微观层面的影响包括家庭的粮食获取和利用以及粮食稳定性，但目前仍然很少被讨论和理解，鉴于气候变化对粮食安全影响较大，未来学者应更加专注于对气候变化和粮食安全的研究。

二、粮食安全国内文献回顾

（一）粮食安全内涵的相关研究

我国部分学者也纷纷发表了对于粮食安全概念的理解。娄源功（2003）认为，以 FAO 为代表提出的典型的粮食安全概念，虽然被广泛引用，但难以准确反映我国现阶段及今后较长时期粮食安全的实质，经过研究后，他提出我国的粮食安全是指"国家满足人们以合理价格对粮食的直接消费和间接消费，以及具备抵御各种粮食风险的能力"。该概念有四个要点：第一，粮食及其衍生食品的价格合理及其与其他人们必需生活产品的比价合理，这是粮食安全的前提条件。第二，满足人们对粮食的直接消费。口粮及其粮食制成品的消费得到满足，如面粉及其制成品、大米及其制成品、油品及其制成品、小杂粮及其制成品等。第三，满足人们对粮食的间接消费。以粮食为饲料的肉类、蛋类和奶类生产得到满足；以粮食为原料的工业食品和工业产品的消费得到满足，或者有一定量的粮食出口。第四，具备抵御各种粮食风险的能力。这些风险包括自然灾害风险、禁运封锁风险、严重的粮食结构失衡风险和大范围内的战略决策失误引发的风险等。马爱锄等（2003）提出，随着"人粮矛盾"的发展，世界粮食安全的内涵经历了"总量—购买—营养"的转变。粮食安全内涵的演变反映的是粮食安全问题的变化，而粮食安全问题的实质是人与粮食之间的矛盾，在不同的矛盾阶段就会产生相应的粮食安全内涵。毕艳峰（2011）认为，粮食安全内涵的界定和明确是解决粮食安全问题及相关制度建设的逻辑起点，粮食安全内涵的解析具有非常重要的理论意义和实践意义。其结合我国国情，指出粮食安全主要包括以下四个方面：充足、稳定的粮食获得能力，优良的粮食品质和优化的粮食结构，高效有序的粮食流通体制，以及有力的国家宏观调控能力。曹莘（2014）提出，"维持健康生存所必需的足够食物"仍然是粮食安全的内在要求，而对于健康生存所必需的足够食物的基本"维持"，则是粮食安全的基本内在意义，这种内在含义决定粮食安全具有现实意义和发展意义，粮食安全具有内在意义及重要性。成升魁等（2018）提出，我国农业发展已进入新时代。在我国乡村振兴和实现社会主义现代化大的时代背景下，国民营养与粮食安全仍然是我国"三农"问题的重中之重，但发展的重点已经从注重"吃饱肚子"向"吃好"以及"吃得健康"转变，未来应树立新的食物安全观，构建安全协调可持续的食物安全体系，力保口粮安全，放开饲料粮管控。马恩朴等（2020）将对粮食安全概念的认知维度从粮食供给提升到粮食获取、粮食利用及稳定性三个层面，运用多指标综合评价法评价了 2000—2014 年 172 个国家的粮食安全水平，建议制定基于粮食供给、食物获取、食物利用和政治稳定性四大支柱的粮食安全战略，并通过全球乡村振兴来推动粮食安全建设，同时逐步引入城市农业等多元化生产方式，使高度城市化区域建立起更富弹性的食物系统。

李雪等（2021）参考其他学者的定义，认为粮食安全中的粮食指的是以稻谷和小麦为主的口粮作物及以玉米、大豆为主的饲料粮作物，进而从供给和需求两方面分析粮食发展变化，并提出立足新阶段新形势粮食安全的政策取向。杜鹰（2020）提出党的十八大以后，中央重新定义了粮食安全的内涵，进一步明确了保障国家粮食安全的优先序，明确了粮食安全的根基是能力安全，要求把确保国家粮食安全的着眼点放到能力建设上来。曹宝明等（2021）认为，FAO 所指"粮食"实际是"食物"，更强调从需求角度来看粮食安全，更关心欠发达地区及贫困等特殊人群的粮食安全；而中国粮食安全概念实际上更加侧重于供给角度，并且更多强调的是谷物、大豆等口粮的概念。

（二）粮食安全影响因素的相关研究

傅泽强等（2001）认为，实现粮食基本自给是保障国家粮食安全的最基本条件，而耕地资源是保障粮食自给能力的基础。伴随着我国人口的持续增长，粮食需求压力日益增大，人地矛盾更趋尖锐。耕地数量变化及质量状况与粮食生产息息相关，我国粮食安全战略中必须高度重视耕地的数量保持和质量提高。罗猛等（2021）对 CSSCI 来源期刊 1998—2019 年的"粮食安全"相关文献进行计量研究，梳理分析了我国粮食安全问题研究动态，其认为供给和需求、政策和国际环境等因素是影响粮食安全的主要因素。金宇豪等（2020）提出粮食安全是基本民生工程，也是国家安全的重要内容。粮食安全不仅是经济问题，还是政治问题，必须予以高度重视。影响粮食安全的因素主要有耕地资源、金融因素、人口因素、生态因素、突发因素、农民种粮积极性以及粮食市场因素等，对此，我国应进一步加强粮食安全体系建设，建立健全与经济社会发展相适应的粮食应急机制，最大限度地减少粮食安全风险。赵一凡等（2018）采用灰色关联度法分析了2007—2016年我国粮食安全现状及影响因素，并提出有效灌溉面积、农村纯农业劳动力比重、农作物总播种面积、农用机械总动力、万人农业科技人员数量等因素与我国粮食安全的关联度较大。黄飞等（2018）研究发现，有效需求不足是造成世界粮食不安全的重要影响因素，粮食安全风险始终存在，贸易在全球粮食供应量中的占比较小，具有准垄断性特征，无法从根本上解决粮食安全问题。此外，生物质能源、投机资本等非传统因素，加剧了世界粮食安全的风险性。易红超等（2020）综合运用指标测度、地理探测器等方法，揭示了湖南省粮食安全区域格局以及影响粮食安全的耕地利用因素，认为县（市、区）尺度复种指数和种粮积极性已成为影响湖南省粮食安全的重要因素。董晨阳（2021）在研究界定粮食安全管理体系的基础上，从粮食生产、加工、运输和销售四个方面综合考虑影响粮食安全方面的因素，运用层次分析法构建了粮食安全的影响因素体系，得出各个因素体系相应的权重，筛选出影响粮食安全的关键指标，最终提出粮食重金属含量、农药残留、加工环境污染等是影响粮食安全的主要原因。胡美伦（2020）认为，影响粮食安全的因素很多，自然条件、科技水平、经济政策、国际环境等共同作用于农业生产，而粮食生产用地的减少，水污染、土壤污染的加剧，农村老龄化和劳动力的减少，这些因素都将成为粮食安全的隐患。粮食安全问题必须做到因地制宜、因时制宜，制定出相应的保障粮食安全的对策。吕新业等（2013）提出，气候变化、经济全球化、生物质能源的发展、城市化的快速进程、农村劳动力非农就业的刚性增长趋势等都给中国粮食安全带来了许多新的挑战。粮食安全还面临水资源短缺日趋严峻、农业科技体系难以适应市场经济发展、既有农业增长带来较大的环境代价等诸多问题。周博等（2015）运用结构方程模型（SEM）中的偏最小二乘法（PLS）对我国粮食安全的影响因素进行了实证分析。研究结论表明，除社会发展对于粮食安全具有直接的负向影响以外，科技支撑、资源要素、环境状况和农业经济都直接正向影响着粮食安全，从而验证了可持续发展的粮食安全：在一定的历史背景下，与社会、经济发展相适应，通过政策及科技因素的推动，能够在任何时候满足各类人群对于粮食的多样化需求，并且高效、协调、可持续利用资源环境的一种粮食供求平衡能力。

（三）粮食安全状况评价的相关研究

马九杰等（2001）通过研究构建了粮食安全预警系统，该系统侧重于国家宏观层次，旨在对中国粮食安全与否以及粮食不安全的程度进行预报。粮食安全预警指标体系包括警兆指标和警情指标。警情指标，即反映粮食安全与否的指标，警情指标体系由粮食及膳食能量供求平衡状况以及与粮食供求平衡状况紧密相关的系列指标构成，如粮食生产、需求、进出口、储备、粮食价格等方面的指标。警兆指标是与粮食安全相关的先兆性指标，警兆指标的状况或趋势预示着粮食安全警情指标的情况。齐岳等（2020）通过对农业上市公司粮食安全层面的量化评价，创造性地从财务绩效、研发能力和社会责任履行三个方面选取 3 项一级指标、10 项二级指标、34 项三级指标构建粮食安全评价指数。刘晓丹（2016）在分析河北省粮食安全现状的基础上，从生产、消费、流通、储备四个方面构建了区域性粮食安全预警评价指标体系。唐帅（2021）采用主成分分析法测度了江苏省粮食安全水平，创新性地将粮食生产的结构和国际贸易稳定与否两方面纳入指标评价体系，最终从粮食生产、粮食分配与粮食稳定三个层面，产量、质量、全面、公平、结构、贸易六个维度选取了 23 项指标构建江苏省粮食安全指标评价体系。顾海兵等（2008）通过研究，提出了我国粮食安全研究要坚持三个结合，即总量与分量结合、监测与预警结合、短期与中长期结合，认为当前的中国粮食安全主要可以分为三部分进行研究，即中国粮食月度安全监测研究、中国粮食年度安全监测研究和中国粮食中长期预警研究。姚成胜等（2015）运用食物系统的观点，结合中国实际，从粮食生产资源、粮食可供量与稳定性、粮食获取能力和粮食利用水平四个层面出发，构建了中国粮食安全评价指标体系，并对中国 1990—2011 年粮食安全状况进行了定量评价。结果表明，中国粮食安全系统的发展呈现出稳步上升、快速下降和快速上升三个发展阶段，粮食安全系统的四个子系统也呈现出显著的阶段性变化特征，其中粮食生产资源和粮食可供量与稳定性两个子系统对粮食安全系统的影响占主要地位。杨磊（2014）在其他学者构建的粮食安全评价指标体系的基础上，针对粮食整个产销环节，从粮食生产安全、消费安全和流通安全三个方面构建包括 11 个指标的评价指标体系，开展对我国粮食安全水平的综合评价。并提出 2000 年以来我国粮食安全具有以下四个特点：一是粮食生产安全水平波动幅度不大，影响粮食生产安全的主要因素是受灾面积和农业生产资料价格变动。二是粮食消费安全水平总体呈现下降的趋势，影响粮食消费安全的主要因素是粮食净进口量和粮食间接消费量。三是粮食流通安全波动幅度最大，总体呈现下降趋势，主要影响因素是粮食流通成本的变动。四是在粮食生产、粮食消费和粮食流通三个方面的综合影响下，粮食安全水平总体呈现下降的趋势。张元红等（2015）对我国粮食安全状况却有着不一样的看法，其基于国际公认的粮食安全概念，构建了包括供给、分配、消费、利用效率、保障结果、稳定性、可持续性和调控力八个方面的指标体系，对中国粮食安全保障的现状、趋势、问题进行了分析。结果表明，中国粮食安全当前处于较高水平且近年仍在不断提升。

第三节　粮食储备风险管理国内外文献回顾

一、粮食储备风险管理国外文献回顾

Ashish 等（2018）通过评估发展中国家小农的传统和新型粮食储存系统，提出粮食储备损耗是造成产后损失的主要原因，也是造成发展中国家小农粮食不安全的风险之一。新型储存系统可以提高谷物的耐贮性，减少粮食储存损失，保持粮食质量并有助于减少发展中国家小农的粮食不安全风险状况。Abedin 等（2012）提出，粮食储备损失受多种因素的影响，可分为两大类：生物因素（害虫、啮齿动物、真菌）和非生物因素（温度、湿度、雨水）。Boxall（2001）提出，粮食储备损失可以大致归类为由于变质造成的质量损失、营养损失、种子活力损失和商业损失。Erdenechimeg 等（2014）提出，粮食供应链中产后损失的程度因作物、地区和经济体而异。在发展中国家人们试图充分利用所生产的粮食，然而由于缺乏知识、技术不足和储存基础设施薄弱，在收获后的操作中会损失大量粮食。相反，在发达国家，由于先进技术和高效作物处理与储存系统的可用性，供应链中间阶段的粮食损失相对较低。然而，很大一部分粮食在供应链的末端丢失，称为粮食浪费。Deepak 等（2017）提出，了解全世界粮食储备损失模式和规模很重要，尤其是在发展中国家。虽然粮食损失发生在每个阶段，但在从生产到消费层面的供应链中，粮食储备损失被认为

是损失最大的环节。技术干预在解决粮食损耗问题方面发挥着关键作用，尤其是对发展中国家的小农户而言，找到粮食储备损失主要因素，并找出可能的解决方案至关重要。Femenia（2012）认为，应该对私人存储粮食提供一定补贴，他进行了动态一般均衡分析，模拟补贴政策对刺激私人进行粮食储备的影响，最终发现，在信息完备的条件下，补贴政策对于私人存储粮食存在着明显正向影响。Coradi 等（2020）研究发现，在进行粮食储存时，温度升高加速了粮食水分的减少，但却加剧了粮食变质，密封和充气储存系统保持了粮食的化学质量，因此应合理控制干燥温度与储存系统和条件之间的关联，加之适当的管理，以保持粮食的质量。Mahammad（2019）提出，小麦的品质主要受收获时间和储藏结构的影响，但储藏温度、湿度和储藏时的病虫害等因素对小麦储备稳定性、谷物质量、营养品质都有一定程度的影响，此外不同的储备设施下的储存期也影响着粮食的营养品质，应采用最佳的储存条件，防止病虫害，保证小麦的储备质量。

Charles 等（2019）提出，气候变化通过影响粮食储备设施、粮食储备保护药剂及仓储中害虫的状况，进而影响粮食储备质量，通过对七种粮食储存设施长达 32 周、两个储存季节的评估试验，发现在密封储存设施如密封金属筒仓（MS）、普渡改良作物储存袋（PICS）及超级谷物袋（SGB）中储备粮食的质量明显好于其他储存设施中粮食的质量，因此对于撒哈拉以南非洲其他类似气候变化较大的地区的小农而言，为了保证粮食的储备质量，推荐使用密封储存袋（PICS、SGB）等来对玉米等粮食作物进行长期（32 周）储存。Vijaya-kumar 等（2020）认为，储存期间因病虫害造成的粮食损失是严重的粮食问题，而延长收获后的粮食储存保质期是一项具有挑战性的任务。一般的化学农药对人类和环境有副作用，使用化学农药控制作物病虫害越来越受到质疑。该研究采用了一种绿色化生物源农药，能够有效对抗侵染储存的粮食作物的昆虫，从而延长粮食的保质期并保证粮食的营养价值，减少粮食储备期间的损失，使农业专家、政府机构和参与粮食储存的公司和普通人受益。

Moshe 等（2016）提出，全球粮食危机的解决和粮食安全状况的改善，可以通过增加粮食生产和预防粮食供应链过程中的损失来实现。迄今为止的大部分科学努力是以提高农作物产量为目标的。但是，储藏等供应链过程中的粮食损失可能达到 20%～40% 的水平。造成全球粮食危机的重要因素之一是储藏过程中的粮食损失，这些损失很大程度上是由害虫造成的。如今，用于储藏品害虫防治的化学方法主要有两种：熏蒸法和接触杀虫剂护粮法。不利于植物健康和生态环境是这两种方法的弊端。目前，全球的趋势是减少在粮食中使用具有高毒性的化学杀虫剂来控制害虫。因此，迫切需要开发环境友好型害虫防治方法，以防止害虫造成的粮食数量损失和储粮质量退化。Adesina 等（2019）提出，虽然采用化学方法防治储存农产品害虫非常成功，但会留下有毒残留物。农民使用的储存容器相对便宜、环保，并且可以使储存的粮食有较长的保质期，这些传统的存储设备只需稍加改造便可应用于现代粮食储备中，能减少由虫害造成的粮食损失，并极大地促进发展中国家的粮食安全。

二、粮食储备风险管理国内文献回顾

（一）粮食储备轮换风险管理的相关研究

熊鹤鸣等（2004）提出，中储粮轮换风险的基本表现形式为以下两种：由于现阶段中储粮轮换运作基本集中在原粮初级市场，丰收年景时当年产新粮价格压迫轮换出库的陈粮价格下沉，轮入新粮与轮出陈粮的品质价格差距，常常导致轮换亏损；歉收年景时新粮存在缺口导致粮价上升，更甚者往往由于市场新粮价格远远高于轮出陈粮销售价格，即使加上国家所给付的轮换补贴，仍不能采购获得轮入补库的新粮，常造成轮换亏库。因此，实现中储粮滚动转化的均衡轮换就显得尤为重要。以滚动转化的均衡轮换抗御中储粮的轮换风险有三层含义：运用中储粮管理总公司的体制结构优势，以大采购、大生产、大营销、大品牌的经营获得中储粮轮换抗御市场风险的大收益；整合中储粮垂直管理体系的基础设施与轮换资源配置，实现高效率、低成本、抗风险的中储粮轮换；以不间断、最大限度地满足市场需求为导向，用符合中储粮质量要求的粮源对库存中储粮进行不间断的数量均衡"推陈储新"置换，形成"推陈储新"与"科学储粮"相结合的中储粮管理机制，以粮食加工增值收益，最有效地抗御中储粮轮换的价格风险，最充分地实现中储粮"数量真实、品质良好和储粮安全"。许峰（2005）认为，对于储备轮换面临的风险，可以从企业内部风险与外部风险两方面去考察。从内部看，轮换风险主要包括操作风险、执行风险和道德风险。在中央储备粮油轮换业务中，各业务环节（如出入库、组织运输、进出口贸易、保险等）都可能因为操作不当而造成损失。操作人员的业务能力欠缺、责任心不强及业务操作环境的复杂性等，都会带来操作风险。从外部看，轮换风险主要包括市场风险、政策风险、信用风险、法律风险。轮换必须通过市场实现，并按照市场规则运作，因此市场风险不可回避。政府在粮食经济中扮演着十分重要的角色，因为粮食商品的特殊属性，政府对粮食市场的政策调节尤其显著，从而形成政策风险。信用风险在任何市场的商品交换中都存在，我国目前的市场信用状况并不令人满意，因此中央储备粮轮换业务也要时刻警惕信用风险。曹怀朋（2006）认为，针对中央储备粮统一轮换过程中的风险控制，应采取以下措施：加强监督，严格手续；完善机制，提高轮换运作水平；积极拓宽统一轮换渠道，创新轮换方式。李长明等（2007）分析了中央储备粮轮换销售中的风险与对策，提出风险产生的原因包括政策因素、市场变化、企业自身造成等。为了规避风险，避开不利点，做好轮换工作，取得最大经济效益，应采取以下对策：以维持粮食品质为基础，建立粮食质量管理体系；以顺应市场变化为依据，建立科学的粮食轮换运行机制；以加强业务培训为手段，建立精干的粮食营销队伍；以创新销售手段为根本，建立多元化的粮食销售体系；以减少轮换风险为目的，建立适当的粮食轮换风险基金。潘小明（2009）提出，储备粮自主轮换面临的主要风险包括宏观调控风险、资金风险、市场风险与经营风险。应对储备粮自主轮换的风险，必须在构建国家粮食安全保障体系的基础上，建立和完善粮食储备制度，同时要建立健全粮食安全应急方案，防范市场风险，确保粮食供应。除此之外，还需有具体的应对风险的对策。

史成刚（2010）提出，轮换风险补偿机制不完善。储备粮承租企业大部分实行资格认定进退机制，费用补贴包干，经营自负盈亏，但没有建立储备粮风险补偿机制，市场风险形成的轮换价差亏损补贴无来源。随着储备粮轮换规模逐年增加，粮食市场价格波动幅度上升，储备粮轮换价差亏损也在扩大，很有可能形成新的亏损挂账。何德兴等（2011）认为，目前储备粮轮换经营机制不灵活，轮换规模未科学安排，轮换体系不健全，储备粮轮空期过短，种种因素使得仓储企业承担着较大经营风险。游连香（2012）提出，防控储备粮轮入风险要做好以下工作：粮食收购季节直接自主收购中的质量控制、委托收购中的质量控制、批量采购中的质量控制、严把入仓关。要重视储备粮轮入中的质量控制体系和质量控制制度建设。韩永飞（2013）认为，目前成品粮轮换面临成本过高的风险。一是储备粮在轮入、轮出时会造成损耗；二是轮出的储备粮与市场上的成品粮由于品质差异而缺乏竞争优势，形成价格损失，而轮入的储备粮价格可能高于先期进货价格，又会增加轮入成本；三是为了保证储备粮品质,有些月份成品粮的轮换频率必须增大,这使得轮换成本增加;四是轮换过程中仓储作业引起相关费用增加;五是先购后销的储备粮轮换方式会带来库存成本的增加以及资金的利率风险,而承储企业会面临轮入成品粮超出架空期而被政府惩罚的风险。

(二)粮食储备规模风险管理的相关研究

粮食储备规模的不适宜可能引起两类风险:一是粮食储备规模过大可能带来的风险损失,二是储备规模不足可能带来的风险损失。粮食储备可以增强国家对粮食的宏观调控能力,应对有可能发生的极端粮食事件,但粮食储备需要花费资金,需要承担储备本身所需成本及过度储备所增加的成本,一旦粮食储备规模过大,所需费用过多,会增加国家的财政负担。刘甲朋(2004)提出,根据世界各国经验,粮食安全储备规模约是该国粮食消费总量的17%,其中缓冲储备5%,周转储备12%。我国粮食专项储备,即使不考虑农民手中的储备,政府专项储备也可达到国际公认的安全水平,显然规模太大。储备规模过大,不仅加重财政负担,而且降低储备调节的灵活性。国家需要为庞大的粮食储备规模承担巨大的成本。除了增加储备成本外,粮食储备规模过大还不利于粮食储备的轮换。刘笑然等(1993)认为,一个国家的粮食储备规模,应根据该国粮食产需、进口等多种因素及其变化规律和趋势来确定,并根据外部环境变化,进行相应调整。储备规模过大,则费用增多,国家财政负担加重;储备规模太小,则不足以调控市场。因此,建立粮食储备必须科学地确定储备规模。娄源功(2003)提出,专项储备粮是国家为确保粮食安全、平抑粮食价格大幅波动和应对各种突发事件及粮食经济风险而设立的专项国家储备。粮食储备是粮食安全体系中极其重要的组成部分,是保证社会稳定的基本生活物质条件和连接生产、流通与消费必不可少的环节。粮食储备规模的确定一直是政府部门和学者关注的问题。储备规模太大加重财政负担,对国民经济发展的影响就大;而储备规模过小则难以有效调节粮食市场,难以平衡粮食供求,我国粮食储备目标中的平抑粮食市场价格目标是通过在粮食市场上收购或出售库存粮食来实现的,如果粮食储备规模过小,这一目标将很难实现,将无法应对各种粮食风险,无法保障粮食安全。李兆立等(2005)认为,目前储备粮规模不够大,难以发挥其调节功能,存在一定风险。储备足够数量的粮食是保障国家粮食安全的关键环节,确保一定规模的储备粮是粮食储备管理的核心目标。然而,从《中央储备粮管理条例》到地方储备粮管理制度,均没有关于确定储备粮规模的依据和原则，可以说，这是储备粮管理制度的设计缺陷，也是导致储备粮规模不足的关键所在。根据国际通用标准及有关政府文件规定测算，目前我国储备粮规模，尤其是地方储备粮规模不足的问题十分明显，地方政府在确定储备粮规模时存有较大缺口。但也有学者持不同意见，认为目前我国粮食储备规模过大。罗丹等（2001）提出，近年粮食连年丰收，国家为了保护农民的生产积极性，出台了敞开收购政策。这一政策的正面效应自然不容置疑，但从客观效果而言，也的确造成了粮食储备数量的大幅增加。同时，为了减少国有粮食企业的巨额亏损，政府出台了顺价销售政策。但遗憾的是，超规模储备无法消肿。各种费用，包括对仓储企业提供支持的手续费，为平抑市场粮价或处理陈次粮而发生的价差支出、储存粮食占用资金的利息支出、储存费用等都必须由政府负担。刘颖等（2010）认为，粮食储备规模过小可能导致粮食不安全，粮食储备规模过大会增加仓容压力和财政负担。高帆等（2012）提出，储备规模是影响储备运行绩效的一个因素，但储备运行绩效却取决于储备规模以及其他多种因素，单纯地强调粮食高储备和高库销比是片面且有代价的，尽管中国近年一直有较高的粮食储备水平，但粮食价格波动幅度仍然显著高于美国、法国等粮食市场的波幅。美国、法国等的发展历程显示，国际粮食生产大国的储备规模都经历了从最高储备向最适度储备的转变过程，粮食储备的重要作用在于维持国内粮食市场运行的相对稳定，中国粮食储备在追求高规模的同时更应注重储备的作用效率。唐黎标（2017）综合考虑口粮压力、国家安全、经济因素、存储品种、储量损耗五个方面的具体情况，认为我国粮食储备的高库存量可以适当压缩，但一定要保证我国居民口粮和经济发展的需求量。各级粮食部门要在继续做好低温和绿色环保储粮的同时，大力指导好社会以及农民藏粮，着力减轻国家财政负担和减少粮食产后损失。高洪洋等（2021）提出，粮食主产区是粮食大省、储备强省。一方面，粮食主产区要对粮食生产进行补贴；另一方面，要为储备粮食花费大量资金。这导致我国粮食主产区的粮油物资储备支出远高于主销区和产销平衡区。但粮食主产区又是经济弱省。一旦出现卖粮难现象，又不得不花费更多资金去收购、存储多余的粮食，主产区粮食大量积压，使得本就财政困难的粮食主产区雪上加霜。蔡基宏（2021）认为，过量粮食储备不仅浪费自然资源和社会资源，还会增加市场风险、威胁粮食安全、加剧贸易争端。相反，科学合理确定农产品国家储备规模不仅有利于减轻国家负担，而且有利于形成以市场为主的粮食供求机制。

（三）粮食储备信贷及其他风险管理的相关研究

李全根（2002）提出，应重新制定储备粮管理办法，新的办法应当顺应市场经济的客观要求，尽可能降低储备成本，应当引进市场机制，实施储备粮的低成本轮换，结合现货市场交易吞吐吸纳，使储备粮常储常新。此外，"三分粮食、七分财政"，粮食问题的实质是财政问题，要保障粮食储备基金的充足。姚胜桃等（2003）也提出要增加粮食风险基金规模。粮食风险基金规模从1993年确定后一直不变，从物价指数的变动来说就不合理。各级粮食风险基金已明显不足，缺口较大。增加粮食风险基金是确保储备粮安全的基础。因此，各级各部门特别是财政部门要把这一工作做好，提出意见，做好测算，争取各省（区、市）的支持，合理增加粮食风险基金规模，确保储粮安全。向元崇（2009）提出，近年省级储备粮和市县级储备粮轮换都是由粮食、财政、农发行三部门联合下达，承储企业按计划执行，轮换盈亏均由企业负担。采取先销后购方式轮换的，原则上不得超过轮空期（省、市级储备粮为4个月）。这种政策使企业难以适应复杂多变的市场形势，承担着经营风险。陶小英（2013）提出，在粮食购销市场化条件下，储备粮企业同样面临越来越多的内外部竞争，储备粮管理的财务风险应运而生，具体包括储备粮轮换所带来的财务风险以及储备粮信贷资金所带来的财务风险。为进一步强化省级储备粮管理，督促代承储企业加强企业财务风险控制，保证储备粮油和资金的安全，要做到：完善储备粮轮换信贷资金操作办法，建立轮换风险基金，有效控制储备轮换财务风险；进一步完善省级储备粮购销和轮换机制，大力开展储备粮轮换竞买竞卖和期货的套期保值；不断提高财务管理人员的风险意识，加强财务人员与业务人员的沟通，及时防范财务风险。农发行课题组（2004）认为，储备粮油信贷管理工作要走规范、高效、稳定的道路。要把握政策、对症下药，坚定做好各级储备粮规范化管理；全力支持储备企业与产地粮食企业相互协作，同时强化储备粮油库存的管理措施，保质保量及时轮换；要始终将防范风险渗透于管理，不断提高储备粮油管理水平。董开华（2009）提出，当前储备粮贷款面临的风险主要有政策风险、市场风险、经营风险、操作风险和信用风险。为了防范储备粮贷款风险，要引导承储企业转变观念；完善储备粮轮换机制，改变现行轮换方式；要强化地方储备粮库存的监管；要改进工作作风，提高服务水平；要建立储备粮风险补偿基金。徐力行（2004）认为，粮食储备公司可以通过期货市场锁定价格，控制和降低在储备粮收购、存贮、陈化粮轮换、脱空时发生的风险。期货市场的标准化交易也有助于帮助企业减少储备粮收购的质量风险，这些都有利于粮食储备公司稳定乃至提高经济效益，增强粮食储备的能力、意愿和信心。胡世才（2003）提出，现行储备粮油管理制度下主要信贷风险问题表现在：储备管理权与企业经营权脱节，导致双重信贷风险；轮换工作不能正常进行，直接影响到信贷资产质量；风险防范机制迟迟未建立，缺乏化解风险的资金准备；地方储备体制改革较慢，信贷管理进退失据。要控制储备粮油制度性信贷风险，应着眼于整个粮食流通体制改革大局，妥善处理好改革时期的各种关系；促进建立正常轮换制度，实行强制性轮换和强制性风险准备；适应储备管理运行机制，建立新型信贷监管体系。王新发（2000）提出，要转变粮食储备管理的观念，粮食储备经济管理应采取间接管理为主、直接管理为辅的原则，粮食储备应采取"静态"管理与"动态"管理相结合的方式，以防范承储企业经营上可能的风险。韩建军等（2021）通过构建省域粮食储备（GRE）与粮食安全风险（GSR）的耦合协调模型，分析了粮食储备与对应风险的匹配关系，研究发现我国大部分省份的粮食储备能力基本能够应对现有的粮食安全风险，但仍需加强储备能力建设；我国整体粮食储备应对粮食安全风险的能力基本上逐年向好；建议对西部地区仓储设施进行扩容，联合东南地区不同省域进行共同储备，同时加强东北至其他省域的粮食物流通道建设，从而提升我国粮食抗风险的能力。徐素荣等（2005）提出，导致中央储备粮轮换信贷风险的因素主要包括政策因素、市场因素、体制因素和操作因素。市场行情变化是形成中央储备粮轮换信贷风险的根本原因；管理机制滞后是导致信贷风险的关键所在；补偿手段匮乏是促成信贷风险的重要因素；防范意识薄弱是引发信贷风险的思想根源。要防范中央储备粮信贷风险，应以市场运作为导向，大力创新中央储备粮轮换机制；以体制改革为重点，加快推进中央储备粮贷款集中统一管理；以风险控制为核心，建立中央储备轮换风险的预警和补偿机制；以强化监督为手段，切实防范中央储备粮轮换信贷风险。王华等（2013）提出，中央储备粮质量管理风险关键点存在于入库扦样、检验、现场监管、储藏等环节，任何一个环节没有控制好，都会给粮食质量管理带来负面影响。防范质量管理风险应建立入库质量风险控制点与工作职责、工作流程和工作标准相结合的体制；建立监督机制；加强对员工业务能力的培训，培育和形成共同价值观、增强凝聚力，共同完成中央储备粮质量管理任务。吴昊（2019）提出，要完善轮换机制，规避财务风险。积极推行网上交易，不断规范交易行为，消除财务风险。鼓励和支持有条件的承储企业利用粮油期货市场进行套期保值，规避价格风险。

第四节　研究评述

一、粮食储备国内外研究述评

对于粮食储备的研究，国外大部分学者是从粮食储备的功能、作用及粮食储备规模及测算方向展开了深入研究。关于粮食储备的功能和作用，大部分学者认同粮食储备的终极目的是保障粮食安全，应对突发粮食危机事件。此外，也有学者认为，粮食储备还有平滑价格波动，消除价格歧视，确保粮食系统弹性等功能；关于粮食储备规模及测算方法，不同国家与地区虽然经济状况不尽相同，粮食储备规模也并不相同，但均将粮农组织建议的17%～18%作为参考，并提出了最优粮食储备规模这一概念，部分学者采用动态随机模型来测算粮食储备规模，但也有学者提出最优粮食储备规模是保证粮食价格稳定的储备规模。

国内学者则从粮食储备功能、目标及粮食储备体系改革几方面对粮食储备进行了系统研究。关于粮食储备功能和目标，国内学者的研究较为丰富，认为粮食储备的基本目标是保障粮食安全，其次是稳定市场功能、经济福利功能。此外，也有学者认为，粮食储备是经济发展的"调节器"、是粮食价格的"稳定器"、是调节粮食供求的"蓄水池"，粮食储备充分发挥自身周转、吞吐等市场运作能力，保障国家粮食安全；关于粮食储备体系改革，虽有少数学者拉长了研究时期，从近代开始研究我国的粮食储备体系，但多数的学者认同我国粮食储备体系经历了自由购销、统购统销、流通体制转轨和流通体制市场化四个阶段。

二、粮食安全国内外研究述评

对于粮食安全的研究，国外的大量文献涉及粮食安全的内涵及粮食安全的影响因素研究。粮食安全内涵最经典的解释莫过于FAO提出的"保证任何人在任何时候都能够得到为了生存和健康所需要的足够食品"。此后的国外学者都是在此基础上对粮食安全的内涵进行解读，个别学者将其中1～2个关键词进行了替换，将其升级为"任何人在任何情景下都有能力获得足够的、有营养的、健康的食品"。也有学者从不同维度、不同层面重新解读粮食安全的内涵，比如将其概括为供应、实际获取、经济获取和利用率四个维度，每个维度均得到满足才能称为粮食安全；而关于粮食安全的影响因素研究，国外学者的意见并不统一，诚然很多因素都影响着地区粮食安全，比如粮食需求、粮食生产能力、气候变化、土地、水资源等，但大体上可以将其总结为人为因素、社会政策因素、自然资源因素、环境因素等。

国内学者是从粮食安全内涵、粮食安全影响因素及粮食安全状况评价等方面对粮食安全进行系统研究的。关于粮食安全内涵，有学者结合我国国情，认为我国的粮食安全是指"国家满足人们以合理价格对粮食的直接消费和间接消费，以及具备抵御各种粮食风险的能力"，也有学者从供给与需求两个层面分析我国粮食安全内涵，认为粮食安全涉及粮食获取、粮食利用及稳定性三个层面；关于粮食安全影响因素，国内学者从微观到宏观层面提出了多种粮食安全影响因素，例如供给和需求、政策和国际环境等因素，耕地资源、金融性因素、人口因素、生态因素、突发因素、农民种粮积极性以及粮食市场因素等，也有学者单从粮食生产、加工、运输和销售四个方面研究粮食安全影响因素；关于粮食安全状况评价方面，国内学者的研究较为丰富，多个学者构建了粮食安全评价指标，从不同层面对粮食安全状况作了分析，如有学者从生产、消费、流通、储备四个方面构建了区域性粮食安全预警评价指标体系，也有学者从财务绩效、研发能力和社会责任履行三方面选取了 34 项三级指标构建粮食安全评价指数。

三、粮食储备风险管理国内外研究述评

对于粮食储备风险管理的研究，国外学者的研究角度及内容较为单一，大多数国外学者的研究涉及粮食储备时的质量损耗风险，多个国外学者提到病虫害因素、气候因素、温度因素、储备设施、储备方法等因素影响着粮食储备能力，并且提出了相应的防范措施，但无论采取哪种措施，国外学者的目的均在于减少粮食储备期间的质量、数量损耗现象发生，保障粮食安全。

相对而言，国内学者对于粮食储备风险管理的研究则显得较为丰富，国内学者主要从粮食储备轮换风险管理、粮食储备规模风险管理以及粮食储备信贷及其他风险管理三方面开展了粮食储备风险管理研究。关于粮食储备轮换风险管理，学者们从不同角度对轮换风险进行了分类，如将其归类为操作风险、执

行风险、道德风险、市场风险等，并提出了均衡轮换、完善轮换风险补偿机制、建立粮食轮换风险基金等相应措施来防范轮换风险；关于粮食储备规模风险管理，国内学者意见不一，部分学者认为，我国应该加大粮食储备规模，也有学者认为，我国目前应减小粮食储备规模。但学者们均能意识到，粮食储备规模过大会加重财政负担，而粮食储备规模过小又难以保障粮食安全，保持适宜国情、适宜需求的粮食储备规模是应对粮食储备规模风险的最佳方法；关于粮食储备信贷及其他风险管理，国内学者系统分析了可能导致粮食储备信贷、财务等风险的因素，并提出了多种应对措施，如增加粮食风险基金规模、完善储备粮信贷资金操作办法、有效利用期货套期保值、建立新型信贷监管体系、完善轮换机制、规避财务风险等。

在充分借鉴前人相关研究成果的基础上，本书将在剖析我国粮食储备之于粮食安全经济效应的基础上，对我国粮食储备的历史成就与现实困境进行梳理，继而对影响粮食储备的各项因素进行分析。进一步地，在借鉴国内粮食储备管理相对成功的实践经验的基础上，对我国粮食储备的规模管理、质量风险管理、成本管理、组织及运营风险管理、流通及转换风险管理、国际风险管理进行深入分析，继而提出规避粮食储备风险、保障粮食安全的政策建议。

第二章
中国粮食储备之于粮食安全的经济效应

市场经济往往能够通过自身调节优化资源配置，但其本身固有的缺陷有时会导致市场失灵的情况出现，从而影响国家或地区的经济发展，此时政府采取一定手段对市场进行干预与调控就十分必要。国家粮食储备是一种重要的、有效的市场调节手段，政府储备合理规模的粮食可以有效应对粮食市场供需变化和价格波动，从而使粮食市场处于动态平衡状态，以保障居民和农民的利益，最终达到确保国家粮食安全的目标。粮食储备作为一种宏观调控手段势必会对我国粮食市场产生影响，但其如何产生影响以及如何影响市场需要进一步探讨。本章通过梳理我国粮食储备的产生、性质及其运作的相关理论，从正向和负向两个方面论述我国粮食储备对粮食安全产生的效应及其存在的相关问题，以期深入认识国家粮食储备这一市场宏观调控手段。

第一节　中国粮食储备经济效应的理论基础

所谓粮食储备的经济效应，是指我国政府通过把粮食储备作为进行宏观调控的一种有效手段，进而对粮食储备进行吞吐调节，从而达到平抑粮食市场价格波动、保障农民利益、维护社会稳定、保障国家粮食安全的宏观调控目标。粮食储备可以作为政府进行宏观调控的一种手段，是有一定的学理基础的，本节则针对该学理基础来进行分析。

一、国家储备干预的产生及宏观调控效率

（一）市场失灵及缺陷

关于市场经济对经济发展的作用，最早由英国古典经济学家亚当·斯密在其著作《国富论》中提出的"看不见的手"所论述，也是众多国家选择市场经

济制度的一个十分重要的依据。然而，在现实生活中却很难找到完全单纯地实行市场经济体制的国家。因为市场经济的实践确实不像市场经济理论那样理想，单靠市场无法完全实现资源的最佳配置，并且市场机制确实存在其自身固有的缺陷性，也就是存在市场失灵现象。

所谓市场失灵，就是指仅仅通过市场配置资源是不能实现资源的最优配置的，这也就意味着在实际的资源配置中，市场并不是时时刻刻、方方面面都有效，反而在某些方面存在低效率。市场机制本身确实存在一些无法克服的缺陷。具体归纳起来，市场失灵主要表现在以下几个方面。

第一，市场无法解决伴随着经济活动所产生的外部效应。所谓外部效应，又称为溢出效应或者外部成本，是指经济活动主体的行为对他本身以外的人产生了有益或有害的影响，但经济活动主体自己并不因此得到补偿或支付代价的现象。市场自身不存在对这些外部效应进行评价的机制，并不能通过价格制度对资源在产生正外部效应的生产者与产生负外部效应的生产者之间进行分配，也没有促使边际社会成本等于边际社会收益的机制，因此具有外部效应的物品的价格不能充分反映用于提供该物品的成本。在市场经济的社会中，最终产生负外部效应的商品或服务太多，而产生正外部效应的商品或服务的提供却得不到相应的回报。具体表现在粮食市场上就是，市场中价格的不正常波动会使投机者获利而农民利益受损，这时就不能仅仅依靠市场，利用经济学中所谓"富有效率的价格"来实现组织高效率的产出任务。相反，为了不打击农民积极性，不对粮食市场产生无法挽回的巨大打击，政府此时必须发挥其宏观调控的作用。

第二，市场无法提供公共产品。所谓公共产品，又称为公共财货或者公共物品，是指能为绝大多数人共同消费或享用的产品或服务，如国防、公安司法等方面具有的财务或劳务，以及义务教育、公共福利事业等。公共产品具有消费的非竞争性和效用的非排他性，无法保障追求利润最大化个人的利益，因此其供给不能完全依靠个人，无法由市场提供，只能由政府来统一提供和维护。另外，亚当·斯密曾将国家安全放在政府的首要位置，而国家安全离不开重要战略物资储备的建设，充足的战略储备是维护国家利益和安全的物质基础。包括国家战略储备在内的国家安全和包括国家调控储备在内的宏观经济调控与稳定都属于公共产品。这种公共产品无法让每个社会成员积极购买，相反会出现"搭便车"现象。这时如果仍然依照市场原则进行公共产品的交易，要么达不成交易，要么就是通过交易无法实现资源的最优配置，最终就会导致没有人愿意去生产公共产品，这对于国家安全和社会稳定都是极大的风险。无法提供公共产品是市场机制重要的缺陷之一，必须通过政府的介入才可以解决。

第三，市场经济无法避免经济波动造成的损害。自由经济虽然可以使市场处于繁荣与低迷的交替中并自行调节出资源的优化配置，但是市场机制自行调整过程中给经济带来的危害却是旷日持久的，而且损失严重，市场机制也无法弥补调整过程中带来的损失。因此，为了寻求经济的稳定发展，一味地等待市场机制的自行调整是不可取的，这就需要政府出面进行宏观调控。作为国家宏观调控的一种手段，国家储备可以通过储备的科学吞吐运作有效调节重要基础产品的价格水平，进而对总体物价水平、经济增长等起到相应的调控作用，从而达到平衡供需、调控市场的作用。表现在粮食市场上就是国家可以通过粮食储备的吞吐及时调节粮食价格，避免粮食价格波动给粮食市场带来难以弥补的损害。

由此可见，"看不见的手"也并不是如人们所期望的那样可以在任何领域、任何时候都有效，现实中存在着大量的市场失灵问题。既然市场机制无法解决市场经济中的部分问题，那么就必须着手去寻求解决这部分问题的途径和办法。历史的实践和经验也表明，为了解决市场失灵问题，平抑市场波动，需要政府进行干预和调控。

（二）国家储备干预的产生

国家储备干预之所以会产生，最直接的原因是国家安全。在国家安全受到威胁时，通过市场的力量自觉提供支持往往是低效率且极不可靠的，仅仅依靠市场调节对于国家安全是有极大风险的。因此，政府通过储备的手段出面干预市场，集中有限的社会资源巩固社会防卫、保障国家安全，这也是最有效率且最安全的方法。政府致力于建立和加强储备，这一方面说明仅仅依靠市场的力量已经无法解决国家安全问题，另一方面也体现了政府在集中资源面对紧急情况时具有的强大作用。

目前，我国的社会主义市场经济体制还存在许多不完善的地方。这些表现主要包括供求结构矛盾失衡制约着市场体系的发展，导致市场有效需求不足；市场秩序混乱，不正当竞争行为时有发生；市场主体行为仍然存在不合理现象，经营管理粗放，缺乏严格的内控机制，人员整体素质不高。这些问题的解决，都需要政府发展国家储备来干预经济。

当然，政府运用国家储备干预经济不仅仅是解决市场失灵的问题，更重要的是怎样更快、更有效地培育市场，以促进经济的可持续健康发展。因为完善的市场运行机制，其实是国家储备干预经济活动的微观基础。国家储备的宏观调控功能有效发挥作用，是需要建立在健全的市场体系、完备的市场主体、良性的市场运行机制的基础上的。与此同时，市场经济作为一种法治经济，为了保障国家储备干预功能有效发挥，就需要加强有关储备和储备干预的法律、法规建设，以此规范各市场主体的行为，真正形成体制健全、灵活高效的国家储备干预机制。由此可见，在我国社会主义市场经济还不完善、市场发育不健全的条件下，利用储备干预和调控市场供需平衡的需要就更加迫切，储备干预的责任也相对更重些。

（三）国家粮食储备的公共产品属性

粮食是人类赖以生存、保障健康所需要的食物，是涉及国计民生的重要物品，是一个国家存在和发展的基础。粮食储备是维护国家粮食安全的重要内容，是进行粮食价格调控的基础条件。我国是世界第一人口大国，一旦缺粮或出现粮食价格异常波动，将会引发巨大的社会风险。据此，党和政府长期以来十分重视粮食储备。粮食储备是政府为了保障国家粮食安全，通过维持一定规模的储备粮以确保任何时间、任何地点和条件下发生的战争、饥荒、救灾等对粮食的需求，是国家粮食安全的集中体现。

从实际发挥的作用来看，国家粮食储备主要作用在以下几个方面。

首先是救灾扶贫。2008年汶川特大地震灾害发生后，中央储备粮是运抵灾区的第一批粮食。中储粮公司按照保证灾区人民每人每天一斤[①]口粮的供应要求，从灾区周边地区直属企业安排救灾粮紧急加工和调运计划，借助直属库靠近交通沿线、中转配送设施健全的优势，组织运力，铁路、公路、水路统筹配合，并与灾区建立点对点的运输方案，安排中央储备粮油抢运灾区，累计向灾区紧急投放救灾粮油64万吨，保证了灾区群众口粮供应。2008年南方雨雪冰冻、2010年西南五省干旱等抗灾期间，中储粮均按照国家指令及时完成了储备粮调用保供任务。

其次是平抑粮食供给和粮食市场价格的异常波动。2003年为了应对我国第

---

① 1斤＝500克。——编者注

一次"大豆危机"，国家抛售 80 万吨储备大豆，这也是中储粮成立以来首次动用储备粮，有效抑制了大豆市场的异常波动。2007—2008 年的世界粮食危机期间，在全球粮食供应紧张的情况下，为防止国际粮价大幅上涨压力向国内传导，中储粮公司按照国家调控要求加大向市场抛售储备粮力度，保障市场充足供应，保证了国内粮价基本稳定。

再次是保证重要粮食加工业的原材料供应。2020 年新冠疫情防控期间，湖北省作为我国禽蛋大省，因交通管制等因素，全省大部分养殖场面临"断粮"危机。中储粮集团高度重视，所属油脂公司主动与湖北省家禽业协会取得联系，紧急驰援湖北养殖企业 8 000 多吨豆粕，全力支援了湖北省的疫情防控和家禽业的发展。

最后是敞开收购农民余粮，避免谷贱伤农，保护农民利益。从 2005 年开始，中储粮开始承担国家下达的政策性粮食收储任务。在 2007—2008 年全球金融危机背景下，全球大宗农产品价格出现暴跌。为防止国内粮价下跌，中储粮公司积极入市，按照国家制定的保护性价格敞开收购，稳住了粮价，有效保护了农民利益。最多的时候，中储粮在全国实行政策性收储覆盖 23 个省（区、市），全国 2/3 地区都在收购。据有关部门数据，仅 2011—2015 年，实施最低收购价政策直接带动农民增收 2 510 亿元。

由此可见，粮食储备不同于市场上出售的一般商品粮食，它是国家为确保公民粮食安全而做出的一项重要制度安排。粮食储备不仅是一个国家的经济问题，更是一个国家的政治问题，个人无力也不愿意提供这种粮食储备，具体原因如下。

首先，国家粮食储备是纠正市场失灵的行政手段，对一国实现粮食安全、维护社会稳定具有重要的意义，是一种社会安全储备和社会保障工具。在粮食市场短缺、市场价格上涨的情况下，通过抛售国家储备粮来保障供给、平抑物价；在粮食供给增加、市场价格下降时增加国家粮食储备，从而达到托市的作用。

其次，国家储备粮完全具有消费上的非竞争性和受益上的非排他性的公共产品特征。第一，非竞争性是指在消费上增加一个人的消费不会引起生产成本的增加，一些人从这一产品中受益不会影响其他人从这一产品中受益，即多一个消费者引起的社会边际成本为零。长期来看，国家粮食储备的规模具有稳定性，在短期内不会发生较大的变动，更不会因增加一个公民的消费而增加储备。第二，非排他性是指产品在消费过程中所产生的利益不能为某个人或某些人所专有，即在受益上，一个人在享有这种公共物品时，不能排除其他人也能同时享有。政府提供的粮食储备具备这种受益上的非排他性，当人们面临战争、饥荒、生活极度困难、粮价大幅上涨等威胁时，每个人都能享受政府提供的专项储备粮，都能从政府增加储备粮市场供给所带来的粮价下跌中获益。

最后，国家粮食储备一方面缺乏经济效益，另一方面具有很强的外部效应，即社会效益。同时，由于国家专项粮食储备只是在出现粮荒或紧急情况时才能动用，而粮食这种物品随着储备期的延长会造成损耗，导致市场价值降低，所以必须靠政府财政补贴来保证及时轮换、更新。如果仅仅从利润最大化的角度考虑，这种行为其实是得不偿失的。但从其所提供的粮食安全的角度看，这是可以增进全社会的福利的。因此，从国家储备粮所具有的特征来看，它具有公共产品的性质，属于公共产品建设的范畴。

（四）国家粮食储备的宏观调控效率

作为公共产品，国家粮食储备具有较强的外部性特征，市场出现失灵时，其供给只能由政府来提供。政府能否在一定的资源约束条件下使各种粮食储备组合处于粮食安全的边界上，以最小的成本、最有效的方式和最短的时间对粮食储备进行吞吐运作，以取得最佳的经济和社会效果，关键取决于政府对粮食储备的宏观调控是否具有效率。

政府宏观调控是以政府为市场经济的主体，以经济手段为主、行政手段为辅，通过制定公共政策予以实施，实现以经济主体为主导、经济主体与经济客体的对称关系为核心、经济结构平衡、经济可持续发展的经济行为。政府宏观调控主要包含两方面内容：一是建立制度安排，二是财政支持。因此，制度安排的建立和财政支持效率，是关系政府对粮食储备的宏观调控效率的关键因素。

目前，我国粮食流通体制改革处于进一步深化阶段，粮食流通并未完全市场化。政府建立了中央与地方粮食储备制度，但其效率低下是无法回避的事实。随着市场化改革的进一步深入，以及世界经济一体化和入世的冲击，如何提高政府宏观调控效率，是当前面临的重大课题。

我国粮食储备制度的特点和国家粮食储备公共产品的性质，客观上造成了粮食储备宏观调控效率低下。

一方面，我国实行二级储备、多级负责的粮食储备制度。政府提供粮食储备所获得的私人收益小于该项活动所带来的社会收益。由于粮价的波动具有扩散效应，它是区域性的甚至是全国性的，不仅仅局限在某一个地区内，因此某地区粮价下跌将波及其他地区，进而引起相邻地区粮价下跌。相邻地区无须动用本地区粮食储备，或乘机逆向操作就能从中获益。同样，当中央政府动用中央储备粮来平抑全国物价上涨时，地方政府也能相机决策从中获益。因此，二级储备、多级粮食专项储备制度，客观上导致"搭便车"行为。

另一方面，地方政府与地方政府之间、地方政府与中央政府之间存在博弈和"搭便车"行为。在二级国家粮食储备制度下，如果 A 地方政府提供储备，那么财政负担增加。此时，若 B 地方政府放弃或减少储备，则 A 地区为 B 地区提供粮食安全，A 地区宏观调控成本增加，B 地区宏观调控成本降低；反之，如果 B 地区提供储备，而 A 地区放弃或减少储备，则 B 地区为 A 地区提供粮食安全，B 地区宏观调控成本增加，A 地区宏观调控成本降低。因此，在开放的市场体系下，两地区政府都选择减少或放弃储备这一优势策略，结果双方的粮食安全都没有保障，双方的宏观调控效率无从谈起。如果中央政府没有制定相应的规则，则 A、B 两地只有进行谈判寻求"合作博弈"，即具有储备比较利益高的地区增加粮食专项储备，具有储备比较利益低的地区选择减少粮食专项储备，但必须要求减少储备的地区给予储备地区以利益补贴。同样，中央政府和地方政府之间亦是如此。只是由于中央政府基于全国宏观调控整体利益的需要和政府社会责任的理性不会"搭便车"。但是地方政府将会因地方财政的约束，以及追求地方利益的动机，同中央政府进行博弈和"搭便车"。

二、粮食储备的供求调节原理

我们把粮食供给 $S(t)$ 和粮食需求 $D(t)$ 分别定义如下：

$$S(t) = P(t) + I(t) - E(t) + T(t-1) + U(t) \qquad (2-1)$$

其中，$P(t)$ 为 t 年粮食总产量，$I(t)$ 为 t 年粮食进口量，$E(t)$ 为 t 年粮食出口量，$T(t-1)$ 为 $t-1$ 年末粮食库存量（粮食储备），$U(t)$ 为随机变量。

$$D(t) = C(t) + F(t) - B(t) + T(t) + L(t) + U'(t) \qquad (2-2)$$

其中，$C(t)$ 为 t 年粮食直接消费量，$F(t)$ 为 t 年粮食间接消费量，$B(t)$ 为 t 年种子留用量，$T(t)$ 为 t 年末粮食库存量（粮食储备），$L(t)$ 为 t 年粮食产后损失量，$U'(t)$ 为随机变量。

为了使粮食供求平衡，则 $S(t) = D(t)$，即公式 2-1 右方 = 公式 2-2 右方。继续定义，有：

$\Delta I(t) = I(t) - E(t)$ ——净进口量

$\Delta T(t) = T(t-1) - T(t)$ ——动用储备量

$U1(t) = U(t) - U'(t)$ ——随机应变量

则有下式存在：

$$P(t) + \Delta I(t) + \Delta T(t) + U1(t) = C(t) + F(t) + B(t) + L(t) \quad (2\text{-}3)$$

如果不考虑进出口因素，而且假设 $U1(t) = 0$，$L(t) = 0$，则公式 2-3 变为：

$$-\Delta T(t) = P(t) - [C(t) + F(t) + B(t)] \quad (2\text{-}4)$$

从上述分析可以看出，由公式 2-1，$t-1$ 年来的粮食储备量是 t 年粮食供给的重要组成部分；由公式 2-4，如果粮食进出口受到外汇或贸易条件的约束，那么当年本国粮食生产供不应求时，就必须依靠充足的储备来平衡供求缺口，此时 $\Delta T(t) > 0$；反之，如果当年本国粮食生产过剩，就要加大储备库存，以保证生产者利益不会受到损失，此时 $\Delta T(t) < 0$。

从理论上讲，动用或追加粮食储备以调节供求有其特定的意义。

首先，动用粮食储备可能有两种考虑。第一种是粮食市场供过于求，其原因包括以下几点：一是外汇充足而粮食生产和储备的机会成本过高；二是国际或国内粮食贸易条件的改善、国内交通运输状况的改进和国内粮食流通效率的提高使得周转储备的需求缩小，而国际贸易条件的改善使得国内粮食的紧急需求可以得到国际市场稳定保障；三是国内粮食生产效率的提高和产量的稳定增长。第二种是粮食市场供不应求，而进口又受到特定条件的制约，在这种情况下，粮食储备的边际效益趋向最大化。

其次，追加储备可能也有两种考虑：第一种可能是粮食储备未达到目标规模水平，这与确定粮食储备合理规模的依据目标和原则直接相关；第二种可能是国内粮食产量增幅过大，供过于求，而出口又受到某些特定条件的限制，为了抑制粮价下滑，保护生产者利益，追加储备成为必需，此时粮食储备的效用亦趋于最大化。

综上所述，粮食储备对于平衡粮食供求有着巨大的作用。当然，这些发挥作用又必须考虑其他一些相关问题，如合理的粮食储备规模的确定、粮食进口的贸易条件和本国的创汇水平及其外汇支付能力、粮食储备系统的运行效率等。

三、影响粮食储备经济效应的因素

（一）粮食储备的规模

在粮食储备规模方面，必须注意以下三方面因素。

其一，储备规模的减少是一种世界性的趋势。随着经济发展水平的提高，人们对自然灾害和市场波动的抵抗能力相应提高，特别是食物消费在总消费中的比重下降，使粮食供给的增减对社会生活的影响大大下降。减少粮食储备可能带来的风险越来越小，对粮食储备的需求相应减少。另外，交通通信的发达会提高储备的效率，较少的储备就可起到较大作用。正因如此，很多国家都把缩减粮食的政府储备（或称公共储备）作为农业政策的主要目标，减轻因储备而带来的财政负担。美国自通过《1985 年农业法》以来，一直在实行低公共储备政策，政府拥有的储备只有 500 万吨，约为国内年产量的 1.4%。到 2008 年，美国全国的粮食储备只够 24 天的供应量[①]。欧盟也把减少粮食的干预储备作为农业政策的目标。从世界范围来看，粮食储备将从政府部门向私人部门转移（也即由公共储备转为商业储备），但私人储备的增加并不足以弥补政府储备的减少。储备规模作为国家粮食储备调节的重要基础，其减少不可避免地会对国家粮食储备的宏观调控能力与力度产生影响。

其二，我国农民手中的粮食有相当一部分是储备粮。国家粮食储备规模的确定必须充分考虑到这个因素，就国内市场来讲，粮食的流通量只有 1 500 亿千克，政府的粮食专项储备接近甚至超过市场流通量的 1/3，显然规模太大。根据世界各国的经验，粮食的安全储备规模大约是粮食消费总量的 17%，其中缓冲储备 5%，周转储备 12%。从我国的情况来看，500 亿斤的国家专项储备规模即可达到国际公认的安全水准，这部分储备只负责平抑趋势产量与实际产量之间的差额，保障粮食安全。我国目前中央储备粮的实际规模已达到 1 200 亿斤，远远超过了国际公认的国家专项储备规模标准。储备规模过大，不仅加重财政负担，而且会降低储备调节的灵活性，今后应逐步减小此规模。

其三，与国内保持一定的粮食储备规模进行调节相比，利用国际粮食市场进行进出口调节往往更经济、更有效。在市场开放的背景下，国际市场的粮价和粮食的进出口贸易量都会对粮食储备造成一定的影响，因为粮食储备的轮换

---

① 数据来源：美国农业部官网，http://www.usdachina.org/。

可以通过进出口的形式来进行；粮食的进口可以替代一定的储备粮而进入国内市场，粮食的出口可以替代一部分消费而影响粮食的储备。在美国，长期以来把粮食储备和国际市场作为国内粮食供求平衡的调控器，当国内粮食增产和供大于求时，一方面按最低保护价大量收储，另一方面加价补贴出口粮食；当国内粮食减产和供不应求时，一方面开仓放粮，另一方面提高出口的限制条件和关税而阻碍粮食出口。

（二）粮食储备的布局

粮食储备布局要在粮食供大于求时，有利于粮食的收购；在粮食市场紧张时，有利于粮食的抛售。这样才能使粮食储备的调控更有效率。最近几年，关于粮食储备库建在销区还是建在产区的争论不断。实际上，单从有利于粮食紧张时及时抛售来讲，国家粮食储备建在销区还是产区，并不会有太大的区别。因为粮食的紧张可能从销区开始，但在市场经济如此发达的今天，销区市场紧张很快会蔓延到产区，不可能只有销区的紧张，产区却宽松。因此，储备粮的抛售，不论在产区还是销区，都会起到稳定市场的作用。销区市场由均衡转为紧张需要一定时间，消费需求不可一下子猛增，供求关系的改变也不可能一夜之间发生。销区市场的某种趋向，很快就会引起产区市场的反应。因此，此时最为关键的，是要建立统一的粮食市场和灵活的储备调节机制。但如果从有利于收购来讲，储备库的布局应主要在产区。粮食是一种全年基本均衡消费的商品，其最终需求的渐进性和平稳性，为粮食在区域之间的调运留下了充足的时间。但粮食的收购则不同。生产的季节性使其收购也产生很强的季节性。如果将储备库建在销区，在收获季节要在短时间内将大量的粮食运到销区，不仅会造成突增的运输压力，而且还得在产区建立足够的周转仓容，显然不经济。

（三）中央与地方的分级储备

我国的粮食储备制度分中央储备和地方储备，储备的责任由中央和地方两级分担，这对解决中央财力不足问题有积极作用，但对国家宏观调控却不一定取得良好的积极效果。

首先，地方储备对粮食储备调控贡献不大。地方储备粮的主要目的是对一般地区性自然灾害和区域性粮价波动进行调节。但事实上，一般地区性自然灾害不会对整个粮食市场的供需产生影响，也不会引起大范围的粮价波动。灾害发生后，只要注入救灾资金在市场上购买粮食，就可以解决问题。应对一般性自然灾害，运用资金手段比运用储备粮手段肯定会更经济、更有效。至于区域性的市场波动，要么不可能发生，要么只是全国性粮食市场波动的一部分。因为区域性的粮食供需失衡，在商业活动日益活跃、市场时空距离不断缩短的今天，会很快被统一市场的粮食流通化解、吸纳。对于全国性的粮食市场波动，地方储备显然无能为力。从这个意义上讲，地方粮食储备缺乏针对性。

其次，地方储备和中央储备在某些方面是相互矛盾的。粮食储备的目的是对市场进行调节。就全国来讲，粮食市场是一个统一市场，地方储备和中央储备同时存在，无疑使一个统一市场有了两个不同的调控主体。这必然导致中央储备和地方储备在市场调控中相互摩擦和矛盾，使储备的调控作用不能很好发挥。

最后，地方政府利益的相对独立，使得各谋其利的情况时有发生。当粮食市场出现较大涨幅的时候，一方面有中央储备这棵大树倚靠，另一方面出于私利，地方政府希望中央粮库抛售，而自己为了更多利益囤粮不出，甚至逆向补充库存；当粮食市场出现较大跌幅的时候，地方政府为了减少粮库管理支出，不愿意购进市面上的粮食，而寄希望于中央粮库增加储备。在粮食供给紧张时，地方政府从其自身的利益出发，往往不是囤粮，而是为保证本区域粮食不出问题而补充库存，进一步加剧市场的紧张。相反，在粮食供大于求时，地方政府为减少自身的财政支出没有增加地方储备的积极性。

第二节　中国粮食储备之于粮食安全的正向效应

粮食储备宏观正效应，是指粮食储备对我国经济运行产生的正面积极影响，是把储备作为市场宏观调控的一种手段，期望以较小量的吞吐对市场进行调节，起到"四两拨千斤"的作用。本节首先阐述粮食储备对粮食安全正向影响的表现，然后从粮食储备宏观正向效应的意义和局限性两方面进行分析，以期对粮食储备宏观正向效应有更加深入的理解。

一、粮食储备之于粮食安全的重要意义

粮食储备作为我国宏观调控的一项重要战略安排，有效地抑制了粮价异常波动，保持了粮食市场的稳定。这种正向效应自从粮食储备制度出现以来就发

挥着巨大的作用，对于保障我国粮食安全具有重要的意义。

（一）国家粮食储备是政府宏观调控的重要措施

粮食储备是粮食安全的重要调控手段，它是在粮食增收和价格偏低的情况下，把粮食收购储存，以防备粮食歉收减产和价格异动。一直以来，我国粮食储备在粮食安全及价格调控方面发挥了重要作用。2003 年我国粮食生产受生产政策、价格、灾害性气候的影响，出现了自 2000 年开始的连续 4 年减产，总产下降到 4.3 亿吨，相当于 1993 年的水平，等于倒退 10 年，人均占有粮食 353 千克，相当于 1983 年的水平，等于倒退 20 年，但因我国有充足的粮食储备，国内粮食供应依然充足，没有出现粮食短缺性的价格异动和不安全问题。2008 年，我国南方出现冰冻和大雪灾害，世界粮食市场价格逐月攀升，当时世界小麦价格较上一年上涨 42%，大米价格翻番，玉米价格急剧震荡，而我国恰逢粮食连续 5 年增产，储备充足，不仅从容地应对了世界金融危机和冰冻雪灾，而且保持了粮食安全充足供给，价格平稳，社会安定团结。2021 年受新冠疫情以及气候因素影响，联合国粮食及农业组织谷物价格指数平均达到 131.2 点，比 2020 年上涨 27.2%[①]，达到自 2012 年以来的年度最高平均值，相比各国普遍增加储备规模来说，我国并没有囤积粮食，相反加快粮食去库存，说到底是因为我国粮食库存充足，库存消费比远高于国际粮食安全警戒线。充足的库存是保障粮食安全的"压舱石"，使得我国有能力应对各种"黑天鹅"和"灰犀牛"事件[②]带来的风险挑战。

另外，改革开放和加入世界贸易组织以后，中国粮食市场和世界粮食市场逐步融为一体，世界粮食市场的价格波动不仅会影响国内粮食市场价格，而且会影响国内粮食供求形势及安全。反之，国内粮食供求形势也会影响国际粮食市场供求和价格。2010 年 7 月，俄罗斯、乌克兰和哈萨克斯坦遭遇百年一遇的干旱，俄罗斯宣布禁止小麦出口，芝加哥期货交易所（CBOT）小麦期货价上涨 42%。在中国，9 月 2 日粮食市场零售价，籼米、粳米、特一粉、标一粉每斤价格分别为 2.05 元、2.39 元、2.00 元、1.71 元，比 8 月 2 日分别仅上涨 0.03 元、0.04 元、0.02 元、0.02 元，基本稳定不动。分析其原因，主要是中

---

① 数据来源：联合国粮食及农业组织统计数据库，http://www.fao.org/faostat/zh/#home。

② "灰犀牛"是与"黑天鹅"相互补足的概念，"灰犀牛"事件是指太过于常见以至于人们习以为常的风险；"黑天鹅"事件则是罕见的、出乎人们意料的风险。这两个概念同时出现来代表大概率且影响巨大的潜在危机。

国有充足的粮食储备，可以通过收储和开仓放粮而调控市场粮价及供求状况。2021年5月，全球应对粮食危机网络（GNAFC）发布的《2021年全球粮食危机报告》指出，自2017年以来，全球粮食不安全问题持续加重。2020年，全球55个国家（地区）陷入粮食不安全状况，受影响人口比2019年增加了约2 000万人。但在此严峻形势下，中国的粮食系统经受住了重大考验，充足的粮食储备使粮食和重要农产品的供应始终保持稳定。2021年全国粮食产量再创新高，连续7年保持在1.3万亿斤以上，中国粮食进口数量有限，且属于结构性短缺进口，世界贸易限制并未对国内粮食安全造成影响。同时，由于实行了"确保谷物基本自给、口粮绝对安全"的粮食安全战略，尽管贸易格局一定时期有所变动，但对国内的粮食安全影响并不大。

（二）国家粮食储备是调节市场供求矛盾的需要

根据粮食的生产与消费，市场供求矛盾主要有以下几类需要国家粮食储备来进行调节。

首先，粮食产区与粮食销区供求数量的矛盾需要粮食储备来加以调节。受地理环境和气候条件的影响，我国粮食生产和供需状况在区域间极不平衡，历史上我国长江中下游地区是我国的粮食主产区，北方省区由于气候干旱和农田水利基本设施建设落后，一直属于粮食供求不平衡的缺粮区，国家通过在南方省份收储粮食和实行南粮北调保证了全国的粮食供求平衡。随着工业化和城市化的推进以及农田水利基本设施的加强，我国粮食生产和供求的区域格局发生了明显的变化，粮食生产的重心逐步向北方地区集中。2021年，我国粮食总产量68 285万吨，全国产量排名前三的省份是黑龙江、河南、山东，三省的粮食总产量占全国总产量的30%左右，而南方的粮食产量占全国比重已不足30%①。黄淮海地区保持着商品小麦的主体供给地位；东北地区已成为主要的粳稻、玉米等商品粮供应地，粮食区际商品量和商品率均居全国首位，昔日的南粮北调也随之改变为北粮南运。

其次，品种需求的矛盾需要粮食储备来加以调节。稻谷、小麦、玉米是我国的三大主要粮食作物。大米和小麦的储备相对不足，玉米储备规模偏高。我国北方地区主食食品主要是小麦，南方广大地区和全国大中型城市居民日常食用的主食食品60%以上为大米，玉米的主要用途是饲料加工等转化用粮，居民

---

① 数据来源：国家统计局，《中国统计年鉴》，http://www.stats.gov.cn/tjsj/ndsj/。

口粮占的比例较小。储备结构与消费结构的不匹配降低了粮食安全的保障力度，因此必须通过一定的粮食储备来进行调节。

再次，淡季、旺季粮食需求大与小的矛盾需要粮食储备来加以调节。我国城镇居民购买粮食的趋势是次数多，数量小，其特点是购买粮食以一家一户为单位，家庭一般不储备粮食。但是在粮食生产的淡季，特别是受到运输加工等因素的制约，为了保证粮食连续不断地供应，必须建立一定的粮食储备。

最后，丰歉年度粮食需求的矛盾需要粮食储备来加以调节。由于粮食是季节生产、常年消费的商品，粮食抵御自然灾害的能力也很弱，所以，保持粮食供应年度间的稳定，必须要有跨年度的足够数量的粮食储备。另外，从我国粮食产量年际变化的长过程来看，我国粮食生产总的趋势是在波动中增长，年际间变化很大，丰年增产与灾年减产（2009 年与 2003 年）两峰值间的产量差额高达 1 001 亿千克。这也为我们利用储备调节机制以丰补歉，防止因灾害性气候造成粮食减产进而引发的粮食安全问题提供了可能性。

二、粮食储备之于粮食安全正向效应的表现

新中国成立初期，粮食处于供不应求的局面，粮食储备的主要目的在于应对荒灾和各种意外情况的发生。例如，20 世纪 50 年代设立的用于应对灾荒的"甲字粮"。20 世纪 60 年代增设以加强国防建设和应战备战为目的的"506粮"。20 世纪 80 年代国家提高了粮食价格，取消了统购制度，对粮食实行政府订购和市场购销"双轨制"。20 世纪 90 年代，国家实行了"米袋子"省长负责制，初步建立了包括制备体系、风险基金及保护价收购余粮制度在内的宏观调控体系，开始重视发挥政府粮食储备在国民经济中的"稳定器"和增加农民收入的作用。1990 年，为了适应当时经济发展的需要，更好地解决由于市场供过于求导致农民"卖粮难"问题，确保粮食安全，国家建立了专项粮食储备制度，在一定程度上发挥了支持生产、保障总量基本平衡的作用。2000 年至今，国家不断对粮食储备制度进行完善，一方面从设立国家粮食和物资储备局及挂牌成立中国储备粮管理总公司两方面完善中央储备粮垂直管理的组织结构，另一方面通过增加中央粮食储备规模、延伸粮食储备的功能以及实行临时粮食储备来完善粮食储备体系。

我国粮食储备制度在不断地完善过程中，虽然由于时代背景在不同阶段具有不同的特殊影响，但总的来说在一定程度上都发挥了支持农业生产、保障粮

食总量基本平衡的作用，对我国粮食安全产生了积极影响，具体表现如下。

（一）国家粮食储备调节粮食市场

作为国家的一种宏观调控手段，调节粮食市场、确保国内粮食市场稳定是粮食储备最基本、最主要的效应。国务院印发的《关于进一步深化粮食流通体制改革的决定》（国发〔1998〕15号）中指出，此后粮食生产流通实行在国务院宏观调控下地方政府全面负责的体制。在新的体制下，粮食价格主要由市场供求决定，中央政府最主要的责任是运用中央储备粮的吞吐和进出口，对全国粮食市场实施宏观调控，促进总量平衡，稳定粮食价格。也就是说，在粮食供求出现异常变化时，要及时运用储备粮的吞吐，实施宏观调控。

一方面，当社会粮食供给量过大，市场粮食价格低于国家规定的收购价格时，政府组织粮食部门按规定的收购价格及时收购，转作储备。20世纪90年代初期和中期，有几年粮食生产获得大丰收，出现了农民"卖粮难"问题，粮价持续走低。为防止"谷贱伤农"，国家发挥了粮食储备的吞进功能，以高于当时市场价格的收购价格收购储备粮几百亿斤，抑制了粮价的过度下滑，保护了农民的切身利益和生产积极性，促进了粮食生产的持续稳定发展。2005—2008年中储粮总公司在全国24个省份积极开展托市收购和储备，年均分别收购了粮食产量的8%和商品量的16%的粮食[1]，起到了积极地稳定粮价、平抑市场价格的调控作用。2018年国庆节后，中晚稻上市量快速增加，国家立即在安徽、河南和湖北三省启动了中晚稻最低收购价执行预案，及时抑制了粮价下跌。

另一方面，当市场粮食供给不足，价格过高时，及时组织抛售储备粮，增加市场供应总量，平抑市场价格，保持市场价格的稳定，保护消费者利益。1993年年底至1994年，由南方部分省份引起，波及全国粮价急剧上涨时，国家多次动用储备粮共300多亿斤，以低于市场价格的价格抛售，通过国有粮食企业公开挂牌销售等办法平抑了国内粮食市场供求。尽管由于抛售方法制度等方面不够健全和完善，抵消了抛售储备粮应该释放的一部分能量，但还是起了重大作用，使粮价上涨的势头得到了遏制。1995年2月玉米价格上涨，有的地方玉米价格已达到或高于小麦价格，严重影响了饲养业的发展，国务院立即决

---

① 数据来源：《中央储备粮管理总公司中央储备粮管理体系在国家粮食宏观调控中的地位和作用》，《中国粮食改革开放三十年》，中国财政经济出版社，2009年，第253-260页。

定两次抛售储备玉米共计 200 万吨，使玉米市场价格恢复到正常水平，确保了市场的稳定发展。2020 年，在新冠疫情、水灾旱灾、国际环境不确定性等因素影响下，国内粮食价格全面上涨，面对粮食价格攀升带来的不利影响，国家有关部门实行精准调控，统筹利用好国内、国外两种资源，综合采取增产增供、适时储备投放、加强进出口调节等多种措施，增加市场供应，打击投机炒作行为，挤掉不合理的涨价因素。

（二）国家粮食储备调动农民积极性

这一积极效应是国家粮食储备运用其吞吐功能平抑粮食价格、调节粮食市场、确保粮食市场稳定的直接结果。

粮食是一种特殊商品，社会的需求总量是一定的，不会因为粮价的高低而减少或增加，但粮食对社会的供给却会因粮价的高低而出现富裕或紧张。农民是粮食这一商品的供给者，粮食的价格背离其实际价值，就会损害农民的切身利益、影响农民的生活水平和生活质量，进而挫伤农民种粮的积极性；反之，则会调动农民生产粮食的积极性。国家粮食储备在确保农民收入、促进地方粮食生产方面的表现：一是在地方粮食富裕、粮食价格出现走低情况时，储备粮及时收储，使地方粮价维持在一定水平之上。如 2004 年南方诸省份早籼稻大丰收，国家及时出台以中储粮为主体的"托市"措施，使得早籼稻价格稳定在 0.70 元/斤以上，确保了农民的基本收益。二是通过每年的国家储备粮轮换，保持了当地一定的稳定粮食需求，拓宽了农民出售粮食的渠道，消除了农民"卖粮难"的后顾之忧，有利于地方促进粮食持续稳定生产。2020 年新冠疫情形势有所好转后，中央就提倡各地加快粮企复产复工，及时收购积压在农户手中的粮食，解决农民"卖粮难"问题，助力农民备战春耕。2021 年国家发布的秋粮收购政策，直接把"坚决防范卖粮难"和"确保粮食市场稳定运行"作为工作目标提出来，几乎就是在告诉种粮农民可以把心"定住"，不用慌，不用怕。

（三）国家粮食储备应对突发事件

这是保证我国的粮食安全乃至国家安全的重要防线，也是国家粮食储备在确保国家粮食安全方面最直接的体现。

以丰补歉，这是粮食储备的一个重要功能，其不仅仅是指把粮食储备作为一个"蓄水池"，从时间上以丰补歉，更多的是指从空间上以丰补歉。20 世纪

60 年代初期，当时的粮食部通过对粮食的合理调度，直接控制了部分储备粮，全部摆在北京、天津、上海三大城市。这时候正值三年经济困难时期，在粮源紧张情况下，国家储备的粮食虽然数量不多，但对防止京、津、沪三大市场脱销，以至于全国社会稳定和国民经济的恢复都起到了重要作用。为缓解粮食主产区收储仓容压力，平衡和优化粮食产销区储备布局，从 2006 年到 2018 年，中储粮累计调拨政策性粮食 6 421 万吨。其中，2013 年完成跨省移库和跨县集并 1 219 万吨[①]，刷新了新中国成立以来调运规模的历史纪录。

同时，我国地域跨度大，自然灾害比较频繁，由于经济发展水平不高，抵御自然灾害的能力比较弱。1994 年数省份遭受洪涝、干旱灾害，国家及时动用了专项储备粮，保证了灾区的粮食需要。2008 年汶川特大地震灾害发生后，中央储备粮是运抵灾区的第一批粮食。

实践证明，粮食储备对于救灾备荒、安定灾区人民生活、迅速恢复生产、保证社会稳定，发挥了重要作用。另外，尽管和平和发展是当今世界的主题，但世界上仍存在许多不稳定因素，局部战争时有发生。粮食储备不仅仅用于调节粮食市场，救灾备荒，而且对维护国家安全具有深远的政治和战略意义。

（四）国家粮食储备调节粮食进出口

中国建立粮食储备特别是建立专项储备制度以来，利用储备粮的进出口进行粮食品种串换，促进了国内粮食市场供求总量平衡和品种结构平衡。1991 年，国家有关部门抓住国际市场玉米价格上涨、小麦价格较低的有利时机，经国务院批准，出口 100 万吨玉米，换回 87 万吨小麦，既促进了国内粮食市场品种结构的平衡，又取得了较好的经济效益和社会效益。2020 年受新冠疫情和国际环境不确定性等因素的影响，国内粮食价格全面上涨，面对粮食价格攀升带来的不利影响，国家有关部门实行精准调控，2020 年 1—7 月粮食进口量达 9 917.5 万吨，玉米进口量达 1 816 万吨[②]，有效补充了国内市场供应。

上述各个方面，既是国家粮食储备的各种宏观正效应的表现，又在一起共同构成了国家粮食储备的一个非常重要的宏观正效应，即保障国家粮食安全、保障经济平稳发展，乃至社会稳定、国民经济持续稳定健康发展。

---

① 数据来源：中国储备粮管理集团有限公司官网，http://www.sinograin.com.cn/indexWeb.html。
② 数据来源：国家统计局，《中国统计年鉴》，http://www.stats.gov.cn/tjsj/ndsj/。

三、粮食储备宏观正向效应发挥过程中所存在的问题

任何事物的积极影响或消极影响都不是绝对的，国家粮食储备的宏观经济正效应也是如此。在对我国宏观经济产生上述正面积极作用的同时，其调控作用由于多方面原因不可避免地具有一定的局限性。

（一）粮食储备平抑价格的作用发挥不理想

粮食储备制度自建立以来，其作用并没有人们预期的那么大。如 1995 年玉米价格上涨，国家拿出 200 万吨储备玉米进行抛售。一下增加 2 000 万吨的有效供给，对玉米市场来说不是一个小数字，但价格的上涨并没有很快抑制。直到新玉米上市，总产增加，净出口转为净进口，玉米的价格才恢复到正常水平。1996 年，全国粮食产量增加了 234 亿千克，为抑制粮价的不断下跌，解决"卖粮难"问题，国家先后 7 次增加专储粮指标，专储粮的增量大大超过了粮食增产的幅度，但主产区玉米等粮食品种的价格却仍低于定购价，"卖粮难"的呼声仍然很高。

可见，粮食储备平抑价格的效力并没有完全发挥作用，究其原因，一则可能是粮食储备调控手段与市场经济的切合点没有把握好，致使调控部分失灵；二则可能是储备的多少直接影响了人们对未来价格的预期，从而影响实时价格的形成，部分抵消了粮食储备宏观调控的效力；三则是当前中央储备粮的调控存在效率低、时效性差的弊端。一方面，中央储备粮调控功能的发挥主要是在市场粮价过度波动、不利的市场价格预期普遍扩散的情况下由各个层级上报国务院批准后实施，基本上是一种"事后调控"。另一方面，由于粮食管理和调控职能过于分散，不同部门的意见往往影响国务院及时决策，由此很容易形成决策"时滞"，错过调控的最佳时机。

（二）粮食储备量的有限性导致调节难度大

这是储备调节的又一局限性。不论粮食储备规模如何，粮食储备量在一个特定时期、特定条件下是一定的。在市场出现暂时性波动时，储备调节可以发挥其"蓄水池"的作用，是有效的；但当市场出现幅度较大、时间较长的波动时，储备的调节就会出现困难。比如在连续较大增产、储备库存爆满时，储备调节就很难再发挥作用；同样，在连续较大减产、储备库存空虚时，储备调节也不能发挥作用。粮食生产周期长，受自然影响较大，种植刚性强，农民就业

选择的机会少，转移成本大，使得粮食生产对价格的反应相对迟钝，再加上气候因素，连续增产或连续减产的可能性都很大。因此，储备调节的难度也就加大。

储备调节的局限性决定了在粮食市场的宏观调控中，不可过分依赖储备调节，更不能用储备调节来代替进出口调节等手段的运用。

第三节　中国粮食储备之于粮食安全的负向效应

国家粮食储备宏观负效应，是指我国粮食储备有可能产生的负面消极影响。自国务院决定开始建立国家专项储备制度，以"丰吞歉吐""平抑粮价""调控市场"为基本功能的国家专项粮食储备，无论是在粮食大丰收还是粮食相对紧缺的时候，都发挥了一定的积极作用，在保护农民生产积极性及其自身利益方面都作出了积极贡献。但是，不可否认的是在市场经济运作条件下，我国粮食储备作为粮食流通最核心的调控手段一直未能充分发挥其应有的功能。本节首先介绍了粮食储备宏观负向效应的表现，进而分析造成这种负向效应的影响因素，在此基础上阐述消除这种消极影响的可能性。

一、粮食储备之于粮食安全负向效应的主要表现

（一）资金及人力资源浪费大

一是资金浪费。一方面，国家投资兴建大批国储库，投入大量财力，花费不少建设资金，相对于国有粮食购销企业来说是一种重复建设，基层粮食购销企业也是国家投资兴建的，仓库设备一应俱全。另外，国家投资修建国储库以后，对购销企业管理放松，没有了维修资金，长时间下去国有资产走向报废，这是对资源最大的浪费。据有关统计数据，全国用于兴建粮库的资金达300亿元以上。另一方面，我国实行中央和地方两级粮食储备制度，各级粮食储备也造成了严重的资源浪费。按照规定，产区和销区按3个月和6个月的销量建立地方储备，没有达到这个规模的，要逐步充实和补充。同时，中央又必须建立起庞大的中央直属粮食储备系统。在全国粮食供求关系趋紧的时期，要求地方充实储备，就会出现中央和地方"吞进"粮食的局面，相当于人为地加剧了供求矛盾，造成了资金浪费。

二是人力资源浪费。这不仅表现为人力资源效率低下，还表现为人力资源

成本高于收益。现在国储库人员较多，这些人端着"铁饭碗"，平时没有轮换任务时，大多无所事事，因此造成了人力资源的浪费。如果每个国储库平均用100人，每人年工资2万元，全国以新建500个国储库计算，年耗费10个亿，成本耗费庞大。

（二）价格影响不利于农民增收

粮食储备作为一种宏观调控的手段，实际上是强化了政府对于市场的干预作用。如果这种干预使用不当，非但不能保障农民利益，反而有可能会损害农民利益。粮食企业在市场开放以后，购销经营活动是以市场为导向，基层粮食购销企业收购时制定的价格是依据市场实际来制定的，销售时伴随着市场走势保本微利，对市场价格波动影响不大；而国储库的粮食轮换入库价格是据上级定价确定的，轮换出库大多是不定期在一定范围内进行拍卖，有时达到一定量就会对粮食市场产生冲击，往往会引起市场粮价波动，扰乱市场，并发出错误信息误导来年的粮食生产，不利于广大农民正确安排种植计划，造成农民"丰产不丰收"。

（三）粮食储备运作成本的增大

一方面，粮食储备的运作成本是粮食储备宏观调控的必要基础，但是，随着粮食储备调控的运用力度和强度的加大，其成本也是不断上升的。并且，储备调控的效果与粮食储备的运作基本上呈正比例关系，也就是说，粮食储备调控的效果越显著，储备调控手段就越受到重视和适用，其成本也就不可避免地随之增加。另一方面，由于地区之间粮食余缺状况不同，当局部地区出现粮食供给短缺或农民"卖粮难"时，要通过销售或收购储备粮等方式进行调控。在全国统一市场条件下，粮食短缺或"卖粮难"都将是全国性现象，不会局限于局部地区。即使在全国粮食市场一体化程度不高的情况下，产区和销区出现局部地区粮食短缺或农民"卖粮难"现象的概率也是不对称的。产区出现农民"卖粮难"的概率大大高于出现短缺的概率，产区地方储备"进"的概率大，"出"的概率小；销区正好相反。地方储备"进""出"概率不对称，势必增大运作成本。

二、造成粮食储备宏观负向效应的主要原因

关于粮食储备宏观负效应产生的原因，既有国家粮食储备自身方面的问题，也有国家粮食储备与其他方面博弈的影响，具体分析如下。

（一）国家粮食储备自身运作的问题

我国粮食储备实行中央和地方两级的粮食储备制度，这种制度安排本身就容易造成资源浪费、成本增加、地方与中央以及地方与地方之间的博弈以及"搭便车"现象。同为政策性粮食储备，中央储备粮主要是用于调节全国粮食供求总量，稳定粮食市场，应对重大自然灾害或者其他突发事件引发的危机等情况，属于全局性的粮食储备。地方政策性储备主要用于应对本区域的自然灾害或者粮价明显波动等情况，属于区域性的粮食储备。可见，中央储备粮的功能实际涵盖了地方政策性储备的功能，但中央储备粮实行的是中储粮垂直管理，地方政策性储备粮由地方负责，同一区域政策性粮食储备粮权不同，责任也就难以明确划分。

同时，现行的国家储备粮运营机制和运作方式无法适应市场经济的要求。我国储备粮运营目前仍旧固守计划经济体制下的静态管理格局，其吞吐仍然由粮食行政部门层层分解计划指标，各级主管部门得到相应指标后，后续的财政保障往往不能落实。这样，等到储备计划真正落到实处并按上级意图开始运转时，粮情早已发生变化。再有，现行国家粮食储备的一些具体技术问题尚未得到解决，如储备量、储备地点及各级储备权限划分等问题，直接影响国家储备粮的实际运作效果。

（二）国家粮食储备与供求双方的博弈

除国家粮食储备外，农民自身、粮食经营企业、粮食加工企业和养殖企业以及居民自身都会储存一定的粮食。由于这些储备与国家专储粮在目标函数上的差异，相互间存在此消彼长的态势。当预期粮价上涨时，国家粮食储备抛售而农民和粮食经营企业则会惜售，粮食加工企业、养殖企业和居民则扩大储备，尤其是当预期到国家粮食储备抛售殆尽时，粮价上涨形势更加严峻；反之，当预期粮价下跌时，国家粮食储备大量吞入余粮，而其他储备则纷纷逆向操作。因而，影响公众的预期比实际的吞吐对粮食市场价格波动的影响更重要。粮食批发市场和期货市场上的价格对粮食的供求是敏感的。因而，国家粮食储备诱导价格预期的最佳场所非粮食批发市场和期货市场莫属。然而现实情况却是，一方面，粮食批发市场和期货市场发展滞后；另一方面，国家粮食储备的购销吞吐却是通过国有粮食收购和销售企业在粮食的收购市场和零售市场完成的。因而使国家粮食储备干预市场的作用和效果大打折扣。

（三）国家粮食储备制度与其他政策的矛盾

1. 国家粮食储备制度与粮食收购制度的矛盾

粮食是一种特殊的商品，其生产者具有较强的竞争性，而收购者则具有较强的垄断性。在市场竞争中，生产者往往处于不利地位。农民可以决定卖与不卖，但不能选择卖给谁。我国现行的国家粮食储备制度与收购制度是联系在一起的，但两者的政策含义却是矛盾的。国家粮食制度是在市场形成粮价的基础上通过吸纳超额供求来影响价格的手段，是对市场价格的一种间接干预。国家粮食收购制度则是由政府直接确定粮食收购价格并由国家粮食收储企业向农民直接收购，然后再由市场来形成其后的各种购销价格，是对市场价格的一种直接干预。这种矛盾使粮食储备制度同时具有直接干预和间接干预两种性质，与粮食市场改革相悖，而且使粮食储备在价格上具有了某种"刚性"，影响了粮食储备在市场上的灵活操作。

2. 国家粮食储备制度与宏观调控政策的矛盾

粮食市场的均衡不是孤立的，它与国家的宏观经济形势和相应的调控政策是密切相关的，从 1990 年以来的情况看，粮价波动周期与价格总水平波动周期基本上是吻合的。因而，国家储备粮运作的政策指向、力度和实质必须与宏观经济调控政策相吻合，否则，二者不一致必然导致调控效果的相互抵消。例如，1989 年政府以治理通胀为首要目标，出台多项有力措施，到 1990 年效果逐渐明显，价格总水平开始回落。此时，国家专储粮却大量吞入余粮以期抬高粮价，这样不仅没有起到粮食调节的作用，反而给国家宏观调控带来损失。

3. 国家粮食储备制度与外贸体制的矛盾

国家粮食储备是国家粮食市场的一个"蓄水池"，但由于受到国家财力的局限，其"蓄水能力"远不及国际市场这个大"蓄水池"。例如，1995 年玉米价格上涨，国家抛售 200 万吨储备玉米，仍未扭转价格。最后还是由于进口玉米及新玉米上市的原因，玉米价格才恢复正常。然而，目前我国国内贸易与外贸部门还处于行政分割的局面，粮食储备制度无法与外贸体制有效结合，不利于国家专储粮积极利用国际市场来调节国内市场的粮价波动。

三、消除粮食储备宏观负向效应的可能性

国家粮食储备所遇到的问题，实质上是我国市场化进程中各项经济政策所具有的一种共性，但这并不能否定国家粮食储备制度存在的合理性和必要性。

其根本出路还在于继续深化改革，在市场化改革的整体推进中不断完善国家粮食储备体制自身的运作机制。在关于粮食储备宏观负向效应主要原因论述的基础上，本书则继续探讨消除这种负向效应的可能性，以期不断完善我国粮食储备体系，确保国家粮食安全。

（一）粮食收购制度的建立健全缓解了粮食价格波动

国家粮食储备制度运行的基础是健全的粮食市场体系，而粮食收购市场是整个粮食市场体系的基础。作为粮食收购市场主体的粮食收储企业和农民，只有在平等竞争的环境中才能形成合理的市场价格。因而，政府必须改革现行的粮食收购制度，确立粮食收储企业和农民平等的市场主体地位，以期在市场交换中形成粮食收购价格，并在此基础上构建以市场为导向的粮食价格机制。

2021 年国家修订的《粮食流通管理条例》对粮食收购作出重大变革，简政放权，简化收购流程，取消了粮食收购资格行政许可，粮食经营者无须再取得粮食收购资格，就可从事粮食收购活动。这些变革措施大大简化了粮食购销的相关流程和步骤，为粮食市场提供了平等竞争的环境，有助于形成合理的粮食价格，缓解粮食储备的宏观负向效应。

（二）粮食批发及期货市场的完善降低了现货市场的运作风险

粮食批发市场和期货市场的完善，可以为国家粮食储备制度提供良好的市场化运作基础。同时，这标志着整个粮食市场体系健全与否，也关系着国家粮食储备对市场粮价的调控效果。

粮食批发市场分为全国性综合批发市场和区域性专业批发市场。全国性粮食批发市场，如郑州粮食批发市场如今已走过 30 多个年头，在中央政府和河南省政府的大力扶持下已经能较好地运作，其价格指导及参照作用比较明显。区域性专业批发市场，由于管理、设备、运输、技术等方面的原因，场外交易量大大超过场内交易量，其发展虽然还存在一定问题，但对搞活粮食流通、促进粮食资源的合理配置也发挥了一定的作用。总体来说，粮食批发市场作为粮食交易的结算中心和服务中心的作用不断加强，对于粮食价格的稳定、消除粮食宏观调控的负向效应做出很大的贡献。

粮食期货市场的有效利用可以降低现货市场运作储备粮的风险，降低储备粮收购和轮出的价格风险，减少储备粮收购的质量风险，避免储备粮轮换中的脱空风险，减少储备粮进出口风险，完善粮食储备制度。"保险＋期货"模式从 2015 年由大连商品交易所首次提出后在全国范围进行了试点，发挥了积极的作用，已连续多年写入中央 1 号文件。在 2021 年的中央 1 号文件中，进一步明确"扩大稻谷、小麦、玉米三大粮食作物完全成本保险和收入保险试点范围""发挥'保险＋期货'在服务乡村产业发展中的作用"。截至 2021 年 10 月，我国已经在大连商品交易所和郑州商品交易所上市了品种较为齐全的农产品及其上下游关联期货品种。粮食期货市场在帮助农民抵御农业自然灾害和市场价格波动风险方面发挥了积极作用。

（三）国家粮食储备体系的完善保障了粮食的供给安全

粮食储备体系的建立是我国粮食安全管理的重要抓手。新中国成立以来，政府粮食储备管理机构虽然几经变迁，但是我国粮食储备已经初步形成了以中央统一领导为基础，中央储备与地方储备、政府储备与企业储备互为补充、协同发展的统一体系。通过不断改革完善粮食储备管理体制机制，聚焦科学确定粮食储备功能和规模，不断健全和完善粮食储备运行机制，服务宏观调控、调节稳定市场、应对突发事件和提升国家安全能力的粮食储备体系目标更加清晰明确，我国政府粮食储备从传统粮食储备体系向围绕建设现代化经济体系和高质量发展的现代粮食储备制度转变迈进。

粮食储备体系是衔接产需、平衡供求的"蓄水池"，是我国坚持自力更生，立足国内调节粮食平衡，确保粮食安全的客观要求。进入新时代，粮食储备"压舱石"作用显得更为重要。统筹安全和发展，习近平总书记提出，要健全国家储备体系，科学调整储备的品类、规模、结构，提升储备效能。粮食储备体系的完善有利于充分发挥调控市场、稳定粮价、保障安全的作用，从而缓解粮食宏观调控在资源浪费、运作成本提高方面带来的负向效应。

第四节　小　　结

本章先从理论层面对粮食储备的相关方面进行阐述，进而对其产生的影响展开论述。粮食储备作为国家对粮食市场进行宏观调控的手段，不仅对我国粮食安全产生正向影响，还会产生负向影响。其中正向影响表现为有效应对突发事件、自然灾害等对粮食市场的供求产生的冲击，从而稳定粮价，确保国内粮食市场稳定，除此之外，还能调动农民种粮的积极性，进一步确保粮食供给。

负向影响表现为资金及人力资源的浪费、农民增收受阻以及运作成本增加等。但从总体来看，国家粮食储备是符合我国当前经济发展和国家安全需要的一种市场调控手段。虽然如此，我国粮食储备所存在的问题仍不容忽视，对此可采取一定方法进行解决。首先，可通过完善粮食的收购制度、批发市场以及期货市场来消除粮食储备的负向效应；其次，可借鉴国外先进经验并结合我国实际情况对粮食储备制度进行完善，从而克服粮食储备发挥正向效应的局限性；最后，要加强各项法律法规的建设，规范各市场主体的行为，真正形成体制健全、灵活有效的粮食宏观调控体系。

第三章
中国粮食储备的历史成就与现实困境

自古以来，我国就有"兵马未动，粮草先行"的说法，并且还采用粮食储备这一手段应对自然灾害或者突发战争。但随着经济社会的发展，我国粮食生产与古代不同，截至2021年我国粮食生产已连续7年保持总量在1.3万亿斤以上，粮食生产喜获"十八连丰"，这使得当前我国粮食储备的功能和目标发生转变，即以稳定粮价和应对自然灾害等对粮食市场产生的冲击，从而确保国家粮食安全。梳理我国各历史时期所采用的粮食储备制度能够更好地把握我国粮食储备状况，从而发现其当前存在的问题，为优化粮食储备体系提供借鉴。因此本章首先对我国粮食储备的发展历程进行梳理并对不同时期的储备制度进行比较，接着从粮食储备的规模、结构、布局以及技术等方面对我国粮食储备现状进行阐述，最后基于上述分析对我国粮食储备所面临的困境进行分析，从而对我国粮食储备改革的路径提供选择。

第一节 中国粮食储备的发展历史

一、粮食储备的相关基础理论

（一）粮食储备的定义

国际上公认的粮食储备定义是由联合国粮食及农业组织提出的：在新的作物年度开始时，国内的粮食需求量（如有出口，也包括出口的需要量）可从上一个（或几个）作物年度得到的粮食数量。粮食储备，从其字面含义上说就是"最低粮食库存"的意思，即在新的作物年度开始之前，可以从上一个年度收获的作物中得到（包括进口）的粮食库存量。简而言之，粮食储备是一项物资储备制度。在通常情况下国家会建立各种储备库，粮食被按照不同的用途进行贮存。粮食储备的基本作用包括以下几种：保障粮食市场均衡和保持供应稳定、平抑价格波动、提高粮食安全程度。一个国家的粮食储备量是由战略储备、周转储备和后备储备三部分共同组成的：周转储备是保障从产地或者进口的安全平稳、持续不断地供给并周转到加工厂，最后到达终端消费者的储备，它是在流通领域中的商业性粮食存量的最低规模，一般商业库存、在售粮食和在途粮食以及在加工粮食是其一般表现形式；后备储备是一个国家撤除周转储备和完全用于战略目标的储备之外的全部粮食储备，主要分为政府储备、生产者储备和消费者储备三个方面；战略储备一般为由于战略的需要而确定一个专以战略为目标的粮食储备量，从国家的角度而言，战略储备往往是非常必要的。

我国习惯上所使用的粮食储备概念，从数量和用途上看是由备战储备和备荒储备两部分构成的。自 1990 年以后，我国着手开始实施粮食专项储备制度，备荒储备即被纳入专项储备。换言之，备战储备类似于战略储备，专项储备类似于后备储备，因此，中国的粮食储备本质上就是由战略储备和后备储备两部分组成的，其中并非没有周转储备，而是仅由中央政府控制着相当规模的周转粮食。我国的粮食储备从储备主体来看包括政府储备和社会储备两部分，其中政府储备所占比重达 90% 以上。

（二）粮食储备的目标

1. 保障粮食安全

粮食安全最主要的目标是粮食储备。粮食的安全，也就是保证任何人在任何时候都能获取到为维持生存和健康所需要的足够食品。这就需要政府积极协调农业政策，确保我国粮食稳定生产，能够确保充足的粮食供给，确保所有需要粮食的人们都能及时获得粮食。

2. 稳定农民收入

粮食供给过剩，粮价就会相应地下跌，农民就会遭受不同程度的损失；粮食供给不足，粮价就会相应地大幅上升，消费者就会遭受一定程度上的损失。因此，粮食储备能够很大程度上稳定粮食的供给量，从而使收入相对稳定。

3. 稳定粮食价格

为了使粮食生产者和消费者双方的利益达到相对平衡，粮食储备在稳定粮食供给量的同时刚好又能够稳定粮食的价格。

4. 提高宏观效益

粮食储备除了要使生产者和消费者的利益达到相对平衡外，国家的财政负担也要考虑到，以期实现社会经济效益的整体最佳和社会福利最大化。

以上这四个目标含有普遍的理论意义，是构建我国粮食储备目标体系与系统模式的理论基础。具体来说，我国粮食储备分为以下四个目标：第一个目标是抹掉季节间的粮食价格不稳定变动，稳定年度内粮食价格的波动；第二个目标是抹平年度之间的粮食生产上下波动；第三个目标是保障我国长期的粮食安全储备；第四个目标是希望能够通过粮食安全储备和适量库存，保证农民持续增收。

（三）粮食储备的功能

1. 粮食安全保障功能

粮食的生产和供给受多种因素影响，这些因素可能来自自然灾害、市场波动，也可能来自生产环节或流通环节，也可能来自国外。因此，一个国家和地区为保障本国或本地区的粮食安全，都要有一定数量的粮食储备，以应对可能发生的突发事件、灾害和粮食供需缺口。国内外的历史经验证明，粮食储备在粮食供给潜力问题和粮食价格波动问题上发挥着至关重要的作用，是任何时代经济、社会持续发展所必需的，对整个社会的安全有保障功能。

2. 市场调节功能

粮食储备的市场调节功能是通过粮食储备的"吞进机制"和"吐出机制"来实现的。在粮食储备供不应求，而进口又受到特定条件的限制和需要削减不必要的储备规模时，粮食储备将实现"吐出机制"的功能；当粮食储备未达到应有的规模水平或是国内粮食的产量很大、供过于求时，为了抑制粮食价格的下滑而损害到生产者的利益，粮食储备将实现"吞进机制"的功能。然而，储备调节也有一定的局限性，在市场出现暂时性波动时，储备调节是有效的；但是市场出现幅度较大、时间较长的波动时，储备的调节就很困难。

二、国家储备改革发展的历史成就

党的十八大以来，在以习近平同志为核心的党中央坚强领导下，我国大力推进战略和应急物资储备改革发展，加快构建统一的国家储备体系，储备体系和体制机制不断完善，储备基础和整体实力持续增强，有效保障了国家粮食安全、能源资源安全、产业链供应链安全，在促进经济社会持续健康发展中发挥了重要作用。

（一）完善制度政策，储备管理新格局基本形成

党的十九届三中全会作出深化党和国家机构改革的重大决定，组建国家粮食和物资储备局，组织实施国家战略和应急储备物资的收储、轮换、日常管理，统一负责储备基础设施的建设与管理，对管理的政府储备、企业储备以及储备政策落实情况进行监督检查等。2019年5月，中央全面深化改革委员会第八次会议审议通过《关于改革完善体制机制加强粮食储备安全管理的若干意见》。2021年8月，中央全面深化改革委员会第二十一次会议审议通过《关于改革完善体制机制加强战略和应急物资储备安全管理的若干意见》，作出了统筹管好"天下粮仓"和"大国储备"的制度安排。这些都为加强国家储备的统筹规划，构建统一的国家储备体系，提升国家储备应对突发事件的能力，提供了重要体制机制保障。

（二）优化规模结构，储备家底不断充实

从储备品种看，中央政府储备已涵盖4大类20余个品类，包括粮食等农产品和农资储备，石油等能源储备，战略性矿产品、关键原材料等物资储备，以及应急救灾物资、医药等应急专用物资储备。从储备规模看，我国粮食储备数量充足、质量良好、储存安全，有力支撑口粮绝对安全；棉糖储备质量提升、结构优化；石油战略储备规模增加，战略性矿产品和关键原材料储备品种规模优化充实；中央应急救灾物资储备规模达到历史最高水平，应对重特大灾害的物质基础更加坚实。各地从实际出发，侧重于居民生活必需品、重要生产资料应急物资储备，积极建立与中央储备相互补充的地方储备。

（三）科学统筹布局，储备设施现代化水平显著提高

储备基础设施布局不断优化，功能逐步完善，基本形成了覆盖全国、门类齐全、功能适用的储备基础设施网络。从粮食储备能力看，全国标准仓房完好，仓容稳步提升，仓储条件总体达到世界较先进水平，有力支持了储备需要。从战略和应急物资储备能力看，一批国家石油储备基地建成投用，成品油储备能力持续增强；加强储备设施资源整合优化，综合性国家储备基地建设深入实施；国家储备仓库安全综合整治提升三年行动成效明显，本质安全水平明显提升；各类储备设施功能不断完善，为落实储备任务提供了良好条件。

（四）保障国家安全，储备功能作用有效发挥

强化初级产品供给保障"压舱石"和"稳定器"作用，满足国家重大战略

和经济社会发展对基础原材料的需要。发挥国家储备宏观调控功能，积极维护经济安全和产业发展。比如，针对 2021 年大宗商品价格持续上涨态势，稳妥有序向市场投放国家储备铜、铝、锌、原油、成品油等，有效缓解了企业原材料价格上涨压力和阶段性供应紧缺，取得了惠企业、平波动、稳预期的效果，在平衡供需、引导预期、应对风险等方面实现了"四两拨千斤"。积极发挥应急保障作用，新一轮机构改革以来，在青海玛多地震、2020 年南方汛情、2021 年郑州特大暴雨等自然灾害或突发事件中，累计调运 66 批次、4 亿元中央防汛救灾物资；面对突如其来的新冠疫情，全力做好粮食保供稳市、救灾物资保障，有力服务了疫情防控和经济社会发展大局。

三、新时代粮食储备制度的功能作用

我国从 1990 年起开始建立粮食专项储备体系，成立国家粮食储备局，专司国家粮食储备。2000 年，组建了中国储备粮食管理总公司，实施中央储备粮垂直管理制度。在 1991 年、1994 年、1995 年、1998 年和 2003 年发生大水灾时，国家每次动用了几百万吨专储粮支援灾区，稳定了粮价，顺利地度过了灾荒。在 1993—2003 年粮食价格上涨中，国家抛出 1 000 多万吨专储粮，对保证供应、平抑粮价、稳定市场起到明显作用。1995 年，为确保粮食和主要食物的安全，国家动用 200 万吨专储玉米，对平抑南方饲料价格暴涨的局面起到一定的作用。此外，国家还采取一系列优惠政策对粮食倾斜。从 1985 年起，国家决定每年安排 1 亿元专项贴息款用于支持粮食生产发展，已安排 10 亿元贷款，近 2 亿元贴息，集中财力在粮食产区兴仓建库。从 1986 年起，国家决定每年从乡镇企业税收增长中拿出 10 亿元专款用于支持粮食生产发展，设立粮食专项贴息贷款。国家建立国家储备体系、专项发展基金和风险资金及一系列优惠倾斜发展粮食生产的政策，已经成功处理了国内几次天灾和粮价上涨。

由此可见，我国建立的粮食储备制度在保证粮食安全、调剂粮食余缺方面有着重要的作用。具体表现在以下几个方面。

首先，粮食储备是救灾扶贫、平抑粮食价格的需要。粮食在生产过程中有两个明显的特点：一是粮食的季节性生产与不可一日或缺的常年消费相对应；二是自然再生产与经济再生产交织在一起，由此决定了粮食再生产受客观环境的制约度很大。这两个特点就决定了为调解年度之间和地区之间丰歉余缺和应对突发事件而建立粮食专项储备的必要性。我国幅员广阔，自然灾害频繁，每

年都有不同程度的灾害。例如，1991 年部分省份遭受旱、涝、雹、虫等多种自然灾害，受灾面积达 8.3 亿亩①，受灾人口高达 4.19 亿人。在这种情况下，没有相当规模的粮食储备，就会影响社会稳定和社会经济发展。

其次，粮食储备是政府调节粮食市场、保证重要粮食加工业原材料供应的物质手段。耕地资源的稀缺性决定了我国的粮食商品生产不可能持续实现较大规模的扩张。相反，随着我国人口的增长，耕地的减少，粮食供求的平衡将逐渐较多地依靠进口粮源。建立一定规模的粮食储备，不仅是宝贵的历史经验，也是任何时候经济、社会发展所必需的。当前，粮食购销市场化改革在全国普遍推行。在推行粮食购销市场化的同时，国家有关部门正抓紧建立适度规模的专项粮食储备，用以强化政府对粮食市场进行宏观调控的物质手段。

再次，粮食储备是确保主销区粮食安全的需要。对于主销区而言，主产区是其主要的粮源。无论是在计划经济时代还是市场经济时代，粮食生产的周期性波动都是客观存在的，是不可避免的。粮食在任何国家的任何时候都是国计民生的大事，对人口众多的中国更是如此。所以，在粮食丰收的情况下，可能能够保证主销区充足的粮源；而一旦粮食紧张，主产区是否能够保证主销区的粮食来源就是未知数了。建立了粮食储备制度以后，遇到自然灾害和粮食短缺的年份，主销区的粮食储备就可以有效地平抑粮食价格，弥补粮食的短缺，从而有效地确保主销区粮食的安全。

最后，粮食储备是富国强民政策的重要组成部分。由于我国是农村人口占绝大多数的发展中国家，只有提高广大农民的收益水平，才能较好地实现富民目标。对于以种粮为主的纯农户而言，种粮收益至关重要。为了保护种粮农民的利益，就需要有相应的粮食储备规模，以便在"推陈储新"的动态过程中，同时确保农民无"卖粮难"和"谷贱伤农"的后顾之忧。更重要的是随着城市化的发展，离土离乡的农民会越来越多，自然也需要增加城镇粮食供应量。此外，由于农业结构调整，农村商品粮消费需求也当上升。中西部地区出于改善生态环境的需要，退耕还林、退耕还草的一个重要支撑即是保持相当的粮食储备。以上所述对于改善农民的经济地位无疑是有积极作用的，但也对政府调控粮食市场提出了新的要求，主要是要有数量相当充裕、功能比较灵活的粮食储备作坚实后盾。

---

①　亩为非法定计量单位，1 亩＝1/15 公顷。——编者注

四、粮食储备体系的发展历程

粮食自古作为各统治阶层管控的关键，储备制度是粮食调控的重要手段。20 世纪 90 年代以后，中国国内使用的粮食储备可表述为：粮食储备＝战略储备＋后备储备。当前中国粮食储备制度存在明显的计划储备与市场储备、中央储备和地方储备的"双轨运行"的特点。中国粮食经济思想源远流长，历朝历代都相当重视粮食储备的功能和作用。我国粮食储备制度经过 2 000 多年的历史演变，可划分为古代粮食储备制度、近代粮食储备制度及当代粮食储备制度三大阶段，每个阶段都有各自的特点。

（一）中国古代的粮食储备制度（1840 年以前）

中国粮食储备制度历史悠久、根基深厚，在 2 000 多年前就已经出现，是迄今为止发现最早的粮食储备制度。基本上，我国古代仓库的基本用途有储存和储备两大功能。储存是将漕运过来的粮食保管起来，供皇家、吏官和人民日常消费；储备是为应付战争、灾荒和突发事件。在古代时期，中国的粮食储备制度主要是指 1840 年之前的粮食储备制度，官办储备和民办储备是该时期粮食储备的两种类型。其中，官办储备主要采用常平仓、惠民仓、广惠仓等仓库进行储备；民办储备一般采用义仓、社仓、预备仓等仓库进行储备。古代粮食储备主要有三方面的功能作用：一是平抑粮价，调控市场；二是赈灾备荒，安民固本；三是供养军队，备战应战。

从夏朝和周朝开始，中国的历代王朝对粮食储备设施和粮食储备制度都是相当重视并实施相对应的举措。从粮食储备设施的角度来看，从周朝开始的历朝历代都建设了中央粮食储备的基础设施。与此同时，也相当注重建设地方性粮仓。从粮食储备制度的角度来看，从夏朝开始的历代王朝都制定了非常严格的粮食储备管理制度，并且仓储制度变成了国家的重要财政制度。管理制度的具体内容有以下三个方面：一是规定中央财政专管粮食储备。如明、清时期的户部和东汉的大司农都掌管着全国钱粮。二是制定粮食储备管理条例和制度。如秦代的仓律和西汉的粮食会计簿册。三是实行区别化管理，即不同的管理者管理不同类型的仓库。如各级政府机构管理常平仓等官仓，民间自行管理义仓、社仓、预备仓等民间仓房。

（二）中国近现代的粮食储备制度（1840—1948 年）

1840—1948 年的粮食储备制度被称为中国近现代的粮食储备制度，以下以关键事件点和重要事件为时间节点，将中国近现代的粮食储备制度分为两部分：一是近代（1840—1918 年）的粮食储备制度，二是现代（1919—1949 年）的粮食储备制度。

1. 近代（1840—1918 年）的粮食储备制度

近代，即旧民主主义革命时期，其粮食储备类型较古时期而言，增加了官民共储，具有三种形式，即官储、民储和官民共储，存储粮食的仓库也随之被命名为官仓、民仓和官民共办仓。官仓的类型有以下几种，包括常平仓、京仓、漕粮转运仓及营仓等仓库。其中，设在各直省州县的为常平仓，采买、捐纳与截留是其储粮的来源，具备着平抑粮价、灾年赈恤的作用；京仓（共 17 所）主要储存朝廷直接管控的皇粮；漕粮转运仓（共 7 所）担负着转运各省运京漕粮的任务；营仓，顾名思义是为边防官军提供粮食供给而设的粮仓。采用社仓、义仓等仓库储粮的形式被称为民储和官民共储。社仓设立于乡村，政府干预与监督在一定程度上影响着社仓储粮，储粮一般来源于民间自动自发输入。为鼓励民间自行输入粮食，各地制定了诸多给予民间捐谷者奖励的办法，其中包含有通过免差役、给匾、给顶戴、给花红等方式；义仓设立于市镇，为民办民管粮仓，乾隆年间，直隶、山西、江苏、江西等省陆续设立。

2. 现代（1919—1949 年）的粮食储备制度

现代，即新民主主义革命时期，为有效应对过于频繁的灾荒，加强粮食储备制度的建设势在必行。这个时期的粮食储备制度分为两种储备类型：一是以备荒恤贫为目的，二是以辅助农村生产事业为宗旨的。

一是以备荒恤贫为目的的粮食储备制度。1928—1935 年，南京国民政府持续不断地在为此目的作出努力。

一方面是仓库的设立。1928 年颁布的《义仓管理规则》和 1930 年制定的《各地方仓储管理规则》都明确指出，"规范慈善团体设立的私仓"和"规定以备荒恤贫为目的，以县、市、区、乡、镇和义 6 个管理层级为依据，设立 6 种形式的积谷仓。其中必设仓设于县、乡、镇、义等地；市、区仓根据各地实际情况由民政部门决定设立"。另外，鉴于中国自然灾害频繁，1932 年陈果夫提出，"中央择粮食主产区设立总储备仓"。另一方面是制订计划。1933 年南京国民政府制定的兴办仓储计划规定，"储备仓包括国立、省立、县和区四级储备仓。中央设国立储备仓，省设省立储备仓，县和区储备仓必须普遍设立。市、县、区等仓依据地方财政和实际情况分别设立"。从此，初步形成了国家、省级、地方三级粮食储备管理制度。

二是以辅助农村生产事业为宗旨的粮食储备制度。直至 1935 年，南京国民政府才着手对粮食储备的功能做进一步的延伸，进一步完善了奖惩办法。重新制定的《各地方建仓积谷办法大纲》中有规定，"各种积谷仓需以辅助农村生产事业发展为宗旨，对输谷的个人或社会团体给予奖励"。同年，南京国民政府又作了更具体的规定，即对积谷、建仓、查验、管理等方面的实施方案。此外，南京国民政府还实施了新的仓储制度并且加以大力推广，同时农业仓的法律地位也被明确了。1933 年的决议指出，"各县必须要有由农民银行设立的农业仓库"。同时，依据农仓业的发展状况，实业部修改了农仓法，并制定了《农仓业法》。

（三）中国当代的粮食储备制度（1949 年至今）

1. 准备阶段（1949—1989 年）

准备阶段的粮食储备制度分别在统购统销体制和自由购销体制的背景下形成，其储备类型有周转储备、"506 粮"储备、"甲字粮"储备和农村集体储备四种。

（1）周转储备。周转储备粮主要发挥着两方面重要作用：一是保证居民口粮供应。基于 1950 年中国粮食丰收、余粮储存和粮食出口的情形，中国逐步形成了中央粮食储备，保证城镇居民口粮的供应。二是平抑粮食市场价格。为稳定粮食市场，中央政府利用周转储粮在公开市场抛售，以调节粮食供求关系，达到平抑粮价的效果。

（2）军政共管的"506 粮"。"506 粮"是在台湾海峡危机局势紧张的情形下，为加强国防建设和应战备战，于 1962 年由中央建立的军用战略储备粮，其粮权属中央军委。

（3）"甲字粮"储备。"甲字粮"储备目的是应对灾荒。1953 年和 1954 年，中国部分地区都遭受不同程度的自然灾害，导致粮食产量下降且不均衡。为了应对灾荒，我国设立了国家粮食储备（"甲字粮"），并在相关的条例中作出具体规定，明确其粮权属中央，国家计划委员会等部门下达计划，国有粮食企业承担储备任务，实现权责明确。同时，粮食储备统计中排除了周转储备粮，并将其中的部分粮食划出作为"甲字粮"。

（4）农村集体储备。农村集体储备于 1963 年建立，其粮权属村集体。中国于 1962 年对此也作了明确指示，"逐渐增加国家集体和个人的粮食储备，达到国有余粮、队有余粮、户有余粮的要求"。

2. 形成与发展阶段（1990—2000 年）

此阶段是一个粮食流通从完全计划向市场化运作转变的过渡阶段，在粮食购销与价格"双轨"运行体制和粮食购销市场化体制背景下形成。粮食储备制度比计划经济时期有了很大程度的完善，完成了由国有粮食企业"单轨制"向国家粮食储备局和国有粮食企业并行"双轨制"储备模式的转变。

3. 完善阶段（2001 年至今）

我国当代粮食储备制度的完善阶段具体表现在以下两个方面：一是完善中央储备粮垂直管理的组织结构。国家主要从设立国家粮食和物资储备局和挂牌成立中国储备粮管理总公司两方面完善中央储备粮垂直管理的组织结构。二是完善粮食储备体系。首先是国务院于 2001 年批示增加中央粮食储备规模；其次是延伸了粮食储备的功能，即保护粮食主产区粮农利益和解决粮食过剩时农民"卖粮难"的问题；最后是实行临时粮食储备。

（四）历代粮食储备制度的对比分析

随着时间的推移、政治体制的改变和国内外形势的转变，纵观中国古代、近现代和当代的粮食储备制度可以发现，在储备目的、类型、条例、组织结构与设施等方面都在不断完善、发展与丰富（表 3-1）。

表 3-1　中国历代粮食储备制度的对比分析

时期	储备目的	储备类型	储备设施	储备制度或条例	储备管理
古代	平抑粮价、赈灾备荒、供养军队	官仓储备、民间储备	官仓：常平仓等民间仓：义仓、社仓、预备仓等	粮食仓储制度实行中央专管制度管理条例	实行层级管理。政府机构管理官仓，民间管理民间仓库
近现代	平抑粮价、备荒恤贫、供养军队、辅助农村生产事业	官仓储备、民间储备、官民共储	官仓：常平仓、京仓、漕粮转运仓及官仓民间仓：社仓、义仓等	《义仓管理规则》《各地方建仓积谷办法大纲》《农仓业法》等	国家、省级、地方三级粮食储备管理，并且明确其法律地位
当代	保证国家粮食安全、备荒备战、保护利益、稳定市场	战略储备、后备储备、周转储备	国家粮食储备库、中央直属储备粮库、国家粮食和物资储备局与中国储备粮管理总公司	国家专项粮食储备制、"米袋子"省长责任制、粮食委托代储	国家粮食和物资储备局、中国储备粮管理总公司和承储单位组成的垂直管理体系

资料来源：中华粮网，《我国粮食储备制度的历史变迁》，2021 年 8 月 10 日。

第二节　中国粮食储备的发展现状

当前，我国的粮食储备体系已经建立，在保障粮食安全以及调节市场均衡等方面，粮食储备发挥着至关重要的功能和作用，是维护国家粮食安全的重要内容。粮食储备问题极为复杂，是维护国家粮食安全的重要组成部分，与粮食安全具有密不可分的关系。我国是世界第一人口大国，一旦缺粮和出现粮食价格异常波动，将会引发难以预料的社会风险。因此，党和政府长期以来十分重视粮食储备。

有很多专家学者都对我国粮食储备发展现状做了一定程度上的研究分析，其中，吴娟等（2011）从我国粮食储备调控体系的角度进行分析，表明粮食储备是维护国家粮食安全的重要内容，同时谈及粮食储备管理制度、粮食储备设施条件、粮食储备结构等方面的成就及问题，并且提出粮食产量是粮食储备的前提和基础。杨刚强等（2021）基于保障国家粮食安全的视角，提及粮食储备方面的内容，包括粮食产量、粮食储备体系、粮食基础设施建设。此外，提出粮食生产能力是国家粮食安全迫切需要解决的现实问题。

综上，基于前人研究的经验，可以从多方面呈现我国粮食储备的发展现状，本节主要从以下五个方面进行分析和阐述：我国粮食储备规模、粮食生产的总体情况、粮食储备结构与布局、粮食储备体系和管理制度以及粮食仓储建设和储粮技术。

一、我国粮食储备规模分析

中央储备和地方储备是我国的粮食储备类型，储备的责任是由中央和地方共同分担的。中央储备粮实行的是轮换制度，一般情况下每年轮换的比重占轮换粮储存总量的 20%～30%，其轮换粮食的绝对数量约为 200 亿千克。中央储备粮的品质和入库年限是中储粮总公司的年度轮换依据，有针对性地提出中央储备粮年度轮换的数量、品种和分地区计划，报国家粮食行政管理部门、国务院财政部门和中国农业发展银行审批批准。2003 年 8 月颁布的《中央储备粮食管理条例》，国务院依据此对省（区、市）地方储备粮的管理有相应的管理办法，每年地方储备粮轮换的绝对数量大约在 75 亿千克。中央储备粮和地方储备粮相加，全国每年轮换的粮食总数量大约在 275 亿千克。2001 年，我国中央、地方粮食储备和粮食企业储备总规模为 26 500 万吨。农户存粮 20 000 万吨左右。2003 年，中央、地方粮食储备和粮食企业储备总规模约为 23 000 万吨。我国中央、地方粮食储备和粮食企业粮食的期末库存量占同期粮食产量或消费量的比重，自 1999 年以来一直处于 50% 以上且居高不下。

企业储备是国家粮食储备的重要组成部分，2021年9月30日国家粮食和物资储备局正式公布中粮集团有限公司等68家企业为第一批国家级粮食应急保障企业，进一步丰富粮食市场的应急手段和增强粮食安全保障能力。为了进一步规范粮食应急保障企业管理，同年国家粮食和物资储备局下发了《粮食应急保障企业管理办法》的通知，确保企业在应急状态下有效发挥粮食应急保障作用。同年12月25—26日，中央农村工作会议在北京召开，讨论并通过了《中共中央　国务院关于做好2022年全面推进乡村振兴重点工作的意见》。会议指出，2021年以来，农业生产保持稳中有进，粮食产量保持在1.3万亿斤以上，脱贫攻坚成果得到巩固和拓展，全面推进乡村振兴迈出坚实步伐，成绩来之不易。同年，国家最新印发《政府储备粮食仓储管理办法》明确指出，中央储备粮食原粮的保管自然损耗定额，储存6个月以内的不超过0.1%；储存6个月以上12个月以内的，不超过0.15%；储存12个月以上的，累计不超过0.2%（不得按年叠加）。

FAO根据过去几十年的经验，对世界粮食安全所需要的全球粮食储备的最低安全水平进行了测算，得出三项结论：一是世界全部谷物的结转储备量应达到消费量的12%左右，其中小麦应达到17%，大米10%，粗粮11%；二是世界全部谷物的后备储备量应达到消费量的5%～16%，其中小麦应达到8%～9%，大米4%～5%，粗粮4%；三是以上两项加起来，可得到世界全部谷物的储备粮的最低安全水平为世界总消费量的17%～18%，其中小麦储备率应达到25%～26%，大米14%～15%，粗粮15%。按照这个规定计算，我国的粮食储备的最低安全标准应该在500亿～600亿斤。有专家认为，2030年我国粮食专项储备的最小规模应为4 000万吨左右，加上周转储备应为10 000万吨左右，但我国的粮食储备总量在1980年约占全国粮食消费总量的60%，到1998年这一比例上升到120%，到2000年后这一比例才迅速下降，2003年约为70%，这一比例远远超过FAO制定的粮食安全储备标准。2017年以来我国玉米的平均自给率达95%，库存消费比大幅高于国际公认的17%～18%粮食安全警戒线，通过国内循环可实现可持续供给，且适度进口保障了国内饲料用粮需求。农产品保障战略的实施，使我国棉、油、糖、肉等供给也保持相对充足。后备储备定在一个合理水平上，主要用于补救因各种灾害而造成的粮食供应不足、应对意外事件、紧急粮食短缺等。我国人口众多，自然灾害频繁，我国的粮食储备应该适当高于国际专项粮食储备。只有这样，粮食储备才可以起到粮食价格调节器的作用，避免粮食市场价格的波动，才能应对突发事件的发生。过高的粮食储备，对粮食供求和粮食安全起到了一定的作用，但由于储备粮承储主体是中央和政府，比较单一，储备规模过大，储备和运作成本较高。

二、我国粮食生产的总体情况

1949—1978 年，我国粮食总产量由 1949 年的 1 132 亿千克增长到 3 048 亿千克，增长 169％，远远超出新中国成立前的水平，粮食自给率已达到了99.4％，最高时达 101.1％，这是粮食安全战略转向自给自足的一种高度自给状态。1978 年改革开放以来，是我国经济高速增长和发展的阶段。1979—2020年粮食总供求基本上是同步增加的，虽有起伏波动，但这是在人口增长率下降和人均收入增加时出现的，与 1978 年以前不可比拟，表明粮食安全状况得到一定程度的改善。通过农村经济体制的变革加速了农村生产力的飞跃，农业生产水平不断得到提升，粮食总产量不断得到增长，人们的温饱解决程度和收入增加状况不断得到改善（图 3-1）。

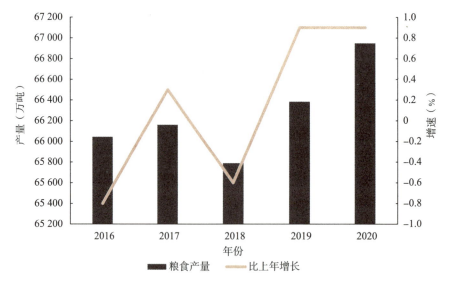

图 3-1　2016—2020 年粮食产量及其增长速度

数据来源：国家统计局，《中华人民共和国 2020 年国民经济和社会发展统计公报》，http://www.stats.gov.cn/tjsj/ndsj/。

　　就我国现阶段而言，粮食的生产与供给前景是不容乐观的，这是由我国的基本国情所决定的。1998 年以来，我国粮食总产量在下降，由 1998 年的51 299 万吨下降到 2003 年的 43 069 万吨，2004 年后略有回升，到 2006 年增长至 49 746 万吨。如图 3 - 1 所示，我国 2016—2020 年的粮食总产量是有起伏的，但总体还是呈现出增长趋势的。从粮食种植面积看，从 1998 年的11 379 万公顷下降至 2003 年的 9 941 万公顷；2004 年后略有增长，到 2006年增至 10 538 万公顷。2016—2020 年的粮食种植面积是处于持续不断增长状态的，从 2016 年的 11 303 万公顷增长到 2020 年的 11 677 万公顷。从粮食人均产量的角度来看，从 2016 年的 476 千克到 2020 年的 474 千克，处于相对持平但略有下降的状态。由此可以判断，在较长时期内，我国粮食供求将会处在一种紧平衡状态，粮食安全形势千万不能掉以轻心，应时刻绷紧粮食储备安全这根弦，切实提升粮食综合生产和保障能力，是实现扛稳粮食储备目标的重要条件。

　　粮食生产方面存在有很多影响因素，首先，当数从事农业生产的适龄劳动力，如图 3 - 2 所示，2016—2019 年全国农民工总量从 28 171 万人增长到29 077 万人，3 年间已经增长了 906 万人，2020 年时虽然略有下降，但是总数仍有 28 560 万人。其中，我国外出农民工在 2016—2019 年的人数都是在逐年攀升的状态，从 16 934 万人增加至 17 425 万人，到 2020 年虽然呈现下降趋势但是仍旧还有 16 959 万人存在。我国本地农民工从数据上来看，也呈现出相同的趋势，2016—2019 年从 11 237 万人增长至 11 652 万人，2020 年的本地农民工人数仍有 11 601 万人之多。同时，如图 3 - 3 所示，2016—2020 年，农村人口数从 57 308 万人下降到 50 992 万人，下降了 6 316 万人。与此同时，我国城镇人口数从 81 924 万人增加到 90 220 万人，共增加了 8 296 万人。其次，农用土地是粮食生产赖以生存的重要组成部分，2016—2019 年，粮食作物播种面积从 11 923 万公顷到 11 606 万公顷，虽然 2020 年略有上升，但是粮食作物播种面积仅有 11 677 万公顷。除此之外，还有农村土地过于分散、土地流转进行不顺畅以及社会化服务体系尚处于滞后状态等因素对粮食生产都会产生不同程度的影响。

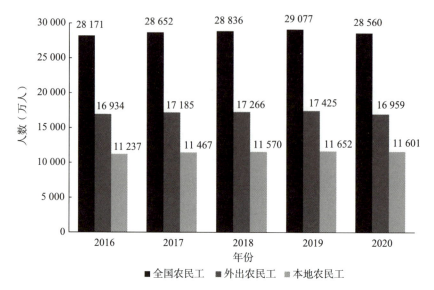

图 3-2　2016—2020 年全国、外出以及本地农民工人数

数据来源：国家统计局，《2016—2020 年国民经济和社会发展统计公报》，http://www.stats.gov.cn/tjsj/ndsj/。

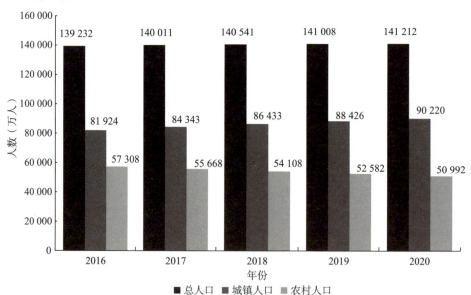

图 3-3　2016—2020 年全国总人口、城镇人口以及农村人口数

数据来源：国家统计局，《2016—2020 年国民经济和社会发展统计公报》，http://www.stats.gov.cn/tjsj/ndsj/。

三、我国粮食储备结构与布局的发展现状

（一）我国粮食储备布局现状

中国粮食储备的布局，从粮食库存品种结构看，截至 2005 年年底，全国粮食储备中小麦约占 40%，主要储存在华北、华东地区；玉米约占 30%，主要储备在东北和华北地区；稻谷约占 23.3%，主要在长江流域及以南地区；另外还有大豆，主要分布在东北地区。从区域布局上看，近年我国粮食储备的地区分布主要集中在主产区。粮食主产区储备占总库存的 70%，西部地区储备占总库存的 19%，主销区储备占总库存的 11%。2004 年年底，国家专项储备粮区域布局为：主产区占比为 54%，西部地区占比为 23.3%，主销区占比为 14%，中储粮总公司及战略要地占比为 10%①。2006 年年初，13 个粮食主产区商品周转库存占全国的 80% 以上，其中仅黑龙江、吉林和河南三个省的商品周转库存就占到全国的 40% 以上。我国农业耕地面积在工业化和城镇化趋势中逐渐减少，粮食生产也由南粮北调逐渐转为北粮南调。国家统计局数据显示，2018 年我国北方人均粮食占有量为 617.2 千克，南方仅有 315.9 千克，南方居民粮食消费中由北方提供的比重为 49.2%。在粮食生产方面，1978 年主产区的粮食产量约占全国的 69.3%，但这一比重目前已达到 78.7%，且这一格局将长期存在。

关于粮食储备是放在主销区还是主产区，各界看法一直存在分歧，比较集中的建议是，粮食储备的布局应当考虑两个方面的因素：一是在粮食供大于求时，要有利于粮食收购；二是在粮食市场紧张时，要有利于粮食的抛售。只有满足了这两个方面的条件，粮食储备才能更高效。主张粮食储备应该放在粮食主产区的观点认为，粮食生产存在着较强的季节性，由此粮食收购也有很强的季节性，把储备库建在主产区，就有利于粮食收购。若把仓库建在主销区，要考虑到以下两方面的影响因素：一方面，要在短时间内把收购的粮食从主产区运到主销区，会产生大量运费，并造成物流运输紧张；另一方面，在主产区还要建设仓容足够的周转仓库。主张粮食储备库放在主销区的观点则认为，为了粮食供应的安全，应考虑粮食使用的时效性，粮食储备库要建立在靠近主销区并且交通便利的位置。粮食储备仓库建立时要考虑确保粮食安全的原则，要保

---

① 数据来源：国家统计局，《中国统计年鉴》，http://www.stats.gov.cn/tjsj/ndsj/。

证粮食主产区仓容充足，转运便利，能够按照市场价收购农民的余粮，保护农民的利益；要保证主销区必要的粮食储备规模，调度灵活，供应方便；要保证中央储备粮充足，保证国家实施宏观调控，要适应西部大开发形势以及符合国家安全观要求。因此，兼顾主产区和主销区，针对中国目前储备库大多在主产区的情况，今后，储备库的建设应侧重建设在主销区，包括主产区的销区。主产区的粮食储备规模以应付产区急需为主，主销区也必须保证一定的仓储设施和储备规模。今后，国家粮食储备的布局应以形成收纳库、中转库和储备库的有机整体为目标。国家的粮库建设要与当地粮食产量、商品粮、贸易粮和库存粮相适应，地区之间要协调平衡。

（二）粮食进口储备结构分析

据国家统计局统计，2021 年全国粮食总产量达 68 285 万吨，比 2020 年增加了 1 336 万吨，增长比例 2.0％，再攀历史新高。据海关总署数据统计，我国 2021 年 1—11 月粮食进口总量为 15 094.3 万吨，同比增加 19.7％，创历史新高。

2020 年 8 月 17 日，中国社科院发布的《中国农村发展报告 2020》提出，预计 2025 年谷物（由小麦、稻谷和玉米三大主粮来衡量）消费量为 6.51 亿吨左右，有可能出现 1.3 亿吨左右的粮食缺口，其中谷物将出现 2 500 万吨的小幅缺口[①]。这引起了社会的广泛关注。出于看好后市的预期，一些农户"惜售"，一些粮食经销商、贸易商采取了诸多举措跟风囤粮。到"十四五"末期，中国粮食有可能出现 1.3 亿吨左右的缺口，相比中国的粮食生产能力，这一占比并不是很高，仅占 2020 年全年粮食产量 6.694 9 亿吨的 19.4％，其中，谷物 2 500 万吨缺口仅占 2020 全年谷物产量 61 674.3 万吨的 4.05％[②]。从 2020 年粮食进口来看，进口粮食总量为 14 255 万吨，占当年粮食产量的 21.29％，其中，谷物总量为 3 545 万吨，大豆总量为 10 031 万吨，分别占当年粮食产量的 5.29％和 14.98％。国家统计局数据显示，2014—2020 年，全国居民年人均谷物消费量从 131.4 千克降低至 128.1 千克，而年人均包括猪、牛、羊等肉类消费量从 25.6 千克降低至 24.8 千克，水产品从 10.8 千克增至 13.9 千克，禽类消费量从 8.0 千克增至 12.7 千克，奶类和蛋类消费也明显增加。在 2020 年

---

① 数据来源：中国社会科学院农村发展研究所，《中国农村发展报告 2020》中国社会科学出版社。
② 数据来源：国家统计局，《中国统计年鉴》，http://www.stats.gov.cn/tjsj/ndsj/。

进口的粮食中，进口玉米1 124万吨，大豆和玉米共11 155万吨，占当年进口粮食的78.25%，主要用于生猪、水产、禽类等养殖业饲料加工，而并非居民消费。同时，随着城乡居民收入的快速增长，人们的饮食结构已经发生了变化，在生活质量要求方面，不仅要"吃饱"还要"吃好"，这便引起粮食需求结构的变化。如国内生产的强筋和弱筋小麦满足不了市场需求，弱筋小麦主要用于做糕点，强筋小麦主要用于做面包，需求量不大，进口的小麦838万吨、大米294万吨，主要用于品种调剂。从越南、泰国等进口的价格低、口味好的大米，主要满足消费者对粮食多元化、个性化的需求，让消费者有更多选择。

从国际市场适度进口粮食，满足粮食需求结构升级。与世界其他主要产粮国相比，我国小麦、玉米和大米的产量占世界产量比重较高，2019年分别达到13 359万吨、27 800万吨和14 673万吨，占世界产量比重分别为17.5%、24.6%和29.5%。2020年，我国小麦产量达到13 425万吨，在世界主要经济体中排名第二（仅低于欧盟地区）；玉米产量达到26 067万吨，在世界主要经济体中排名第二（仅低于美国）；大米产量达到14 830万吨，在世界主要经济体中排名第一。近年，我国小麦、玉米和大米的单产均高于世界平均水平，2019年分别比世界平均单产高出59.9%、9.3%和59.4%。

近年，我国小麦、大米、玉米库存消费比均远高于世界其他主要生产国，2020—2021年我国小麦、大米、玉米期末库存分别达到1.61亿吨、1.17亿吨和1.92亿吨，库存消费比分别为119.39%、78.08%和67.07%，比世界平均库存消费比分别高出77.38、41.91和41.98个百分点[①]。我国人口众多，14亿人口按照人均每年粮食消费量400千克计算，粮食消费量就高达5.6亿吨，加上工业用粮、饮食结构改善和人口增长的快速增加，使得粮食需求呈现刚性增长。海关总署数据显示，2020年我国进口粮食总量为14 255万吨。因此，从中长期来看，我国粮食供需将处于紧平衡状态。综上所述可以看出，在进口粮食中，大豆、玉米占绝大部分，主要用于企业加工水产、生猪、禽类等动物饲料。如2014—2020年，大豆和玉米进口量分别为7 400万吨、8 642万吨、8 708万吨、9 836万吨、9 155万吨、9 330万吨、11 155万吨，占进口粮食总

---

①　数据来源：国家粮油信息中心，《世界粮油市场月报》，2021年第3期（2020—2021年度为2021年3月预测值），http://www.grainoil.com.cn。

和的比例分别为 69.54％、69.26％、75.93％、75.30％、79.23％、83.72％、78.25％。稻谷和大米、小麦等口粮进口量处于较低水平，主要用于品种调剂，扣除出口，几乎可以忽略不计。如 2014—2020 年，稻谷和大米进口量分别为 258 万吨、338 万吨、356 万吨、403 万吨、308 万吨、255 万吨、294 万吨，占进口粮食总和的比例分别为 2.42％、2.71％、3.10％、3.09％、2.67％、2.29％、2.06％[①]。

四、我国粮食储备体系和管理制度的现状

我国是世界粮食生产大国，对粮食储备极其重视。伴随着粮食产量的增加，20 世纪 90 年代随之建立了国家粮食专项储备制度，粮食储备体系分为以下几种储备方式：中央储备、地方储备，商业储备和农民储备等。中央和地方储备处于主体地位。地方粮食储备又包括三种类型的粮食储备：省级粮食储备、市级粮食储备和县级粮食储备。农民储备也占据很大的比重。

国务院于 2000 年 1 月决定组建中国储备粮管理总公司（中储粮总公司），其专门负责组织中央储备粮的收购、销售调运、轮换及存储保管等相关业务，对中央储备粮实施垂直管理。中央储备粮的垂直管理体系实施"总公司—分公司—直属库"三级架构、两级法人、层层负责的管理体制。中储粮总公司的发展目标有以下几条：顺应经济体制和经济增长方式两个根本性变动的要求，组建政令畅通、机制灵活、机构精干、管理高效的垂直管理体系，不断深入优化中央储备粮的品种和布局结构，极力提高经济效益，逐渐减轻国家负担，以成本最小化的情况收获中央储备粮调控市场的最佳效果。总公司受到国务院的委托，对于中储粮的经营管理进行统一负责；分公司依据总公司的授权，对辖区内的中央储备粮和直属库实行负责管理，直属库属于中央储备粮的承储单位，是垂直体系的基础。截至 2000 年 10 月，中央储备粮的有关管理业务由各省（区、市）粮食局全部移交到了分公司。同时，在原已上划直属库的基础上，综合 1998 年以来国家分三批建设的 1 000 亿斤中央粮库，由分公司直接负责管理。到 2005 年，在全国 30 个省（区、市），我国中央储备粮已组建了 22 个分公司，直属库已达 251 个之多，中央储备粮代储库达到 1 300 多个，中央储备粮已在全国初步建立起较为完善的垂直管理体系。

---

① 数据来源：国家统计局，《中国统计年鉴》，http://www.stats.gov.cn/tjsj/ndsj/。

　　通过合理规划中央和地方的粮食事权，中央和地方在粮食储备上进行合理的分工与协作；中央储备粮的粮权属于国务院，任何单位和个人未经国务院的批准都无权使用；地方政府全面负责本地粮食方面的生产和流通，实行"省长负责制"；中央储备粮的利息和费用则由中央财政承担，2000 年 1 月 1 日以后的费用由财政部对中储粮总公司包干使用，地方储备粮的亏损则由粮食风险基金进行弥补；中央政府负责全国的粮食宏观调控以及全国的粮库建设；地方政府则依据本地需要落实省级粮食储备，负责本地区粮食仓储等流通设施的规划、建设、维修和改造。

　　总体而言，目前我国粮食储备体系呈现出以下三个鲜明特点。

　　首先，我国粮食储备体系的承储主体是政府组建的中央储备粮管理总公司和地方政府建立的国家储备粮承储企业，各省、市、县建立了相应的粮食储备体系与其相补充。自 2000 年我国建立专门负责储备粮管理的机构——中国储备粮管理总公司后，着重推进垂直管理体系的建设，并且改造和重组国有独资或国有控股的粮食购销企业，负责承担中央地方储备粮经营管理和军粮供给任务。同时，根据国务院下达的指示精神，各省、市、县建立了相应的粮食储备体系。一般来说，各地根据实际情况，按照非农业人口数量和易遭受自然灾害的程度等因素以及产区保持 3 个月、销区保持 6 个月销量的原则，建立了市级粮食储备，与中央储备、省级储备粮在布局上相辅相成、互相补充。各县（区）也结合本地的人口数量和易受自然灾害程度等因素相应建立县（区）粮食储备库。

　　其次，我国粮食储备体系是通过价格调节机制，达到稳定市场、充实粮食市场储备、保护消费者和农民利益的目的。在 2005 年，中储粮总公司负责承担了早稻和中晚稻最低收购价托市收购、玉米出口和轮换补库、进口粮接收转储等多项有关粮食任务。总公司和各稻谷主产区分公司密切监测和预测市场粮价，调查核实收储企业实质情况，迅速确定了早稻收购库点和中晚稻收购库点，委托式收购的带头作用，产区稻谷价均得到了拉升以及稳定在最低收购价。

　　最后，我国粮食储备实行市场化的购销机制。目前，我国粮食储备的购销机制开始实施市场化，中储粮各分公司和直属库依照政府推动、企业实施、风险利益共享的原则，不断完善订单农业实行办法，合理规范订单合同，订单履约情况越来越好，有效且明显降低了农民种粮的市场风险，愈加激发了农民种粮的积极性，促进了增产增收和品种结构调整的部分，也取得了稳定优异的轮换粮源。通过设立收购网点发展粮食经纪人和委托收购等方式方法，加强轮换直接收购，减少了繁杂的流通环节，直接促使农民收入增加，也给农村剩余劳动力创造了诸多就业机会。

五、我国粮食仓储建设和储粮技术的发展现状

新中国成立以来，伴随着对粮食储备重要性程度认识的提高，各级政府也愈发支持粮食的仓储工作，粮食的仓储状况有了很大的进步和改善，储粮技术得到了很大程度上的提高。

粮食储备体系逐步健全，储备能够显著增强政府粮食储备，是保安全、稳预期、守底线的压舱石。因为新冠疫情、极端天气和蝗灾等因素，粮食生产、加工、储运、交易等环节遭受到极大的冲击，使世界粮食安全问题日益凸显。在粮食产需缺口逐步扩大，进口量不断增加的情况下，一旦遇到摩擦、冲突、制裁、限制，甚至于战争等恶劣情况，粮食安全就会受到较大影响。粮食进口受更多、更复杂因素的影响，过度依赖进口粮食来解决粮食需求，粮食安全的风险会大幅增加。近年，国家维修改造了一批老粮库，规划建设了一批现代化新粮仓，仓容规模进一步增加。截至 2018 年，全国共有有效仓容总量 9.1 亿吨，其中，简易仓容、标准粮食仓库仓容分别为 2.4 亿吨、6.7 亿吨，有效仓容总量比 1996 年增长 31.9%[①]。各储备粮库广泛采用机械通风、电子测温、内环流控温、氮气气调等先进绿色储粮技术，确保粮食保鲜、绿色、营养，满足人们由"吃得饱"向"吃得好"和"吃得放心"转变。目前，我国粮食仓储主要呈现以下两大特点。

（一）粮食仓储的机械化、现代化步伐加快

新中国成立后，我国借鉴苏联的有关经验，建造了一批散装房式仓，之后，又自行设计、建造了一大批港口中转库、非交通线的粮食储备库。进入 20 世纪 80 年代，国家又投入大量资金改造、建设了一批大跨度、大容量的房式仓、钢板仓、混凝土立筒组合仓以及港口接卸码头、铁路粮食专用线。20 世纪 90 年代是我国大规模建设粮食流通设施的重要阶段，1998 年以来，中央政府

---

① 数据来源：国家粮食和物资储备局，《中国的粮食安全》白皮书，http://www.lswz.gov.cn/html/xinwen/2019-10/14/content_247014.shtml。

改建、扩建了 4 500 万吨仓容。这些粮食流通设施的建设，已初步形成了以粮食产区收纳库连接交通线中转库、销区供应库，港口集散库连接储备库、供应库，纵横交错、遍布城乡的粮食储运网络。这对粮食流通设施的建设，改善中国粮食流通设施条件，为中国粮食"四散"流通和粮食储备库建设奠定了坚实的物质基础，为实现国家通过储备粮的吞吐来调控粮食总量平衡，进而实现国家粮食安全提供可靠保证。

近 20 年来，我国粮食仓储的机械化、现代化水平有了相当程度的提高。20 世纪 70 年代末，国家完成了对粮仓机械的选择、定型和标准化工作；到 20 世纪 80 年代中期，我国的粮仓机械普及率达到 22％以上，而且仓储电子技术应用也有了快速发展；20 世纪 90 年代以来，国家集中建设了一批粮食仓储设施，这些仓储设施、流通设施和粮库的机械化、自动化程度高，能够适应散粮作业，装备了目前中国先进的储粮新技术系统、粮油质检化验设备和其他仓储器材，使中国粮食仓储机械化、现代化水平得到很大的提高。

（二）粮食储藏技术不断改进

目前，我国粮食行业拥有较为健全的粮食科研体系，其中部属科研院 6 个、地市级所属科研所 95 个。依靠这些科研力量，我国完成了大量的课题，制定出了粮油质量标准、储粮劣变指标、各类粮食的合理储存期限以及化学药剂使用办法等，储粮技术持续改进。20 世纪 90 年代，我国在储粮害虫研究、粮油品质特性以及变化研究方面取得了新的进展，许多技术和电子生物技术也在储粮中得到了应用，比如机械通风、谷物冷却、电子测温、环流熏蒸、"三低"储藏等。随着数学理论和计算机电子技术在储粮中得以应用，高新技术在储粮中的卓越贡献，我国的储粮技术将得到进一步的提升。

第三节　中国粮食储备面临的现实困境

伴随工业化和城镇化的不断推进和发展，中国粮食储备面临着诸多现实困境：一是粮食储备规模过大导致国家财政负担加重；二是我国粮食生产发展仍然面临资源约束趋紧、劳动力结构性短缺、生产成本较高等现实问题，影响了粮食生产综合能力的提升；三是我国粮食储备布局方面难以实现规模储存效益；四是当前粮食储备调控体系中存在问题；五是我国储粮基础设施仍然呈现落后的状态。

一、粮食储备规模不甚合理

目前，我国粮食储备规模过大且分布不甚合理，不仅加重了财政负担，而且减少了储备调节的灵活性。换言之，如若粮食储备规模过大，国家将会承担不必要的财政支出，粮食储备规模过小，则会难以应对国家所面临的粮食风险。

合理的粮食储备规模，不仅可以起到调节市场供求、降低市场风险和波动、抵御各种灾害的作用，而且有利于减轻政府的财政负担，达到目标最大化的成本效率。但粮食储备量不能过大，且库存结构和储备布局要合理；否则，会增加中央及地方财政负担，加剧市场供求结构性失衡，起到逆向调节的作用。建立合理的粮食储备，应该做到：国家为主、地方为辅，专储为主、周转为辅，放开市场、搞活流通。目前，影响粮食储备规模的因素主要有三个：一是安全界限。也就是粮食储备的规模要能确保国内粮食产量在因为自然灾害、政策约束和投资轻农化等因素出现周期性波动并处于波谷以及其他紧急情况时的粮食稳定供给。二是经济界限。这种界限取决于政府对粮食储备成本的支付能力。如果政府着眼于储蓄盈亏平衡，那么，就要使得库存粮食销售之后的预计利润等于保存期间的费用；如果政府为准备粮食给予一定的补贴，那么，上述预计费用减去政府补贴就等于预计利润。显然，此时储备量就可以扩大。三是资源界限。就是只有当库存粮食的费用小于或等于进口粮食的费用时，储备才是合理的。

二、粮食生产综合能力有待提升

粮食产量下降容易，一旦出了大问题，增长起来却很难，多少年国家都会处于被动地位。中央始终重视粮食生产，即使粮食连年丰收，也没有放松粮食生产，更没有改变支持粮食生产的政策取向，当前我国粮食生产主要受以下几种因素制约。

（一）农民工逐年增长，粮食生产劳动力结构性缺失

随着工业化、城镇化进程加快，乡村大量农民进城经商务工，愿意留在乡村从事农业生产的适龄劳动力数量逐年减少。乡村人口由 2010 年 67 415 万人下降到 2020 年 50 979 万人，减少 16 436 万人；而农民工由 2010 年 24 233 万人增加到 2020 年 28 560 万人，增加 4 327 万人，大量的适龄劳动力离开乡村，

制约了粮食生产及综合生产能力的提高①。从现阶段来看，越来越多的青壮劳动力离开了乡村，直接导致农村劳动力供给不足。虽然农业机械可以代替部分人力劳动，缓解劳动力供给不足问题，但留在乡村从事粮食生产的劳动力质量逐年下降，文化程度较低，对新技术、新品种缺乏足够的认识，推广新品种、新技术难度大，粮食生产经营管理粗放，从而难以提高粮食单产和综合生产能力。从数据上可以直观看出，我国农民工人数庞大，由此可以了解到，我国适龄劳动力结构性缺失，是粮食生产发展方面的一大阻力。

（二）耕地质量下降，影响提高粮食生产能力的基础

粮食生产的基础是耕地，耕地质量和规模的稳定，对提高粮食产量和综合生产能力以及维护国家粮食安全而言非常重要，但城镇化、工业化的发展导致耕地面积缩减，大量使用化肥、地膜和农药，破坏了农村生态环境，影响了耕地生产能力。《2020 中国生态环境状况公报》显示，2019 年，全国耕地为20.23 亿亩，划定 15.50 亿亩为永久基本农田②。截至 2019 年年底，全国耕地质量平均等级为 4.76 等。其中，6.32 亿亩为一至三等耕地（即高等地），占耕地总面积的 31.24％；9.47 亿亩为四至六等（即中等地），占比为 46.81％；4.44 亿亩为七至十等（即低等地），占比为 21.95％。为了追求生产效益，大量使用化肥、农药、除草剂。根据《第二次全国污染源普查公报》，2017 年，农业源水污染物排放量中氨氮、总氮、总磷分别为 21.62 万吨、141.49 万吨、21.20 万吨，其中种植业氨氮、总氮、总磷分别为 8.30 万吨、71.95 万吨、7.62 万吨③。同时，粮食生产依赖化肥过度，导致土壤板结、耕作层变浅等耕地质量下降问题，直接影响粮食生产的可持续发展。与此同时，随着经济的发展，在城镇化、工业化快速推进进程中，不可避免地占用了较多的土壤质量和水利灌溉条件好的粮田，使粮食种植面积相对有所减少，即使用占补平衡的方法来补充耕地，也存在着占优补劣的现象，忽视了粮食生产用水、耕作半径、坡度、光照等因素，被灌排设施不完善、地力条件不佳的土地置换，耕地质量也出现下降趋势，严重制约了耕地占补后的粮产量和综合生产能力的提升。基

---

① 数据来源：国家统计局，《中国统计年鉴》，http://www.stats.gov.cn/tjsj/ndsj/。

② 数据来源：中华人民共和国生态环境部，《2020 中国生态环境状况公报》，http://www.mee.gov.cn/hjzl/sthjzk/zghjzkgb/。

③ 数据来源：中华人民共和国生态环境部，《第二次全国污染源普查公报》，https://www.mee.gov.cn/home/ztbd/rdzl/wrypc/。

于此，可以清晰看出，有限的耕地面积是粮食生产的又一大阻力。

（三）粮食生产比较效益低下，种粮积极性受损

农民种粮意愿和积极性是保障粮食生产、提高粮食产量的根本条件。但农民种粮的最终目标是获取经济收入，而种粮成本较高、比较效益低的问题，影响了农民种粮意愿和积极性，将土地改种其他经济效益较高作物或从事其他工作，导致粮食种植面积略有减少，截至 2020 年，粮食种植面积从 2016 年的 11 923.0 万公顷减少至 11 676.8 万公顷，整体粮食种植面积仍处于匮乏状态。如图 3 - 4 所示，2017 年至 2019 年粮食种植总面积较上年分别减少 124.1 万公顷、95.1 万公顷、97.4 万公顷，仅有 2020 年较上年增加 70.4 万公顷。从 2020 年的农作物种植面积来看，稻谷种植面积 3 007.6 万公顷，相比 2016 年减少 67.0 万公顷；小麦种植面积 2 338.0 万公顷，相比 2016 年减少 128.6 万公顷；玉米种植面积 4 126.4 万公顷，相比 2016 年减少 291.4 万公顷；棉花种植面积 316.9 万公顷，相比 2016 年减少 2.9 万公顷。2016—2020 年各类主要农作物种植面积均在逐步下降，其中玉米种植面积减少幅度最大。

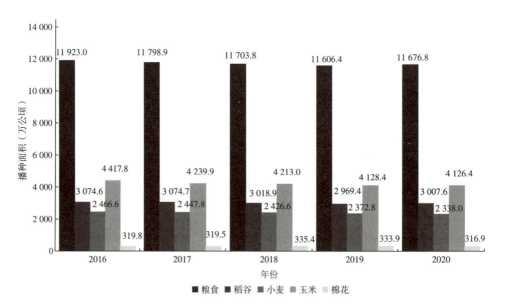

图 3 - 4　2016—2020 年粮食以及各类主要农作物播种面积

数据来源：国家统计局，《中华人民共和国 2020 年国民经济和社会发展统计公报》，http://www.stats.gov.cn/tjsj/ndsj/。

（四）农村土地分散经营，制约了粮食规模化、专业化生产

粮食种植面积对提高粮食生产效率属于有利环境因素。在种植粮食过程中，种植面积越大，越有利于引进新型技术，越有利于优化粮食生产流通的资源配置，越有利于体现规模效应以及降低生产成本，降低要素投入浪费，从而粮食生产效率被有效提升。土地流转是种粮大户、农村新型经营主体发展粮食规模化生产经营的先决条件要素，没有土地流转就无法谈及粮食专业化、规模化生产。一是我国人多地少，家庭联产承包责任制开始实行后，耕地好坏搭配、平均分配给农民，田块较为分散，在一定程度上势必会影响土地流转，对于种粮大户、新型农业经营主体发展粮食规模化生产极其不利。在种粮比较效益较低的情况下，大多数留在农村种粮的农民是年老体弱人群类型，受知识水平、生产规模、资金等影响因素的制约，粮食生产技术、机械化水平普遍较低，主要是以解决自己的口粮为目的，大大制约了粮食规模化生产经营发展。二是流出土地的农户被"土地是命根子"的传统思想观念所束缚，怕吃亏上当，不主动参与到土地流转，甚至担心一旦按了手印、签了字，就有一种土地"被出卖"的既视感，到期土地要不回来，因此，以口头约定方式流转给亲朋邻里变成了习惯。同时，流出土地的农户和流入土地的经营者法治观念较弱，怕麻烦，不愿亲自到土地流转机构办理信息登记、土地流转合同鉴证等切实手续，再加上土地流转信息网络普及亟待完善，社会化服务程度较低，土地流转步伐受阻，严重制约了土地流转的有序发展。三是种粮大户和新型农业经营主体都期望土地流转期限较长且稳定、集中且连片。但在现阶段农民流转土地的状况中，现象却是流转期限短而不稳，大规模土地集中连片流转困难重重，对长期投资和规模化、专业化粮食生产非常不利。

（五）社会化服务体系建设滞后，与粮食生产尚不能完全匹配

2020 年末，我国人口城镇化率为 63.89%，仍有 50 992 万人生活在农村，致使在较长时期内农业人口数量庞大。据《第三次全国农业普查主要数据公报》显示，2016 年全国共有 20 743 万户农业经营户，其中只有 398 万户规模农业经营户，仅占农业经营户的 1.92%①。因此，农户家庭小规模、分散经营仍将占据重要经营方式地位，我国粮食生产的主要承担者仍是农村家庭承包经营户。在市场经济日益快速发展的形势下，粮食生产社会化服务体系建设滞后，仍处于较低发展水平，暴露出小农户与现代农业发展脱节的问题。一是基层的农技服务质量普

---

① 数据来源：国家统计局，《中国统计年鉴》，http://www.stats.gov.cn/tjsj/ndsj/。

遍偏低，服务功能不健全，农资购买、粮食种植结构调整、良种引进和推广、标准化和品牌化生产等服务组织实力不强。二是粮食生产机耕、机种、机收等机械化作业依存度很高，但大型收割机、插秧机等农机具购置费用高，小农户购买"不经济、不划算"，难以有效推广一些先进适用的农机具。三是稻谷烘干、运输及储藏、质量检测检验服务缺失，导致大量农民不得不将种植出来的粮食在田头低价销售给贩子，市场波动较大。

三、粮食储备布局不合理

我国粮食储备布局不甚合理，难以实现规模储存效益。具体来说，一是粮食产销区分布不均衡，地区之间的粮食储备没有达到相对均衡，这是造成粮食储备布局不合理的主要原因；二是粮食储备品种结构不适宜，难以满足粮食储备需求结构升级的要求；三是国际粮食供应面临挑战，国际环境瞬息万变，易对我国粮食储备安全造成冲击。

（一）粮食产销区分布不均衡

我国粮食储备 1998 年以来一直在 60% 以上。近年，我国粮食储备的地区分布主要集中在主产区。2000 年年底，主要产区储备粮食 18 200 万吨，占总库存的 70.4%；西部地区储备 4 920 万吨，占总库存的 19.1%；主销区储备 2 715 万吨，占总库存的 10.5%。2001 年，全国粮食企业和中央、地方粮食储备总规模为 26 500 万吨，农户存粮 20 000 万吨左右；2002 年年初，14 个粮食主产区商品周转库存占全国的 80% 以上，其中仅黑龙江、吉林和河南三省的商品周转库存就占到全国总量的 45% 以上。可以看出，主销区的粮食规模普遍达不到联合国规定的标准，仍然有很大的缺口。2003 年，国有粮食库存达到 18 000 万吨，加上农户存粮，中国的库存粮食占总消费的 70% 左右。

目前，我国粮食产销区分布不平衡，这是造成粮食储备布局不合理的主要原因。受经济和地理条件所限，我国粮食主产区多分布于东北、内蒙古、河南等北方地区，其远离粮食需求量大的东部沿海地区，造成了商品粮的南北运输距离过大，容易受到交通、天气和地域等因素的影响，粮食主产区和粮食主销区的粮食仓库分布不合理，粮食的经济运输缺乏保障。目前，我国国家储备粮存储库点比较分散，全国仍有 2 800 多个国家专项储备粮承储库点，许多中央储备粮承储库点的储存量低于 500 万千克，且与地方商品粮在同一个库点进行管理，监管难度较大，使得主管部门难以了解中央储备粮食库的真实情况。粮储储备布局不合理、粮食储备的相对分散，使得粮食储备工作的效果和实际作用会被大大降低，一旦有突发的粮食供给问题出现，分散的粮食储备将不能及时调配以满足粮食需求。产区储量大，销区储量小，产区和销区之间因利益摩擦而往往影响粮食安全供给。尽管我国在历史上曾提出和执行过"米袋子"省长负责制，要求地方政府对当地的粮食安全负责，曾组织过粮食产销区对接，鼓励销区政府在产区建设粮源基地和增强粮食储备能力，但是由于受本位主义思想的束缚和储备成本利益所制，当前的粮食储备仍然大部分集中在主产区。如产粮大省河南省就集中了全国近10%的仓容，而第一粮食消费大省广东的仓容仅有近千万吨，占全国仓容总量的不到3%，以致遇到突发性粮食安全事件发生时，从产区向销区调运粮食成为政府处理应急事件的首要任务和压力。

（二）粮食储备结构不适宜

FAO明确推荐储备粮各个品种的储备规模应当与年平均消费量形成一定比重，但根据不同地域的消费习惯和需求，小麦、玉米、谷物的储备比例有所不同，北方地区储存玉米和小麦较多，南方储存谷物较多，当然无论什么地方，存储应当优先选择耐储的优良品种。另外，中央和地方的存储品种选择上，中央国家储备应以原粮为主，储备时间相对较长。地方储备应兼顾储备原粮和成品粮，特别是在一些粮食加工能力较弱的地区，成品粮储备的比例应适当增加。

（三）国际粮食供应面临挑战

从粮食进出口的角度来讲，我国会根据市场需求以及消费者对生活品质的追求等原因，从进口的粮食中选择储备粮，从而满足我国粮食结构升级的需要。但是进口量的大幅度增加已经成为我国粮食安全的主要风险点之一。近年，我国玉米和大豆市场自有份额占比相比之下进一步缩减，即产不足需，玉米生产消费差由2017—2018年度的392.9万吨扩大到2020—2021年度的2 833万吨；大豆由2012—2013年度的6 236.4万吨，扩大到2020—2021年度的9 710万吨，对国际市场的依赖度在不断提高。2020—2021年度我国分别进口玉米和大豆2 400万吨、10 000万吨，分别是2013—2014年的7.32倍和1.42倍，年均增47.5%和7.1%。由此可以看出，国际粮源过于集中且结构单一。我国玉米的进口来源国主要集中在乌克兰和美国，占总进口量的80%以上；大豆进口来源国主要集中在巴西、美国和阿根廷，占总进口量的90%以上。随着国际政治经济环境趋于复杂多变，过于集中的国际粮源风险也不断增加，在发生贸易摩擦的极端情况下，我国进口粮食的数量和价格的稳定性将受到明显影响,极易造成粮食、能源等物资紧缺,产生一系列连锁反应。

四、粮食储备体系不健全

(一)我国粮食储备的目标不够明确

长期以来,我国粮食储备坚持中央和地方两级储备,中央储备资金投入早已被列入中央财政预算之中,但地方储备并没有引起地方政府的足够重视,一些地方政府官员误以为粮食流通和供给进入市场之后,市场可以解决一切问题。因而储粮意识淡薄,对储备粮的重要性认识不足,不把粮食储备资金列入本级政府的财政预算之列,尤其是在县级政府重视程度很差。储备制度不健全,储备粮资金利息补贴不到位,以致地方政府的粮食储备有名无实。

我国粮食储备的目标不够明确,主导目标出现错位。在前面曾经提到国际上粮食储备的基本目标以及我国粮食储备的基本目标,虽然表述不太一致,实际上我国粮食储备的基本目标和国际上普遍认可的基本目标是一样的,即粮食安全目标、稳定价格目标、稳定收入目标和提高宏观经济效益目标。在粮食储备的多重目标中,粮食安全供给是主导目标,而稳定收入、稳定价格、提高效益目标则是衍生目标。但是,近几年的实践中,却将价格支持和稳定生产者收入作为粮食储备的主导目标。在这种情况下,国家粮食储备则相应地被定位为市场调节储备,是中央政府调控粮食市场的主要物质手段,其规模可大可小,直接取决于中央财政的实力和中央政府对粮食调控的政策,从而难以从数量上进行合理判断和确定。

(二)粮食储备主体多元化

各粮食储备主体受到自身利益的驱使,在市场上形成摩擦的概率很大,给国家宏观调控和粮食调运带来种种困难。每年我国的粮食总产量约为5亿吨,国家储粮约占1/4,企业商业性周转储备大体上也占1/4,剩余的一半一般为农户储备。这种多元主体参与收储粮食的态势格局,一方面中储粮独家垄断政策性临时收储业务的格局被打破,另一方面对解决农民的卖粮难、保障农民收入、提高农民种粮积极性等问题是非常有益的。但是,多元主体收储,粮权无法避免地从政府转入到加工商和贸易商手中,从产权理论和经济人理论中可知,当企业获取了区别于集体所有权的私人所有权时,势必会利用各种市场机会来实现自身的利益最大化，一旦粮食供给稍显紧张而趋向于粮价上涨之际，企业必然会闻风而大肆囤积粮食，追求超额利润，这就极有可能导致原本紧平衡的粮食市场出现相当大的供给缺口或者价格异常震荡的状况出现。在 2010 年夏粮收购时节，因为俄罗斯方面宣布禁止小麦出口，世界粮食呈现出粮食价格上涨趋势，在我国的河南、安徽等小麦主产区出现了中储粮、中粮等多家企业抢购仅有粮食，农民惜售暂储粮食、待价而沽的局面。再加上国家丧失了部分粮食所有权，托市收购、顺价销售等措施来调控市场已属于无法办到的行为，直接影响了储备粮对市场供求状况的调控能力和粮食安全。因此，采取国家委托中储粮独家收购还是放开市场允许多方收购，在粮食收储问题上是一个难以决断的两难问题。

（三）我国储备粮的轮换及运转机制不健全

我国储备粮的轮换及运转机制不健全，影响了宏观调控效率和粮食的安全储存。中国粮食储备仍处在传统计划体制下的静态管理格局，其运营机制和运作方式没有新的突破，粮食储备的吞吐仍然由粮食行政部门层层分解计划指标，各级主管部门得到相应指标后续的财政保障（包括轮换、保管等）往往不能落实，而等储备真正落到实处按照上级意图开始运转时，市场粮情早已发生了变化。而且轮换机制不健全，一是承储企业无轮换经营权，不能根据市场变化适时进行轮换，需轮换时要层层报批计划，实施时往往会丧失最佳的市场轮换机会；二是相关政策不配套，制约着承储企业的轮换经营，主要表现在：轮换费用财务制度不明确，规定的轮换费用难以落实到基层承储企业；农发行严格执行粮食收购资金封闭运行政策，轮换资金没保证，难以采用先轮入后轮出的方式进行轮换；轮出轮入的价格政策不明确，部分地区要求轮换执行顺价销出、保护价购进的政策，在近年粮食市场价低于国家保护价较多的情况下，使得承储企业难以进行正常轮换。轮换经营机制不健全，严重制约着中央储备粮的正常轮换，这样就导致超期储存量逐年增多，部分粮食严重陈化。吞吐机制僵化，推陈储新跟不上，致使部分储备粮食多年得不到轮换，超期存放，甚至出现陈化劣变现象；致使陈粮销售面临困难处境，且会出现大量的销售亏损现象，不仅仅影响了调控的时效性和经济效益，也不能保证储备粮食的安全存储。

五、储粮基础设施仍显落后

粮食储备条件落后，基础设施陈旧。尽管从 20 世纪 90 年代后期，国家投入了大量的资金，有效地改善了粮食仓储基础设施和运输条件，但是目前平房仓和楼房仓的比例仍然很高，机械化作业能力强的圆筒仓型仍显匮乏，并且主销区一些重要港口、铁路站段和大型粮库粮食中转设施不足，粮食快速接卸中转能力严重不足，散粮运输工具落后，一旦发生市场异常波动和紧急需粮事件，粮食调运困难，到港、到站接卸运输能力较差，直接影响政府对粮食市场及粮食安全的宏观调控能力。加之落后的包粮储备运输成本高、损耗大，全国性的粮食物流体系尚未形成，以致粮食的储备和流通直接影响粮食供给安全。

农户储备具有手段落后、损失多、批量小、品种杂、管理难度大等特点，尽管农户粮食储备具有能有效弥补国家粮库库容小、储备能力不足、占用资金过大、账实不符、陈化粮不能及时轮换，且成本较低、离市场较近，在紧急情况下能快速释放等特点。但是，由于农户储粮大多借助家庭住房的闲置空间，采用简易的囤储、袋装、堆放方式，因而技术相对落后，易受虫蚀、霉变、鼠害，每年因此遭受的损失率为8％～12％，有些地方高达30％。同时，农户储备粮食生产什么储存什么，结余多少储存多少，在品种和数量方面具有很强的不确定性，单个农户的储存批量小、品种杂，为国家调拨运输和宏观管理带来了不少困难。

第四节　新时代中国粮食储备改革的路径选择

一、新时代中国粮食储备改革的主要着力点

我国是大国，必须具备同大国地位相符的国家储备实力和应急能力。经过不懈奋斗，我国储备体系建设取得历史性成就，但与新发展阶段维护国家安全和防范应对重大风险挑战的需要相比，与保障初级产品供给的使命任务相比，仍存在一些短板、弱项。主要表现为：国家储备综合实力还需增强，责任体系有待健全，管理运行尚待完善，支持保障政策仍需强化等。要坚持问题导向和目标导向，以科学确定品类规模为政策基点，以健全责任体系为基础，以创新管理运行体制机制为关键，切实增强国家储备基础和实力。

（一）优化储备品种结构，解决"储什么"的问题

健全需求研判和生成机制，统筹考虑国家安全、防风险需要、财政承受能力等因素，聚焦国计民生、战略性新兴产业和关键领域，优化储备品种、规模和结构布局，有增有减、有保有压，提升储备的针对性和有效性。合理区分不同储备品种的功能定位、保障策略，综合考虑峰值需求和必要备份、适度冗余等因素，科学确定储备规模。根据储备物资品类特点，结合生产、消费、贸易、交通运输

及潜在风险、灾害分布等，统筹优化储备物资储存区域布局，确保关键时刻拿得出、调得快、用得上。

（二）构建多层次多元化储备体系，解决"谁来储"的问题

坚持政府主导、社会共建、多元互补，健全中央储备和地方储备、实物储备和产能储备、政府储备和企业储备相结合的储备机制，增强全社会安全发展韧性。坚持分级分类施策，优化中央和地方储备的协同保障，中央政府储备聚焦事关全局和国计民生的重要物资，主要防范化解全局性、系统性和跨区域供应风险；地方政府储备作为防范化解本地区局部突发事件的"关键防线"，重在保障生活必需，突出因地制宜、实用管用、快速响应、直达基层。健全落实制度政策，支持相关生产、流通企业和产品用户建立企业社会责任储备；充分发挥龙头企业示范带头作用，引导企业在履行社会责任基础上，合理增加商业储备规模。产能储备是接续力量，在重点领域谋划预备渠道、备份系统，与实物储备形成梯度配置和协同耦合，有效增强产业链、供应链韧性。

（三）完善制度机制，解决"怎么储"的问题

坚持"大储备"和"一盘棋"观念，遵循优化协同高效原则，强化部门协同和政策统筹，发挥规划引领、项目支撑、数字赋能、创新驱动作用。完善中央和地方储备联动机制，建立健全区域内储备合作机制，加强储备跨区域协同保障。坚持市场化改革方向，创新政府储备管理模式，健全常态化轮换机制，确保常储常新。根据增强储备实力的需要，突出储备设施功能综合化、保障基地化、布局网络化、管理智能化，持续优化完善储备设施网络。建设一批综合性国家储备基地，改造提升储备仓储能力，强化集散中转和综合保障功能。

（四）改进路径方法，解决"如何用"的问题

坚持有效市场和有为政府有机结合，探索完善国家储备市场调节机制，充分运用储备吞吐，配合实施跨周期和逆周期政策来稳定经济运行。注重国家储备设施和社会资源的统筹使用，适应优化完善布局和多样化任务的需要。瞄准精准化高效率目标，强化调运投送，完善储备调用动用预案，实行分级动用，明确各级各类储备动用权限、先后顺序、品种数量和回补途径。完善统一国家储备数据库，建设一体化管理平台和智能系统，加快储备数字化发展。强化精准高效投送保障能力，健全运输枢纽体系和末端配送网络，构建一体化投放保障模式。管好用好粮食应急保障企业资源，切实完善应急配送和供应"最后一公里"，实现

"都市区 1 小时送达、周边城市 3 小时送达、城市群 5 小时送达"目标。

二、新时代中国粮食储备体系改革的关键举措

习近平总书记指出，"干事业做工作大方向要正确，重点要明确，战略要得当，同时要把控好细节，把政治经济、宏观微观、战略战术有机结合起来，做到谋划时统揽大局、操作中细致精当，防止因为'细节中的魔鬼'损害大局"。加强和完善国家储备体系建设，要立足新发展阶段，遵循客观规律，强化依法治理，优化管控模式，增强管理和监管能力，不断提升国家储备管理的制度化、规范化、科学化水平。

（一）强化政治引领，坚持党对储备工作的全面领导

旗帜鲜明讲政治，深入领会贯彻习近平总书记关于国家储备的重要论述精神，将党的领导贯穿于完善国家储备体系、提升储备效能全过程，贯穿于谋划改革思路、制订改革方案、推进改革实施各环节，坚持储备体制机制改革的正确方向，加强统筹督促指导，注重改革举措配套衔接，增强各项政策的整体性、系统性、协调性。

（二）坚持依法治理，加快推动国家储备领域立法进程

针对我国储备安全法治基础较为薄弱的实际，当前要紧紧围绕推进国家治理体系和治理能力现代化这一战略任务，建立健全国家储备法律体系，协同推动粮食安全保障法立法进程，研究论证国家储备立法，健全地方储备相关法规制度，把相关制度政策转化为治理效能，为解决国家储备改革发展的现实问题提供法律保障，用法律"利剑"守护大国储备。

（三）创新方式手段，全面加大国家储备监管力度

充分运用"12325"监管热线、国家储备数据平台和在线监管系统，强化信用分级分类监管，实施守信联合激励和失信联合惩戒，严格问责制度。加强国家储备执法能力建设，探索开展穿透式监管，严肃查办违法违规案件，增强监管执法威慑力和实效性。完善粮食和物资储备标准体系，加快制定、修订重要标准，出台一批物资储备操作规程及技术规范，以高标准引领国家储备高质量发展。

（四）注重系统集成，打好改革发展"组合拳"

强化粮食安全、能源安全、战略性矿产安全和产业链供应链安全稳定等风险的监测预警和评估，健全完善应急预案，制定实施衔接配套的制度政策和改革

举措。强化粮食产、购、储、加、销协同保障，深入推进优质粮食工程，大力开展粮食节约行动，持续推动产业链、价值链、供应链"三链协同"，加快增强粮食供给体系韧性。

（五）紧绷安全这根弦，坚决筑牢守好安全底线

始终把储备领域的安全生产放在突出位置，压实安全生产主体责任和监管责任。深入实施国家储备仓库安全治理提升三年行动，围绕标准、规范、技术等方面，健全安全风险分级管控和隐患排查治理双重预防机制，推进生产作业标准化、安全管理规范化、风险管控智能化，统筹加强人防、物防、技防、联防，全面提高储备仓库本质安全水平。

第五节　小　结

本章通过对我国粮食储备体系的发展历程进行梳理可以发现，我国粮食储备制度最早可以追溯到 1840 年以前，但随着社会的发展，粮食储备不断变化，通过对比古代、近现代以及当代的粮食储备制度发现，我国粮食储备制度处于不断完善、发展与丰富的进程中。接着，对我国粮食储备的发展现状进行分析，可以发现我国粮食仓储设施建设加快，仓储的机械化、现代化步伐加快并且粮食储藏技术不断改进。由此可以看出，我国粮食储备状况整体向好，但其也面临一定的现实困境，具体体现在以下五个方面：一是粮食储备规模过大导致国家财政负担加重；二是我国粮食生产发展仍然面临资源约束趋紧、劳动力结构性短缺、生产成本较高等现实问题，影响了粮食生产综合能力的提升；三是我国粮食储备布局方面难以实现规模储存效益；四是当前粮食储备调控体系中存在的问题；五是我国储粮基础设施仍然呈现出落后的状态。因此，可以从"储什么""怎么储""谁来储"以及"如何用"四个方面对现代中国粮食储备体系进行改革与完善，从而保障国家粮食安全。

第四章
粮食储备影响因素的 PEST 分析

粮食安全始终是关系我国经济发展、社会稳定和国家独立的全局性重大战略问题。粮食储备则是保障国家粮食安全的重要手段，具有稳定粮价和应对突发事件对粮食市场产生冲击的功能，从而保障百姓利益。因此，合理的粮食储备对确保粮食安全有着非常重要的意义。但粮食储备并不是单一的问题，其涉及的影响因素较多，其中影响最广泛的主要有政治、经济、社会以及技术四个因素，因此从上述四个方面对粮食储备工作进行把控十分必要。本章将采用 PEST 分析方法对影响我国粮食储备的因素进行分析，该方法通常从政治影响因素、经济影响因素、社会影响因素和技术影响因素四个方面对研究对象所面临的状况展开分析。通过上述分析可以找出影响中国粮食储备的关键因素，从而为国家进行粮食储备确定合理的粮食储备规模提供依据。

第一节　影响粮食储备的政治因素

在粮食储备安全发展的过程中政治环境是最为基础与重要的宏观环境内容。由于粮食储备具有公共属性和非营利性，仅仅依靠市场手段调节，很难达到理想效果，且粮食储备需要耗费数额较大的财政支出，因此需要通过国家制定一系列的政策措施影响粮食储备规模以达到保证粮食安全的目的，以及通过建立完善的粮食储备制度体系明确中央和地方储备权责，以达到提高储备粮调度效率，降低储备成本的效果。此外，中国粮食收储来源于进口数量日益增加，国际政治因素对粮食进口的保障程度影响很大，从而影响了粮食储备安全。因此本节将从我国对粮食储备政策、粮食储备制度体系、粮食宏观调控以及影响粮食收储的国际政治因素等方面来分析影响粮食储备安全的政治环境。

一、粮食储备政策

粮食储备是我国粮食安全重大战略方针中的一环，做好储备粮管理工作，对保障国家粮食安全、平衡粮食供应、确保社会稳定、促进国家经济持续发展具有重大作用。粮食储备政策是粮食储备的政策规范和导向，对粮食储备具有直接影响，储备粮食具有公共属性和非营利性的特征，政府必须高度关注粮食储备政策的制定与执行。此外，作为国家粮食安全的"蓄水池"——粮食储备为最大限度减少粮食市场波动、应对各种突发事件提供了物质保障。近几年，我国高度重视粮食领域的立法修规工作，在法律法规以及有关政策对粮食储备的影响主要体现在如下几个方面。

第一，通过"藏粮于地、藏粮于技"这一战略途径来持续推进农业供给侧结构性改革和体制机制创新，确保粮食生产能力不断增强，夯实国家粮食安全基础，保障国家中长期粮食安全。

第二，在粮食生产主体政策上，持续培育家庭农场、农民专业合作社、农业产业化龙头企业等新型农业经营主体，实施适度规模经营，使粮食生产具有经济可持续性和推进粮食生产技术进步，提高粮食收储质量。

第三，在调动县级政府产粮积极性方面，健全完善粮食主产区利益补偿机制和农业支持保护制度，对产粮大县实行奖励政策、加大财政转移支付力度，2021年中央1号文件《中共中央　国务院关于全面推进乡村振兴加快农业农村现代化的意见》中进一步提出，支持有条件的省份降低产粮大县三大粮食作物农业保险保费县级补贴比例。

第四，在粮食储备保障方面，不断深化粮食收储制度改革，建立与我国经济社会发展相适应的现代粮食储备制度，逐步健全中央储备、地方储备协同配合的政府储备体系，加强中央粮食政策执行和中央储备粮管理情况考核。此外，为加强储备粮管理，有效调控粮食市场，确保粮食安全，2021年以来，河南、吉林等多省份重新修订储备粮管理办法，加强中央、地方两级储备协同运作，推动构建粮食储备新格局。同时，国家粮食和物资储备局为进一步规范和加强政府储备粮食仓储管理，印发了《政府储备粮食仓储管理办法》《政府储备粮食质量安全管理办法》等重要文件，确保政府储备在仓储环节数量真实、质量良好、储存安全、管理规范。

第五，在国家储备人才方面，为持续深化国家储备人才发展体制机制改革，加快推进粮食和物资储备治理体系和治理能力现代化，全面提升防范化解重大风险和保障国家安全的能力，国家发展改革委等四部门发布了关于"人才兴储"的实施意见，以解决在国家储备方面目前面临的人才总量不足、年龄结构老化、高层次人才短缺等问题。

二、粮食储备制度体系

粮食储备是保障国家粮食安全的重要物质基础，是平抑粮价、备战荒年的重要举措，做好粮食储备就是保障粮食供给的重要后盾。国家粮食储备制度是保障我国粮食安全的一项重要措施，因此，建立适合自身的粮食储备管理制度是提高粮食储备效率、落实粮食储备工作、保障国家粮食安全的关键。

我国粮食储备制度是根据粮食储备的作用和目的逐步建立起来的。我国粮食储备制度的建立开始于新中国成立后对公粮（中央储备粮）的征收管理工作，在之后的1953—1978年，我国开始逐步建立以备战备荒为目的的国家粮食储备，粮食储备主要是中央储备，储备目的是粮食周转和备战。改革开放以后，国家专项粮食管理制度、地方粮食储备得以建立。结合之前的周转储备和战略储备，我国逐渐形成了中央、省、市、县四级的从中央到地方的粮食储备体系。随着我国粮食储备制度的完善，我国开始建立国家粮食储备垂直管理制度，并于2000年组建以垂直管理为核心的中国储备粮管理总公司（China grain reserves corporation，简称CGRC，中储粮），现阶段我国的粮食储备制度以政府粮食储备为主导，即以中央储备粮的垂直管理为核心，中央到地方的分级管理为辅助。以政府主导的粮食储备模式，对于政府的执政能力要求很高，能够较好地控制市场供给、调节市场价格。具体而言，中央储备主要用于保证全国性的粮食明显供不应求、重大自然灾害和突发性事件的需要；地方储备主要用于解决区域性供求失衡、突发性事件的需要及居民口粮应急需求，中央储备粮的质量是否合格直接关系到粮食储备制度能否有效补充粮食供给、平稳市场价格异常波动和应对自然灾害和突发事件。

粮食储备制度体系发展到现阶段我国所采用的垂直管理体系，对粮食储备的影响主要在于以下三个方面：一是权责明确，管理规范。中央储备粮总公司的建立，使整个粮食储备体系有了统一的管理制度，不再由地方负责中央储备粮的收购、存储等业务，这样避免了地方各自为政的现象，同时补贴及收购价格、出售价格等都由中央储备粮总公司根据国务院的文件规定来确定，使得储备过程中涉及的业务过程规范化。二是调度及时，效率提高。中央直属库建设计划总投资172亿元，设计总库容500亿斤，而且直属库主要分布在销区，兼顾产区，主要粮食调入区在东部，如北京、天津、上海、广东、福建等地区，而主要粮食产区在中部地区，如黑龙江、吉林、内蒙古、江西等。这样集中建设直属库，增加了调度的及时性，也同时提高了调度的效率。三是储存成本降低。周转储备粮与后备储备粮分开，这样主要的财政补贴主要用于后备储备，同时地方储备粮与中央储备粮分开，使得财政补贴专款专用，而且储备库的科学化管理，在一定程度上降低了储备成本。

三、粮食宏观调控

宏观调控亦称国家干预，是政府对国民经济的总体管理，是一个国家政府特别是中央政府的经济职能。宏观调控是指政府在遵循自然和经济规律的前提下，综合运用各种调控手段（经济、法律以及必要的行政手段），把微观经济活动纳入符合宏观经济发展所要求的状态（保持经济总量平衡、促进经济结构的优化、提高宏观经济效益）的过程。

凯恩斯认为，在市场经济机制下，总需求与总供给不会自然达到平衡，必须在政府的干预下实行需求管理。也就是说在市场经济中必然导致经济总量的失衡，而宏观调控正是经济失衡的产物，是商品经济发展的必然要求。从市场的资源配置功能来说，极具活力的自由竞争是市场经济的特点之一，而自由竞争大大地加速了资源配置的优化，生产效率的提高，这是其他的资源配置方式所不能比拟的。但是，商品市场竞争优胜劣汰的残酷性和经济人的片面追寻利益的最大化，使得市场本身具有了自发性、盲目性和滞后性等弊端。因此，任何市场都不是绝对完善和理想的市场，在市场机制中必然会存在许多不确定性，这些不确定因素一旦干扰市场运行就会产生某种放大效应，并导致宏观经济的剧烈振荡和波动，甚至会产生经济危机。因而客观上政府必须掌握一定的必要经济资源并参与到一定的经济活动中来应对市场失灵，这便就是政府的宏观调控运作。在社会主义市场经济运行过程中，宏观调控和市场机制缺一不可。

储备粮食按照其作用，可以分为周转储备和战略储备。周转储备是指为克服粮食生产不均匀而消费均匀这一特点，保证粮食能够从产地、进口地等连续、平稳地通过运输环节而到达加工厂，最后提供给消费的粮食储备。战略储备是指一个国家用于应对紧急情况或者国家粮食战略安全而保持的粮食储备，所以通常人们又将它称为粮食安全储备。周转储备相对于战略储备而言是一个较为动态的概念，广义上来讲，粮食收获之后或者进口之后，无论是在运输的过程中，或是在周转储备粮库中，或是在加工厂的生产线上，只要是没有进入消费环节，都可以算作是周转储备。由于战略储备是基于国家粮食安全的战略高度，通常都由政府进行筹备管理。所以，基于保障粮食安全的角度讲，周转储备主要用于市场调节，而战略储备主要用于保障粮食安全。从这个层面上，我们可以将政府专项粮食储备看作是我国唯一用于粮食宏观调控的储备粮食。

粮食储备是为保证非农业人口的粮食消费需求，调节区域内粮食供求平衡、稳定粮食市场价格、应对重大自然灾害或其他突发事件而建立的一项物资储备制度。粮食储备的主要作用是稳定粮食市场，即当市场供大于求时，要从市场收储粮食，以减少粮食供给过剩的压力，当市场供不应求时，要向市场投放粮食，以弥补市场供给不足，并且粮食储备提供的粮食安全保障不具有排他性和竞争性，因此储备粮具有公共属性和非营利性，仅仅依靠自发的市场调节是无法避免粮食安全问题的发生，必须借助政府的力量来进行必要的引导和规范，这个力量便是宏观调控。

由于储备粮的功能主要是调节市场供求、防灾备荒，因此目前我国粮食宏观调控主要体现在对粮食储备规模以及储备周期进行调控，在稳定粮食市场方面，根据《粮食流通管理条例》和国家粮食工作方针，我国粮食宏观调控主要体现在国家对粮食市场的调控逐步从直接管理更多地转向间接管理，短期调控转向长短结合，微观调控转向宏观调控，立足国内保障粮食供给，稳定我国中长期粮食供求总量和品种结构基本平衡，主要是以市场机制为依托，利用各种经济手段，如财政补贴、粮食进出口、税收等进行宏观调控，以及采用法律手段和辅助必要的行政手段。当真正出现粮食供大于求、农民卖粮艰难的情况时，政府需要按照不低于粮食生产最低标准的价格对粮食进行保护，通过扩大储备粮的收购规模来解决农民"卖粮难"问题，阻止市场粮价猛烈下跌，保护农民对粮食种植的积极性。当粮食市场出现供不应求，对粮食进行抬价时，国有粮食部分需要对专门的储备粮进行动用，按照微利或者保本的原则对粮食进行大量的抛售，投向市场，此时储备规模会缩小，为了让粮食中的吞吐调节现象出现，在必要时制定销售最高限价或采取其他价格干预措施，加强粮食流通监督，以适应粮食形势的不断发展变化。

此外，为保证储备粮质量，需要不断轮换更新，由于储备粮存储期较长，其粮食品质价值与当年生产的新粮相比必然有所下降，在市场上缺乏竞争力，价格也就低于新粮，这样便产生了新旧粮食的价格差，粮食仓储企业很难通过高卖低买获取利润，此时还需要负担粮食出入库费、贷款利息等其他费用（每年全国用于支付农发行的粮食贷款利息超过千亿元），加之各项成本的逐年增加，仓储企业的经营风险较高，迫使少数企业采用"转圈粮"等违法手段获取利润以防止亏损，所以需要对粮食储备周期进行宏观调控，进而调动地方政府对储备粮轮换的积极性。但部分地区仍存在储备粮规模、存储周期不合理等问题，例如储备粮的轮换成本费用较高，一些储备粮企业的库点从自身利益考虑，并不愿意或者根本没有按国家规定进行定期轮换，而加长储备粮存储周期，以致在连年丰收的情况下，库存陈粮销不出，农民手中的新粮收不进，出现卖粮难，影响农民生产粮食的积极性，或集中分布于主产区的大量储备粮库点在同一地区、同一时期进行储备粮轮换，会造成短期内的市场粮食供大于求，也会造成粮食市场价格下跌和影响农民来年的生产决策行为，因此必须要借助政府宏观调控的力量来进行必要的引导和规范。

四、国际粮食形势及粮食贸易政策

国际形势的改变，已愈来愈对粮食安全产生敏感反应，随着交通运输的日益便利，通信手段、方法的日益完善，国与国之间、地区与地区之间的联系越来越密切，世界从独立单元转变成为相互影响的整体，因此一个国家或地区的政治、经济、财政等结构将随着国际形势改变，粮食储备的规模也随之变动。如国际市场价格的变动会对我国粮食市场产生影响，当国际粮价低于国内粮价，国际粮价走低，国内外价差继续扩大，将推动国内进口被动增加，对我国粮食市场产生较大的不利影响，出现国内粮食产量高、进口高和库存高的"三高"局面，国内粮食库存激增，严重影响农民种粮收益和国内粮食安全。当国际粮价高于国内粮价，国际粮价升高，国内外价格差距继续扩大，将出现国内粮食进口低和库存低的局面，国内粮食库存减少，严重影响国内粮食安全。此外，粮食贸易政策、关税政策以及粮食禁运等政策行为也会对粮食储备产生影响。

粮食出口国的粮食贸易政策，是影响国际粮食市场的最主要政策因素。一个国家的粮食政策对其他国家的农业经营者和粮食消费者会产生连带影响，国际粮食出口总量关键集中在少数几个发达国家，而粮食进口国则较为分散且多为发展中国家，这就形成了少数粮食出口发达国家控制国际粮食贸易价格和数量的局面。近年，粮食出口国的粮食贸易政策，尤其是粮食出口政策对国际粮食市场的影响日益显著，这种影响首先体现在当粮食出口国的粮食生产受灾或国际粮食市场供应不足时，粮食出口国将以关税或非关税壁垒等政策限制或停止本国粮食出口，借此来保护本国消费者，进而对其他国家的粮食进口数量产生影响。

政府不仅对国内的农业发展有重要影响，而且政府为本国经济营造的国际政治环境同样是重要的，这种政治环境就是政府与政府之间的相互信任程度。政治互信虽是建立在经济合作的基础之上的，但是政治互信对经济合作的反作用也是极为重要的，对一个国家的粮食安全观念具有很大的影响，进而也影响了一个国家的粮食安全政策。日韩两国的粮食自给率和库存率都严重低于联合国粮食及农业组织建议的一般性指标，但两国政府都认为，不会面临粮食安全的威胁，而中国粮食自给率远高于日韩两国，却一直为粮食安全所困，其主要原因是中国的地缘政治①环境不同。世界粮食贸易主要控制在以美国为首等少数西方发达国家手中。日本和韩国是海上强国，又是美国的战略盟友，无论是运输安全还是粮食的供给保障都具有得天独厚的优势。中国虽是日韩两国的近邻，经济发展也类似日韩轨迹，但地缘政治类属要求中国不能照搬日韩两国的粮食安全模式。中美意识形态不同，在合作的外表下美国对华政治政策一直怀有敌意，美国历史上有多次因政治原因使用粮食禁运的案例。粮食禁运是政治因素的极端体现，虽然是"杀敌一千，自损八百"的双输结果，但粮食禁运的可能性始终围绕中国。

粮食禁运主要是指出口国的禁运，目的多在于对某一进口国给以惩治或报复，或者是为了优先保障本国供给和物价稳定。粮食禁运的发起国损失也可能相当大，至少粮食出口商以及依赖出口的农业从业者利益受损，若受损的主体得不到足够的利益补偿，如政府补贴等，将会减少粮食产业投资，进而转向其他商品生产，或者联合起来去改变政府政策。另外，进口国的主动禁止进口可能造成主要出口国更大的损失。粮食进口量大的国家进口权有时候也会成为博

①　地缘政治是政治地理学中的一项理论。它主要是根据地理要素和政治格局的地域形成，分析和预测世界或地区范围的战略形势和有关国家的政治行为。

弈的工具，在贸易纷争或者经济制裁中也会作为报复的手段。在历史上，作为主要粮食出口国的美国就曾以粮食供应作为条件对智利、孟加拉国等国家施加政治影响，并在苏联入侵阿富汗之后对其实施了粮食禁运，直接导致了苏联粮食供应量的大幅减少。此外，2014年俄罗斯对美国、欧盟等国的反制裁措施，以及2018年中美贸易摩擦发生后，中国对来自美国的大豆提高关税，这些措施都是进口国主动采用的限制或禁止进口措施，对出口国的农场主、农民利益打击较大。当国际市场剧烈动荡时，出口国仍可能会实施商业性禁运或贸易禁运措施，这种禁运短期内会引起供给紧张，导致粮食价格飙升，我国若想继续从全球粮食贸易中获取需要的粮食，则需要付出较高的支出成本，否则粮食在国际上的收储量将会降低，从而对我国的粮食储备规模产生影响。

一国政府通常还采取关税政策控制粮食生产与贸易，改变关税对贸易量有非常显著的影响，提高粮食进口关税会鼓励粮食生产自给自足，而降低关税则有利于提高经济效率，刺激GDP的增长。在国际市场开放的背景下，国际市场的粮价和粮食的进出口贸易量都会对粮食储备造成一定的影响，因为粮食储备的轮换可以通过进出口的形式来进行，粮食的进口可以替代一定的储备粮而进入国内市场，粮食的出口可以替代一部分消费而影响粮食的储备。长期以来，我国把粮食储备和国际市场作为国内粮食供求平衡的调控器，当国内粮食增产和供大于求时，一方面按最低保护价大量收储，另一方面加价补贴出口粮食；当国内粮食减产和供不应求时，一方面开仓放粮，另一方面提高出口的限制条件和关税而阻碍粮食出口。

第二节 影响粮食储备的经济因素

经济发展环境是我国在进行粮食储备、合理确定粮食储备规模时所必须考虑的因素，一般而言，经济发展越好，整个粮食市场的消费能力就会越高。粮食生产是粮食储备的前提条件和基础，只有粮食生产增产丰收，粮食消费有剩余，才有粮可储，所以，粮食储备量的消长以及储备是吞入还是吐出完全取决于粮食生产与粮食消费之间的差额，保持粮食储备在恒定范围内是粮食领域最为关心的问题之一，而粮食价格能够直接反映和影响粮食储备。此外，特别是我国这样的粮食消费大国和难以利用世界粮源满足粮食需求的国家，更应该重视粮食生产和粮食消费的发展，以及稳定我国粮食供需平衡，为粮食储备创造良好的经济发展环境和有利条件。

一、粮食生产

我国政府高度重视粮食生产，着力提高粮食生产能力，粮食储备直接受粮食生产的影响。一个地方的粮食产量越高，则该地方发生粮食短缺的可能性越小，粮食储备意愿相应较低。比如我国对地方粮食储备的要求是主产区粮食储备要能满足3个月的消费需求，而主销区的粮食储备要能满足6个月的消费需求。此外，如果一个地方的粮食产量过多，就可能会导致粮食价格快速下跌，这个时候需要地方政府按照一定的价格将粮食收购起来，以保护粮农的利益，从而粮食产量越多，可能需要地方政府储备更多的粮食。

近几年，我国粮食产量一直保持着稳步增长的趋势，全国粮食产量连续7年稳定在1.3万亿斤以上，基本上实现了国内粮食自给的要求，目前我国粮食储备供应总量充足，为国内粮食市场供应奠定了坚实的基础。粮食生产主要是从以下四个途径对粮食储备产生影响。

（一）农业投入

农业投入是影响粮食产量变化的主要因素。生产粮食的投入主要是耕地、劳动力和资金。一般而言，播种面积每增长1％，总产将增长0.155％。但由于我国耕地有限，用于种植粮食的耕地面积在年际间波动不大。同时，由于农户粮食生产的自给性很强，粮食种植面积也不可能出现大的下降。农业的资金投入最终体现为生产资料的增加和生产条件的改善。一般资金投入每增加1％，能带来粮食产量增加0.57％。另外，从粮食产量与各投入要素的相关分析看，化肥施用量的相关系数最高为0.95，其次是农机总动力为0.89，灌溉面积为0.74，不同要素量的投入，对最终粮食产量的影响不同，粮食产量的高低直接影响了粮食供给：一方面粮食生产是粮食储备的源泉，粮食丰收为粮食储备提供充足的粮源；另一方面，粮食减产时，不仅不能为粮食储备提供足够的支持，还可能因市场上粮食不足而需要动用粮食储备。此外，通过机械对劳动力要素投入的代替、化肥对土地肥沃程度的代替等，可以达到降低生产成本的效果，通过降低粮食生产过程中消耗的各项生产投入的成本，可以在很大程度上提高粮食的市场竞争力，从而调动粮农生产积极性，保障储备粮收储来源。

（二）自然灾害

自然灾害是导致粮食生产波动的另一个因素。一个地方的受灾面积越大，越需要地方政府运用粮食储备去调节市场粮食供求及价格。因此，预期受灾面积越大，地方政府的粮食储备意愿越强。对于一个自然条件较好、地域辽阔的国家，一般来说，遭受全国性灾害的可能性比较小，因为一个地区的减产容易被另一地区的丰收而弥补，所以对粮食储备的要求也就比较低；反之，对一个自然条件较差、地域狭小的国家来说，遭受全国性自然灾害的概率就比较大，对粮食储备的要求也就比较高。我国地域辽阔，南北方气候差异很大，各种自然灾害发生的概率比较高。1978—2021年，几乎每年都会发生自然灾害。历史上曾经用"三岁一饥，六岁一衰，十二岁一荒"来描述我国自然灾害的频繁和严重程度。因此，即使我国近年粮食连年丰收，我国的粮食供求仅能维持紧平衡状态。如若发生比较大的自然灾害，这种紧平衡状态很快就会被打破。一旦发生粮食产量大幅度波动的现象，特别是粮食减产，不仅会造成粮食供给不足，而且也对粮食储备造成影响，例如旱灾、洪灾等会造成粮食产量下降，不仅会影响粮食收储质量和数量，当自然灾害特别严重时，还需动用储备粮，确保受灾群众的粮食供给。因此，为应对自然灾害或重大事件的发生，应加大粮食储备规模，做好应急保障。

（三）价格变动

价格变动是对粮食生产波动有直接影响的最灵敏的因素，无论是正效应还是负效应都是如此。在市场经济条件下，农产品价格是由供给和需求的相互平衡决定的，供给和需求任何一方的变动都会引起价格的变动。在我国的经济现实中，对于影响国计民生的粮食来说，其价格主要还是由国家制定，而且消费者的价格一般固定不变。因此，生产者价格和消费者价格相互脱节，消费的变动一般不直接引起生产变动，对生产起调节作用的主要是国家的收购价格。当粮食价格较高时，为了平抑粮价，需要动用库存储备粮投放市场，因此储备规模会缩小。当粮食价格较低时，政府着眼于考虑保护农民利益，有时通过扩大储备粮的收购规模来解决农民"卖粮难"问题，阻止市场粮价猛烈下跌。从另一角度来看，粮食价格低，从而储备粮的单位收购成本较低，则有利于扩大储备规模。

（四）宏观经济政策

从长期来讲，粮食生产的波动取决于政策的导向。改革开放以来，我国粮食产量能迅速增长，很重要的一个原因是政策的作用。大幅度提高粮食收购价格以及粮食价格体系和流通体制的改革等经济政策，对粮食生产的发展都起到了重要作用。在指导思想上重视农业和粮食发展，加大了对粮食生产的行政领导力度，如"米袋子"省长负责制等，对不同类型地区发展粮食生产提出了不同的目标和要求，有助于发挥各地的粮食生产潜力和优势，稳定提高粮食的综合生产水平和供给能力。对于粮食主销区来说，主要是要抓好粮食生产，努力提高粮食自给率，满足主销区储备粮库点的收储需求。我国粮食储备主要来源于粮食主产区，这是实现和保障粮食储备安全的最重要的基础和保证，实行"米袋子"省长负责制，对粮食主产区提出了更高的要求，即要进一步发挥粮食生产潜力和优势，努力提高生产率。对粮食产销平衡区也有特殊要求，即要在发展当地粮食生产和储备的基础上，努力为全国粮食总量平衡做出应有的贡献。

二、粮食消费

粮食安全更在于粮食消费安全，我国储备粮食按照其主体，可以分为个人储备、企业储备和政府储备。个人储备主要是指粮食个体生产者为满足自身粮食需求的目的而自行存储的粮食，一般就是指农户自己根据家庭需要和对粮食价格走向的判断，在家里存储的未经加工的原粮。企业储备是指粮食加工收储企业为了生产需要而存储的原料，也包括生产出来的成品粮。政府储备是指一国政府为了平衡国家粮食总供需、调节粮食市场、应对自然灾害或者战争等突发情况而设立的专项粮食储备。在我国，除了专门从事粮食存储的企业之外，其余粮食收购加工企业所存储的粮食主要的用途还是进入市场，用于消费。农户个人存储的粮食多用于家庭消费，其余的最终仍会通过市场卖给消费者，而且他们在客观上也不具备长期储粮的条件。所以，企业和个人粮食储备主要是周转储备，最终转化为消费用粮。因此，粮食消费主要通过企业和个人的粮食储备行为对我国粮食储备产生影响。

（一）企业粮食储备行为

企业的粮食储备指的是粮食加工企业为了其生产经营的连续性储备的粮食，包括工业用粮储备和饲料用粮储备。在粮食流通市场化改革之前，我国非国营的粮食企业非常少，国有粮食企业在粮食收储过程中会享受到储粮补贴、轮换补贴和利息补贴等政策，而私人粮食企业不能享受到这种补贴，致使私人粮食企业在粮食的收购中处于不利地位。此外，我国很多粮食加工企业主要是通过网上竞价的方式向粮食企业（包括中储粮和地方粮食企业）购买粮食，而每次购买的粮食数量会受到严格限制，从而也限制了企业的粮食储备规模，因此，私人粮食企业储备的粮食在我国的储备粮中所占的份额比较小，但随着粮食市场逐渐放开，私人粮食企业得到了快速发展。

我国各大粮食主销区都存在着或多或少的仓储设施短缺或仓储设备达不到相关规定的问题，通过将粮食的所有权与经营权分开，划出一部分粮食交由大型的粮食企业代为管理并进行粮食储备的轮换工作，将粮食分批进行轮换，不仅减少了政府的存储成本，同时也保证了储备粮的新鲜程度。对于不受国家委托储备的粮食企业来说，当预期市场粮食价格上涨时，商业企业一般不会向市场抛售粮食去平抑市场价格，反而会从市场抢购粮食，囤积居奇，从而进一步造成粮食市场的恐慌情绪，推动市场粮食价格的进一步上涨，而为了平抑粮价，则动用库存储备粮投放市场，减少粮食储备规模；当预期市场粮食价格下跌时，为减少资金的占用，降低经营成本，企业一般将手里的粮食抛售出去，减少粮食库存，不收购、不存储粮食，有的企业甚至是"零库存"，等到粮食价格处于低位时再重新买进，企业的这种行为会进一步压低粮食市场的价格。由于存在这种逆向操作行为，企业的粮食储备不仅不能稳定粮食市场，反而可能会加剧粮食消费市场的波动，给我国的粮食市场带来许多不稳定因素，不利于粮食储备规模的确定。

（二）农户粮食储备行为

农户储粮是国家粮食储备的重要组成部分，且对粮食消费有着重大影响。郑风田等（2016）认为，当前我国需要适当缩小政府的粮食储备规模，鼓励农户进行粮食储备。刘鹏等（2017）认为，在确保国家粮食储备安全这一重要问题上，普通农户的粮食储备行为分担了国家政府粮食储备的沉重压力，对于保证口粮充足、安定人民生活、稳定社会秩序等方面起到了积极的作用，但不可回避的是，农户储粮行为在储粮过程中都存在着严重的缺陷和隐患，普通农户储粮只适合于短时期、小数量和小范围，政府政策应给予鼓励但不能过分强调。魏霄云等（2020）存在不同的观点，他们认为，在关于保障粮食安全的政策中，农村人口并不在考虑范围之内，形成了粮食供给"城镇居民仰仗国家储备，农村居民依靠自我储备"的格局。在农户储粮大幅下降的情况下，城乡居民的粮食需求都需要依靠市场和国家粮食储备来满足。由此可见，农户储备也会对我国的粮食储备产生影响。

农户储备是我国粮食供应、储备的重要来源，其粮食产量的增减直接关系到国家政策性粮食的收储问题。农户进行粮食储备一方面可以保证农户家庭用粮的安全问题，在一定程度上缓解国家储备粮食的巨大压力；另一方面农民还可以选择在遇到粮食市场价格上涨的时候将多余的存粮卖出去，既缓解了市场粮食供应不足的状况，又能够赚取更多的利润，在提高农民生活水平的同时刺激了农民在下一年扩大粮食生产的积极性。因此，普通农户以家庭为单位进行粮食存储对粮食储备安全有积极作用，政府在粮食储备制度改革中应当鼓励农户的储粮行为，以家庭行为缓解国家储粮的压力。但近年，随着市场经济的进一步深入和政府对粮食市场的有力调节，大多农户对政府粮食储备的安全感倍增，因此无论是在粮食主产区还是主销区，农户储粮的数量都在逐步下降，另外，农业经营方式正在转型，农民生活的"非农化"和农业生产"专业化"成为重要趋势，非农收入在农民增收中起着重要作用，货币性收入的增加与市场化程度加深共同提高了农民抵御风险的能力，市场化增加了农产品交换的可能性，从而能够发挥比较优势，进行专业化生产，粮食生产的专业化使农户更加依赖市场以满足生活需求，从而将粮食拿到市场上消费，获取收益，减少了家庭储粮数量，同时由于生产的专业化，造成粮食储备所需要的特定品种结构无法满足，若根据粮食品种结构和区域的需求，调节储备的品种结构和布局，使粮食库存品种结构和布局与消费需求品种结构和布局相适应，则需要政府加大人力、物力、财力跨区域、多渠道收购，无形之中增加储备粮调运的成本以及加大储备粮调运的难度。

三、粮食价格

粮食价格包括国内粮食市场价格、国际粮食市场价格以及粮食收储价格。粮食储备的一个重要目标及功能是平抑市场粮价，但市场粮价反过来也会影响粮食储备。中国作为一个拥有 14 亿人口的大国，每年的粮食消费量巨大，而粮食不同于其他消费品，其通常处于需求层次的最底层。一方面在粮食收储期，如若收储价高于市场价，农民则会把粮食无所顾忌地卖给收储企业，使收储企业的收储资金压力增大，粮食储备量增加，若收储价低于市场价，农民会采取惜售的方式，使粮食收储困难，库存量下降。另一方面，国际粮食市场价格也会影响我国粮食储备量，随着国内粮食生产成本的增加，我国政府曾多次上调稻谷与小麦的最低收购价以提高农户粮食生产的积极性，而这直接拉高了国内市场的粮食价格。随着国际市场粮食需求量的下降以及粮食生产的连年丰收，国际粮价出现了大幅下跌，这与我国政府不断提高的粮食收购价格形成鲜明对比，并最终形成了国内外粮价倒挂的现象，国际粮价低于国内粮食收购价这一现象对国内的粮食生产与消费造成了一定程度上的挤出效应，在较低的国际粮价面前，国产粮食的市场竞争力较低，这导致了大批量的进口粮食流入市场，而国产粮食则大多流入了国有粮食储备企业，成为国家储备粮。显然，较高的粮价补贴以及国内外粮价的倒挂不仅加重了财政压力和粮食收储企业的经营压力，还刺激了我国的粮食进口，使得我国的粮食消费更加依赖于国际市场。另外，当出现国际粮价偏高情况时，掌握了粮权的收储企业（中储粮总公司除外）会延长储存期，增加储存量，以便把粮食推向国际市场而获得超额利润，此时我国粮食市场大多流向国际市场，进而粮食储备量减少。

第三节　影响粮食储备的社会因素

粮食储备是粮食安全的重要保障，目前尽管我国粮食生产进入了"总量平衡，丰年有余"的阶段，但我国在粮食储备安全方面依然存在问题。我国是世界人口第一大国，人口因素是决定我国粮食储备规模的重要因素，此外，随着我国城镇化的不断推进，我国对粮食储备的需求和供给增长将受到来自多方面因素的影响和制约。因此，本节主要从我国人口的数量和结构变化以及城镇化在供给和需求两方面来分析影响我国粮食储备的社会因素。除此之外，国民经济的发展会带动粮食的生产和消费，给粮食储备带来压力，因此国家的经济形势也会对粮食储备产生影响。

一、人口因素的影响

人口是在计算作为保障我国粮食安全的国家粮食专项储备量时必须考虑的一个重要因素。人口与粮食储备之间不是简单的正负影响关系，人是生产者也是消费者，对于粮食储备安全有着促进与阻碍双重作用，粮食储备安全反过来会对人们的生活质量提供安全保障。因此，预期一个地方的人口数量越多，粮食储备的意愿越强烈。在影响粮食储备的各种因素中，人口因素应当是最为直接和最为重要的因素，但这种影响并不只表现在人口数量增加而导致的对粮食供给的压力，还表现在人口结构变化方面。

（一）人口数量

虽然我国的粮食产量在不断增加，然而随着人口数量的不断增长，我国对粮食的需求量也在不断增加，进而对粮食储备规模的确定产生了一定的影响。

我国是世界上人口最多的国家，也是粮食消费最多的国家。虽然近年我国人口增长速度有所放缓，但是人口总量仍在不断扩大。第七次人口普查数据显示，2020年全国人口达14.1亿人，占全球总人口约19%，最近10年人口净增加7 205万人，仅仅比上一个10年少增加了185万人。2010—2020年，我国总人口年均增速为0.53%，较上一个10年下降了0.04个百分点，仍然保持平稳增长态势。据联合国预测，中国人口总量将在2029年达到峰值14.4亿人，2050年左右开始，人口规模缩减速度明显加快。预测数据显示，2035年中国人口总量将达到14.3亿人，2050年中国人口总量将下降至13.6亿人。根据世界银行预测，2030年我国人均粮食消费量在491千克左右，美国目前人均消费量为660千克左右，考虑到未来城镇化加快以及饲料粮、工业用粮的快速增长带来人均粮食消费量的增加，假设未来我国人均消费量达到并维持在美国目前水平的80%～90%，为528～594千克，则预计2035年粮食需求总量将达到7.6亿～8.5亿吨。2050年随着人口规模缩减，粮食需求总量为7.2亿～8.1亿吨。由此可见，我国人口数量的不断增长，不仅增加了粮食产量，无疑也增加了对粮食储备量的需求，人口因素始终是影响我国粮食储备的重要因素。

（二）人口结构变化

人口结构变化主要包括以下两种：第一，人口城乡结构。依照世界城市化发展的规律，我国已经进入了城镇化加速发展阶段，农村人口还会大量向城镇转移，使城镇人口数量持续增加。城镇化的推进在改变城市人口和农村人口比例的同时，也影响着粮食消费的结构和水平。农村居民进入城市后生活方式和饮食结构也会与城镇居民逐渐趋同，即肉、蛋、奶等畜产品和其他副食消费比重将会扩大，而这一变化将会带来饲料粮和工业用粮消费的增加。由于城乡结构变化而影响了粮食消费结构的变化，农户为获取收益，会由传统的粮食作物生产转向饲料粮和工业用粮生产，进而粮食产量降低，影响粮食收储来源。第二，人口年龄结构。人口年龄会通过人体的生理需求差异影响热量的摄入量需求，而粮食又是人体的主要热量来源。因此，对于一个国家或地区而言，即使人口总数保持不变，随着时间的推进，人口年龄结构发生变化，人均热量摄入或粮食消费需求水平仍然会改变，进而影响粮食消费量。此外，人口年龄结构变化对粮食生产也会产生一定的影响，由于经济和医疗水平的快速发展，老年人口比例不断上升，老年人口体力限制对粮食生产会产生负面效应，进而影响粮食生产。

二、城镇化发展的影响

"城镇化"一词最早出现于马克思1858年发表的《政治经济学批判》中，在该文中，他认为，"现代的历史是乡村城市化，而不像古代那样，是城市乡村化"。聂伟等（2014）认为，城镇化包含两个方面：一方面为量的积累方面，即人口和其他生产要素由农村向城镇或城市的转移，城镇（市）数量增加、城镇（市）人口规模扩大等；另一方面为质的变迁方面，即人们的生活、生产、组织方式等全方位变革。从不同的学科角度来看，城镇化的含义也不尽相同，人口学家认为城镇化是农村人口向城镇迁徙的空间移动，经济学家认为城镇化是地区经济结构的高度集约化发展的演变，地理学家认为城镇化是城市空间布局的扩展和完善，不同领域的学者对城镇化定义有着不同的界定。

党的第十九届全国人民代表大会系列会议对中国城乡经济建设及生态环境作出了一系列重要决定，并在党的"十四五"规划中着重部署了乡村振兴战略，党关于城乡经济建设及生态环境的一系列重要战略部署为我国城镇化内涵的发展做了补充，丰富了我国城镇化的内涵。因此，结合前人研究和党的系列决定及战略部署，本书将从人口、经济、社会三个方面来界定城镇化的内涵，本书认为，城镇化是指随着技术进步和经济的发展，人们生产和生活方式由农村向城市转化的历史过程。在人口上表现为就业、人口素质及人口等生产要素向城镇的集聚过程。从人口数量角度来讲，城镇化是指人口由农村向城镇迁移的过程，表现为城镇人口的集中，城镇人口聚居规模的扩大，从人口素质角度来讲，城镇化所带来的先进技术、现代生活习惯等影响着人口素质的转变。在经济上表现为居民收入提高，第一产业向第二、三产业的转移，经济结构的优化。在社会上表现为居民生活环境的改善，即居民消费、医疗、交通、信息、能源、环境等社会公共服务体系及基础设施的完善过程。

新中国成立初期，就有农村劳动力向城市流动，为了计划经济和社会稳定发展，1952年中央劳动就业委员会提出要"克服农民盲目地流向城市"。1958

年《中华人民共和国户口管理登记条例》的颁布，意味着中国城乡二元体制的真正建立，这一制度成为阻挡农村劳动力向城市和非农产业流动的一道阻碍。1978 年农村实行家庭联产承包责任制以后，农村开始大量出现农业劳动力剩余现象。与此同时，乡镇企业的出现为农民在乡村"离土不离乡"的就地就业创造了条件，吸纳了大量周边欠发达地区的农村剩余劳动力。改革开放以来，伴随我国工业化和城镇化的快速发展，亿万农民离开乡土涌入城市务工经商，为中国经济的持续高速增长源源不断地注入活力并作出了巨大贡献。李隆玲等（2020）认为，农民进入城市务工，使我国农村地区的土地和劳动力两大重要资源向城市转移，这一资源的重新配置，从供求两方面对我国粮食储备产生重要影响。

从粮食供给角度来看，我国粮食的种植结构发生了较大的变化，粮食市场供给压力增大。首先，根本原因在于农村青壮年劳动力转移到城市、进入非农领域就业，导致复杂的小麦和水稻种植面积减少，而相对简单省事的玉米种植面积增加。粮食种植结构的变化，虽然使粮食总量得到保证，但粮食结构矛盾却日益突出。其次，城市化的发展直接导致了人工成本和土地成本的增加，农业的生产要素投入结构与生产要素相对价格的变动会显著地影响种粮主体的生产决策，并进而影响国内的粮食供给。农民为了增加收入会选择高收益的经济作物，放弃种植粮食作物。农户选择种植单季粮食作物，复种指数不断下降，这也将对我国粮食结构产生影响。最后，在目前的土地制度安排下，中国的城镇化进程对我国粮食储备安全的影响主要通过其对耕地资源数量和土地利用效率的作用来实现。快速大规模的城镇化直接导致了耕地面积的下降和建设用地的增加，这对粮食生产中耕地这一要素的供应带来了直接影响，从而导致粮食"隐形"减产。对于土地利用效率而言，在土地财政的大背景下，地方政府对房地产和基础设施建设的偏好给耕地的集约化利用带来了消极作用，而这进一步加重了耕地压力并间接影响了粮食的生产与供应，由于用于耕地保护等民生性支出在短期内很难带来经济绩效，地方政府更热衷于利用城镇化的方式发展非农业经济，主要表现在一些粮食主销区，由于经济发达，土地价值相对较高，随着城市布局优化，城镇化进程不断加快，原来许多地处中心城区的粮食储备库陆续外迁，在一定程度上对储备粮在流通转移过程中产生损耗，进而对粮食储备能力产生影响。

从粮食需求角度来看，城市化和工业化的发展，致使我国粮食需求呈现刚性增长的趋势，而且需求的增长往往快于预期。影响粮食需求快速增长的因素是多方面的：第一，城乡居民收入提高，对动物性产品等健康营养食物的需求增加，由此加速了对消费动物性产品而引致的饲料粮需求的增加。一般来说农户不会去市场购买粮食，因为农户家庭会储备一定数量的粮食，以满足周转需要或应对自然灾害等原因导致的粮食减产。第二，城镇化的快速发展，引起农村劳动力向城市不断转移。农村适龄劳动力（尤其是青壮年劳动力）的比重不断下降，从事农业生产的劳动力趋于老龄化，并且女性劳动力占比逐年增加，导致留守农村的人口以老年人和妇女儿童为主，这样的形势导致了农业劳动力不足，从而造成用于粮食生产的人力资源供不应求。第三，农村劳动力的流动和就业行业的特点，也拉动粮食需求不断增加。一方面，随着城市化的推进，农民以前在农村是粮食和食物的生产者，进城务工后变成粮食和食物的净购买者，大大增加了对粮食的购买需求；另一方面，农民进城后主要从事体力消耗较大的行业，进而增加了对粮食的人均消耗。农民工进城前后粮食消费变化即是城镇化对粮食需求的拉动作用，粮食储备主要是为了满足城镇人口对粮食的消费需求。因此，城镇人口比重越高，进行粮食储备的意愿越强。

三、国民经济水平与中央财政经济实力

国民经济的发展会带动粮食的生产和消费，也会给粮食储备带来压力。经济发展水平较低时，人们对自然灾害和市场波动的抵抗能力较低，对储备规模的需求较大。但由于经济实力的限制，剩余产品可能不多，对储备成本的支付能力有限，储备的供给不可能很大。随着经济发展水平的提高，人们对自然灾害和市场波动的抵抗能力相应提高，特别是食物消费在总消费中的比重下降，食物本身的数量增加，质量提高，使粮食供给的增减对社会生活的影响逐渐减小，减少粮食储备可能带来的风险越来越小，对粮食储备的需求会相应减少。粮食的生产和消费越多，用于储备的粮食会越少，粮食储备规模就会越小。中央财政经济实力的强弱对粮食储备有比较大的影响。通过建立专项粮食储备来保证粮食安全是要付出经济代价的。因为国家设立储备粮就要有买粮的资金、粮食保管的费用及保管人员的费用，储备粮食还要用新建储备粮仓库来储存。这些费用都要由国家负担，财政支出相当庞大。中央财政经济实力强，粮食储备就会比较充裕，中央财政经济实力弱，就难以承受粮食储备带来的巨大包袱。为确保粮食安全稳定供应，仍需进一步完善粮食产、购、储、加、销体

系，应着力抓好四方面工作。

第一，着力提高粮食综合生产能力。加强耕地特别是永久基本农田保护，实施新一轮高标准农田建设规划，实施国家黑土地保护工程和现代种业提升工程，打牢粮食生产基础。

第二，健全粮食支持保护政策体系。完善粮食生产支持政策和主产区利益补偿机制，加大奖补力度，让农民种粮有钱挣、让主产区重农抓粮不吃亏。坚持并完善稻谷、小麦最低收购价政策，继续对种粮农民实行补贴，扩大粮食作物完全成本保险和收入保险试点范围。

第三，提高粮食储备调控能力。坚持分品种分区域施策，灵活安排政策性粮食投放，适时采取针对性措施加强调控。指导中央和地方各级储备企业把握好轮换节奏，切实发挥储备吞吐调节作用。

第四，开展重要农产品国际合作。推动进口来源多元化，改善进口商品供给，推动国内市场供给优化。

第四节　影响粮食储备的技术因素

党的十九大报告、历年中央 1 号文件等多次提出要保障国家的粮食安全，实施"藏粮于地、藏粮于技"战略，不仅要通过技术手段提升粮食的产量，还要稳定和提高粮食的播种面积，因此，实现粮食储备安全，将有赖于粮食科学技术的重大突破。粮食储备的技术因素主要包括直接技术因素（各类技术设备或者是相关的专利等科学技术），以及能够从市场上招聘到的专业技术人员数量与质量。因此，本节将从影响粮食储备的收储技术、设施装备和信息技术对粮食仓储监测水平的直接技术环境以及从事粮食储备行业的专业技术人员数量与质量几个方面来进行分析，目的是最大限度地减少粮食产后尤其是储粮环节中的损失，努力提高粮食储备的质量和数量。

一、直接技术因素

粮食储备作为粮食生产流通中的重要环节，是确保粮食安全储藏、减少损耗、保障粮食安全的重要基础。在我国以个人储备、企业储备和政府储备三元并存的粮食储存体系中，受到国内外市场的双重影响，我国粮食储备呈现出产量、进口量和库存量三量齐增的现象，导致仓盈库满、仓储损失剧增，企业储粮则是品种混杂、品质低，而占我国粮食收储量50%～60%的农户储粮，由于其收储技术落后、烘干设备缺乏、储粮装具简陋，每年因损耗和霉变损失高达200亿千克以上，其中在储粮和转运环节的损失达75亿千克以上。目前，我国粮食生产在收割、脱粒、干燥、储藏、运输和初加工几道环节粮食损失较为严重，我国粮食产后处理技术较为落后，在收获后高水分粮的烘干处理方面问题尤为突出，如东北玉米和稻谷等高水分粮烘后品质严重下降和烘后裂纹率高，导致粮食搬运过程破碎率增加和入仓时自动分级加重等问题，严重影响到储粮安全和经济效益的提高。在粮食流通系统中，储藏环节尤其是农村储粮损失率高。我国粮农的储粮方式较为传统，虫害、霉变和污染造成农村储粮损失严重，农村存粮的安全性也极差，在重大灾害时往往损耗更大。由于农户储粮设施和方法的落后，受虫害、化学污染等影响的粮食当中有相当一部分会流入国家粮食储备库，从而影响了国家储备粮的安全。

粮食安全是数量与质量并重的，从粮食储备数量来看，我国的储备粮规模不但是充裕的，而且是过度的。由于储备规模大，造成管理难度较大，粮食变质的风险也在不断提高。因此，粮食技术创新在提升粮食产量方面，通过提高粮食品种质量，主要包含粮食的丰产性、纯度、早熟性、抗逆性等主要与种子遗传特性强相关的因素，提供高产优质的粮食品种以及提升粮食产出水平与产品质量，优化粮食收储数量与质量。在粮食储备成本方面，粮食技术创新通过提升劳动、土地等要素的生产率，在要素投入相同的条件下，有效降低单位粮食储备成本。粮食储备成本是收储量的增函数，随着收储量的提高，粮食储备成本也会升高，粮食技术创新通过改变要素或资源的配比结构，形成新的生产函数，优化资源的利用率，拓宽粮食储备可能性边界，使得粮食技术创新前后的粮食收储量变动比率远远大于成本投入的变动比率，从而降低单位粮食储备成本，进而提升粮食收储效益。通过对粮食收储技术、监测技术及设施装备的创新研发，大大降低了粮食储备过程中的损耗，有效保障了储备粮质量。

（一）粮食收储技术及设施装备

粮食储备作为确保粮食安全的重要组成部分，在我国的粮食生产供应体系中占有重要地位。我国区域范围大、自然气候复杂多变以及政治体制等多种因素决定了我国是以国家储备粮库为主、企业和农户储粮为辅三元并存的粮食储备制度。随着我国的农业产业化、规模化进程的不断推进和粮食产量的不断提高，粮食收储技术对实施"藏粮于技"、解决粮食收储过程损耗问题、提升粮食品质具有重要意义。

在财政资金支撑下，我国对储备粮库在粮食清理、干燥、防虫灭菌、转运、仓内环境调节和监测等方面做了大量的研究工作，针对稻谷干燥品质不稳定、能耗高等问题，优化变温干燥工艺设计，攻克干燥过程智能测控等关键技术和装备的研发，能耗比现有国标降低 20％以上，解决了传统稻谷干燥技术装备节能环保难和保质减损难的问题。针对竖向通风水分损失大及进出仓效率低等问题，攻克粮堆热质传递规律、横向通风智控模型等关键技术和装备研发，实现了通风水分损失控制在 0.3％以内，减少水分损失 0.5％以上，进出粮仓作业效率提高 1～2 倍，综合作业能耗降低 20％，解决了传统竖向通风系统水分损失大、均匀性差、进出仓效率低的问题。针对稻谷粮堆霉菌危害及简易仓囤储粮安全隐患大等问题，攻克储粮霉菌早期检测预警关键技术，研发出储粮粮堆霉菌早期综合预测预报安全监测系统并完成霉菌预测模型的实仓验证，开发出粮堆霉菌危害等级快速检测方法（孢子计数法），研发出防结露粮膜、粮堆局部处理挖掘机、新型粮堆绿色防霉剂及粮膜施药设备、内外双拉链气密罩等霉菌综合预防处理技术装备，收获环节使用防霉剂及霉菌预警防控技术使玉米霉变率降至 1.8％以下，有效解决了高大粮仓和简易仓屯结露发霉早期发现、早期判断、早期预防、早期处理和综合防控问题。针对粮食易受害虫侵染及微小害虫防治难问题，攻克了储粮害虫磷化氢抗性机理、射频微波杀虫和天敌捕食等关键技术和设备的研发，建立以热物理杀虫、捕食螨生物防治、食品级惰性粉气溶胶物理防护等为核心的综合治理技术体系及配套产品，可降低 50％磷化铝熏蒸药剂使用量。针对优质稻谷储藏保质保鲜难、品质劣变快等问题，研究品质变化敏感指标，明确优质稻保质储备周期，攻克粮堆结露、结块、黄变防控关键技术，建立了优质稻黄变速率的预测方程及黄变的评价方法和等级标准，研发成功大米新鲜度检测仪，筛选出优质稻品质特征指标（品尝评分值、脂肪酸值、黄粒米含量、新鲜度和过氧化氢酶活度），制定"优质稻谷储存品质判定规则"团体标准，建立稻谷粮堆结露模型并实仓验证，建成 1 个利用太阳能等新能源，集成优化智能保水通风、虫霉绿色防治、低温保质储藏等技术成果为一体的优质稻保质保鲜工艺技术优化集成示范基地，解决了优质稻易于黄变、结露、发霉、不易储存的保质保鲜难题，实现了稻谷保鲜储藏损耗控制在 1％以内，保障了储粮品质。

从中国目前粮食储备现状来看，国家极为重视国库粮食储备，为此投入了大量人力、物力，粮食储备能力显著增强，仓储现代化水平明显提高，储备仓储设施条件大为提高，储备粮基本上保存在现代化的仓库里，储备粮的数量、质量逐步得到了可靠的技术保障。

（二）粮食储备信息监测技术

粮库智能化、信息化建设对粮食储备质量实时、有效、定量监测具有重要意义，是目前粮食行业亟须解决的技术难题。此外，基于物联网的"数字粮库技术"需求很大，依靠粮食安全信息化的物联网技术确保粮食储备安全已是大势所趋。现在的粮库智能仓储管理等物联网技术可实现粮食储备的高效监管，提高粮食作业的自动化和信息化水平，对于国家粮食储备的安全与效率，提高粮食品质，稳定国家粮食保障与供给具有重要意义。

在1998年创立并得到大规模推广的粮食储备"四合一"技术①中就包括了AI技术的应用。其中，智能粮食情况监测，通过建立仓温、粮温的变化规律模型，配合自动学习修正功能，实现了较为准确的储粮异常报警，智能通风控制基于粮食湿热平衡方程和通风"窗口理论"控制模型，提高了通风效率并且避免了粮堆结露。这两项AI应用技术伴随"四合一"技术而大面积推广，对改善国家储备粮的品质发挥了显著作用。具体来说，对于粮食储备质量问题方面，储粮当中生物场耦合强度偏高的位置，不仅是虫霉滋生的位置，也是储粮质量劣变较快的位置，必然是储粮管理的重点位置。此时运用信息监测技术根据粮堆多场在空间上的连续性、时间轴上的周期性、多场耦合的协调性原理，有利于进一步研究预测粮堆不同时间、空间的有效积温积湿规律、物理场与生物场的耦合规律，提高粮食储备安全。

目前，粮食储备企业大量采用视频监控系统，但存在无效信息充斥的弊端，还有许多漏洞，如人为"误用监控设备""雷击损坏""熏蒸腐蚀失效"以及图像替代、屏蔽作弊等。如何运用AI技术识别违规和欺诈行为，是机器识别技术在粮食流通管理中的一个现实课题。储粮温度场云图已成为新的图像数据资源，运用动态云图分析软件系统可实现对"空仓""半仓""新入粮""发热""结露""霉变"等储粮模态进行实时快速扫描和自动辨识，发现库存粮食异动、局部发热、霉变等现象，提供预警报告信息，同时还可预测未来21天

---

①　"四合一"储粮新技术是指集智能粮情检测、低剂量环流熏蒸、智能通风和高效谷物冷却四项技术于一体。

储粮状态及变化趋势，实现对储粮全过程动态数量监管和粮食日常质量安全管理。预报预警准确率达 80％以上。在低像素和动态环境下准确识别虫霉鼠雀危害，还需要图像识别技术的升级和与不同传感技术的结合。因此，通过运用数字化手段，实现粮库信息化建设，可以对储备粮承储企业进行远程实时监控，提高检查效率，降低检查成本。

二、技术人才对粮食储备的影响

2020 年，国家发展改革委、国家粮食和物资储备局、教育部、人社部联合印发了《关于"人才兴储"的实施意见》，强调要充分适应粮食和物资储备深化改革转型发展的新形势、新任务、新要求，实施"人才兴储"，持续深化国家储备人才发展体制机制改革，加快推进粮食和物资储备治理体系和治理能力现代化，全面提升、防范、化解重大风险和保障国家安全的能力。

人才是提升行业和经济发展的第一资源，也是提升国家竞争力的核心要素。粮食储备技术的研发、推广和使用与从事粮食行业技术人才的数量与质量有着密切的关系。改进粮食储备技术的主要目的是减少储备粮损耗，保障储备粮质量，从而保障国家粮食安全。技术创新分为研发、推广和使用三个阶段，粮食储备技术研发是指高知识技术水平人才利用当下科学原理和生产要素的重新组合，重点攻克绿色储粮、节粮减损、营养健康等技术难题，围绕管好"大国储备"，重点攻克标准化、信息化、智能化仓储物流等技术难题，产生新的科学理论或新的技术成果的过程，不断增强保障粮食安全动能以及切实提高国家储备管理效能。粮食储备技术推广作为第二阶段，承担着市场检验粮食储备技术成果的责任，高效的技术推广将更好地促进研发成果与市场的结合。粮食储备技术成果的使用阶段，需要粮食从业者将新技术应用到粮食收储的各个环节，推进技术与人才深度融合，切实提高粮食储备安全保障能力。

目前，我国粮食产业仍是一项传统行业，科技在整个粮食产业的贡献率非常低，与先进国家相比，我国在粮食的储藏、运输、加工、销售等各个环节均存在一定差距。尤其是粮食储备技术方面，储备粮在库时间较长，而整体科技研发投入占比较低、粮食科技人才队伍匮乏等问题，导致多数储备粮的仓储存在质量损坏的问题。即便是在技术密集型的粮食存储领域，多数也主要是依赖技术和设备引进，高端科技人才短缺，自主创新力量薄弱，持续发展后劲不足。因此，当前粮食储备技术发展对我国粮食行业相关人才提出更高的要求，在"人才兴储"的战略背景下，我国应加快粮食技术人才培养，积极稳妥推进人才队伍建设，为国家粮食行业信息技术发展提供有力的人才保障。粮食发展靠科技，科技推动靠人才，在粮食科技人才方面，尽管近几年，国家通过一系列人才政策，促使从事粮食行业的专业技术人员及高技能人才数量有所增加，但是能完全适应新技术、新装备、新工艺推广应用需求的行业领军人才和专业技术骨干还是普遍短缺，技术人才作为守住粮食质量第一关的人，承担着整个粮库的安全存储和质量检验工作。因此，若要实现保障粮食储备安全的目标，应对储备粮在储藏各环节产生的突出挑战，技术人才是关键。

第五节　小　结

本章采用了PEST分析法对影响粮食储备的政治、经济、社会以及技术等因素进行分析，从而为粮食储备提供决策依据。在政治因素方面，除了我国的粮食储备政策以及所采用的粮食储备垂直管理体系外，粮食出口国的粮食贸易政策也是影响我国粮食储备的最主要因素；在经济因素方面，粮食生产、消费和粮食市场价格等对我国粮食储备的影响最大，其中粮食储备规模的确定很大程度上取决于粮食生产与粮食消费之间的差额；在社会因素方面，人口增长、城镇化发展以及国民经济发展是影响我国粮食储备的主要因素，其中国民经济发展通过改善粮食储备所处的社会环境来影响粮食的生产和消费；在技术因素方面，直接技术环境、从事粮食工作的技术人才的数量和质量对保障粮食储备安全起着重要作用。通过上述分析可知，影响粮食储备的因素较多，并且有些因素之间还会通过相互作用产生影响，因此在确定粮食储备规模以及对粮食储备进行管理时不仅要考虑各个因素产生的单方面影响，更要重视多个因素产生的复合影响。

第五章
中国实施粮食储备风险管理的学理基础

在"创新、协调、绿色、开放、共享"的新发展格局理念下，我国不断深入对外开放。与此同时，我国经济社会在发展的过程中不断面临新的风险挑战，这也使得各行各业逐渐认识到风险管理的必要性和重要性，并在经济活动中不断实施风险管理，进而推动风险管理理论不断完善。粮食储备是我国保障粮食安全的重要手段，具有调控市场供给和应对粮食短缺的作用，为了更好地发挥储备粮的作用，在粮食储备的管理工作中不断纳入风险管理内容十分必要。本章将从粮食储备风险管理的现实必要性和理论必要性两方面出发，通过描述实际情况以及研究相关理论来论述对粮食储备进行风险管理的必要性，并界定粮食储备风险管理的定义。在此基础上，详细介绍我国现阶段粮食储备所面临的主要风险，即规模风险、质量风险、成本风险、运营风险、轮换风险以及国际风险。

第一节　中国实施粮食储备风险管理的现实逻辑

粮食储备工作事关我国粮食安全，如若不能妥善处理好粮食储备涉及的风险，那么不仅会对我国的经济带来负面影响，而且会对居民生活和国家安全产生不良后果，因此，建立完善的粮食储备风险管理体系就十分重要。通过对我国粮食储备风险管理的现状进行梳理，发现其存在以下几方面的问题。

一、管理意识缺乏和相关机构缺位

随着经济社会的发展，人们已经开始意识到风险管理的重要性，但是在实际的粮食储备管理工作中仍然存在着风险管理意识淡薄的问题。由于部分粮食储备管理工作者对于风险管理的认识不到位，忽视对风险进行事前的防范和事中的控制，最终导致风险事件的发生，这就使得风险管理工作比较被动，难以真正发挥作用。除此之外，储备粮的粮权归国务院所有，国有产权属性缺乏对粮食储备管理公司的激励，企业的长期发展战略有待明确，涉及企业风险管理的核心问题有待解决，比如在长期发展中企业应遵循的风险管理原则是什么，以及如何规划风险管理体系。与此同时，在企业中风险管理机构呈现出专门化和独立化的趋势，即在每个业务层次都有负责风险管理工作的人员，其受总部风险管理部门的直接管理，而不受其所在业务单元的管理，因此与所在业务部门的负责人并不构成上下级关系，他们可以客观独立地开展工作，对于涉及风险管理的重大业务其有否决权。但是目前中储粮总公司及其子公司以及直属公司都是以利润为中心，在此情况下，经理人很难平衡好效益与风险管理工作的关系。因此，引入有效的外部约束机制能够有效解决各级风险管理负责人不能自觉进行风险管理约束的问题，然而，目前粮食储备管理公司中综合性风险管理组织机构缺乏，风险管理职能不能有效与其他经营管理职能有效融合。

二、风险识别及应对相对独立

粮食储备企业所面临的风险并不是将单一风险或者局部风险进行简单的相加，而是综合性、整体性的风险。例如，一个子公司收购 3 万吨小麦对于市场的影响是微不足道的，但是当多个子公司同时进行这项业务时，显然其产生的影响并不是简单的叠加，其产生的影响会以乘数甚至指数的形式被放大，那么会显著提高收购的总成本，并且增加面临的总风险。因此，粮食储备管理公司需要从全局出发，把握公司所面临的风险并对其进行妥善处理。然而，总体来说，我国的粮食储备管理工作中对于风险的识别和应对还是呈现分散和局部的特征，对于风险的把控不够全面。

三、风险定量评估薄弱且风险管理手段单一

当前，粮食储备管理企业中风险管理手段单一，信息化管理并没有做到全覆盖。除此之外，现代企业注重精细化管理，而定量分析是精细化的必然要求，而粮食储备风险管理中对于定量分析的技术应用十分有限，其中对于风险的识别、分析、评估以及预警监控等功能需要进一步提高与企业信息管理系统的融合；并且风险管理工作并没有做到对各类业务和管理流程的全覆盖，其效率和效果需要进一步加强。比如，在 2020 年受新冠疫情影响，部分国家限制

粮食出口，使得国际上粮食供给受到影响，但是由于缺乏有效的处理方法，所以即使预料到了这一情况，但也没能有效避免损失。

四、经理人职责权限模糊

由于粮食储备管理工作是由各级经理人负责，所以经理人在经营活动中所作的决策，即"做"与"不做"的一系列选择，对粮食储备企业的风险管理非常重要。若想提高风险管理者的决策质量，那么就要保证对于职责权限有明晰的界定，即必须明确界定"能做"和"不能做"。如若不能对风险管理者的职责权限做出明晰界定，那么就会给粮食储备工作带来运营和轮换风险，具体是由两方面原因造成：一方面是存在盲目决策、错误决策的风险，另一方面是存在为了逃避责任而逐层上报，从而导致事实上的不作为。然而，我国的粮食储备企业对于这样的问题还无法完全规避。

五、内部信息平台缺乏

部分粮食储备企业点多面广并且比较分散，管理链较长，管理跨度大，因此，监管多数停留在形式审核，不容易触及风险管理深层次的实质性问题，故而建立企业内部完善的信息整合平台是十分必要的，这有利于健全风险管理体系尤其是全面的风险管理体系。粮食储备企业若想实现对风险的全面管理就必须做到信息的充分整合、交流和共享。但目前中储粮总公司的信息化水平不能满足以上要求，这会影响粮食储备风险管理体系的建立。

第二节　中国实施粮食储备风险管理的理论逻辑

粮食储备是确保我国粮食安全的重要手段，其中粮食安全[①]是指能够保证社会中的每位居民都能够在任何时间购买到他们所需的食物以保证生命健康。由此可以看出，粮食安全具有两个特点：一是居民能够买得起，二是居民能够买得到。但是当发生自然灾害、战争等突发性状况时，粮食供给会受到冲击，此时就会影响我国粮食安全；并且在粮食丰收与歉收年份，粮食供给发生波动，进而粮价也会随之发生变化，当粮价降低时会损害农民利益，挫伤农民种

[①]　当前粮食安全的定义存在多种解释，此处主要参考联合国粮农组织给出的粮食安全的定义。

植积极性，从而影响后续的粮食供给，而当粮价上涨时则会影响居民对粮食的消费，尤其是粮价上涨幅度过大时，会出现部分居民购买不起粮食的状况，但无论从哪个方面来看，粮食市场的失灵都会对我国粮食安全产生威胁。对粮食进行一定的储备则可以有效解决上述问题，因此我国成立了中储粮负责粮食储备工作，从而保障我国粮食安全。接下来本书将用相关理论对粮食储备工作进行风险管理的必要性进行分析。

一、缺乏对储备粮属性的认识

我国粮食储备可分为三类，分别是国家专项粮食储备、地方粮食储备以及社会粮食储备，其中国家专项粮食储备由中储粮负责，其所属权归国务院所有，该类储备粮主要用来解决突发事件导致的粮食短缺问题，以及平抑粮价问题，其具有典型的公共物品属性。

公共物品的概念最早是由萨缪尔森提出，其在 1954 年发表的《公共支出的纯理论》一文中对公共物品做出定义，即"所谓纯粹的公共物品是指这样的物品，即每个人消费这物品，不会导致其他人对该物品消费的减少"[①]。按照萨缪尔森所提出的定义，公共物品可以分为四类，即私人物品、公共物品、共有资源以及自然垄断。其中，纯公共物品具有非竞用性和非排他性的特点，私人物品具有竞用性和排他性的特点。非竞用性是指任何一个消费者消费某类公共物品时都不会减少其他消费者对该产品的消费；非排他性是指当有其他消费者消费某类公共产品时并不能阻止其他人消费该类产品。国家专项储备粮具有明显的非排他性和非竞用性，其中非排他性体现在任何一位居民都可以享受到储备粮所提供的保障，任何人对储备粮的消费都不会阻止其他人的消费。但是，非竞用性只有在储备粮充足的时候才能得以体现，也即每增加一位居民消费储备粮其边际成本为零时，储备粮才具有非竞用性的特点，而当储备粮资源紧缺时，居民对其消费显然是具有竞用性的。储备粮的这种特性，要求中储粮进行粮食储备时要以社会福利最大化为目标，充分保障国家粮食安全，但在实际经营过程中，相关人员并没有认识到储备粮的公共属性，因此在粮食储备工作中仍然追求利润最大化。由于国家专项粮食储备的功能是平抑粮价和突发情况应

---

① Samuelson PA：*The Pure Theory of Public Expenditure*，*The Review of Economics and Statistics*，1954 年第 36 期，第 387 页。

急，因此储备粮在库时间较长，并且随着储备时间的延长必然会造成损耗，使得储备粮市值降低，所以必须依靠政府财政补贴才能保证及时轮换、更新，因此对粮食储备进行风险管理需要花费一定的成本，并且存在对储备粮进行风险管理会对粮食储备经营过程中所产生的利润造成不利影响的情况，阻碍其达到利润最大化的目标，因此在粮食储备的实际工作中往往缺乏风险管理的相关内容，使得粮食储备工作面临一定的风险，进而影响国家粮食安全。

二、粮食储备层级之间存在利益冲突

中储粮权属国务院，总部设在北京，在全国各地共设立了 23 个分公司、346 个直属库①。粮食储备工作由中央相关部门下发给中储粮总公司，总公司进一步将任务分发给各个分公司，而分公司最终将任务分发给直属仓库，也即实行的是"总公司—分公司—直属库"的垂直管理体制。在中储粮公司内部存在两层委托—代理关系，分别是中储粮总公司与各分公司之间的委托—代理关系，各分公司与其直属仓库之间的委托—代理关系。

委托—代理理论是在寻找企业内部信息不对称和激励之间关系的过程中发展而来，由美国经济学家伯利和米恩斯提出，其倡导两权分离，即将企业的所有权与经营权分开。委托—代理理论是指委托人想要代理人按照自己的利益选择行动使用要素和资源以达到委托人利益最大化的目标，但是由于委托人和代理人存在利益冲突，往往使得代理人并不完全按照委托人的要求采取行动，为了解决这一问题需要建立一种契约关系或激励、约束关系。其中，中储粮总公司作为委托人，其目标是确保粮食储备的社会效用最大化，保障居民的粮食安全，而既作为代理人又作为委托人的分公司，其目标是监督好直属库的经营行为并实现储备利益的最大化，直属库作为代理人其目标也是为了实现其管辖范围内储备利益最大化。代理人在履行职责的过程中可以选择"努力工作"，也可以选择"不努力工作"，其中"不努力工作"可以是指消极怠工、不履行相关职责，也可以是从事受贿等腐败行为。由于各级粮食储备公司所享受到的税收、补贴等相关政策不一致，使得其所付出的储备成本不同，因此粮食储备工作中会出现委托人与代理人发生利益冲突的情况，代理人为了维护自身利益往

---

① 在 2000 年中储粮刚成立时，全国共设有 753 个直属库，在 2014 年整合为 346 个，但在 2017 年中国粮食行业协会粮食储备分会所公布的名单中有 386 个直属仓库。

往会采取利于自身利益而不利于委托人利益的行为，并且通常情况下，代理人对当地粮食储备的相关信息更加了解，而委托人则缺乏相关信息，因此，即使委托人想要采取有效措施来达到自身利益最大化，但也很难达到这一目标。那么，作为委托人的总公司以及分公司就会存在不能完成存储目标的情况，从而增加粮食储备面临的风险，使我国粮食安全受到威胁。对粮食储备进行风险管理则可以在事先识别到相应的风险，委托人就可以通过与代理人签订相应的合同来约束代理人的行为，从而确保粮食储备达到社会福利最大化的目标，以保障国家粮食安全。

综上所述，根据公共物品、委托—代理理论，我国对粮食管理实施风险管理十分必要。

第三节　中国粮食储备面临的各种风险

国家粮食和物资储备局在《实施国家粮食安全战略　守住管好"天下粮仓"》一文中指出，"粮食安全是维护国家安全的重要基石""粮食安全是增进民生福祉的重要保障""粮食安全是应对风险挑战的重要支撑"[1]。由此可见，粮食安全事关国家安全与人民福祉，而粮食储备是确保粮食安全的重要手段，因此，通过介绍风险管理相关概念，对当前我国粮食储备面临的各种风险进行梳理，并据此提出相应的解决措施是使得我国更好地完成粮食储备管理工作的重要内容。

一、风险管理相关内容

（一）风险的概念及内涵

《新帕尔格雷夫经济学大辞典》对风险做出如下定义：如果一个经济行为者采取某种行动会存在多种可能后果，并且每种可能后果都能用具体的数值概率来表述，那么这种状况涉及风险。另外，如果该经济行为者对可能事件的发生概率不能指定具体数值，那么这种情况就涉及不确定性。由此可见，风险就是决策者能够根据已掌握的信息来判断采取某项行动时所产生的各种结果以及

---

[1]　国家粮食和物资储备局：《实施国家粮食安全战略　守住管好"天下粮仓"》，《中国粮食经济》，2020年第5期，第6-8页。

其概率大小。风险一般包含两层含义：一层强调风险表现为收益的不确定性，另一层强调风险表现为成本或代价的不确定性，其说明风险只能表现出损失，并没有从中获利的可能性。

对于决策者而言，风险具有两个特征：客观性和主观性。由于风险是在信息不完全的条件下，由环境本身的客观不确定性引起，它不以人的意志为转移，独立于人的意识之外，因此风险具有客观性。与此同时，风险具有主观性，因为决策者能够感知到风险。风险的主观性主要表现为两方面：第一，风险相对可变，即对于不同的决策主体其具有不同的含义；第二，风险能够被识别，从而对其进行控制。其中风险识别是指根据相关信息和方法来判断某一风险发生的概率以及风险造成的负面影响程度。风险控制是指可以通过采取有效的措施来避免或者控制风险，从而降低其产生不利影响的程度。

鉴于储备粮的特殊功能，本书将风险定义为某件事情在未来会造成损失的可能性大小以及其产生的不良后果所带来的负面影响的严重程度。

（二）风险管理本质及内涵

风险管理一般是指对企业中所存在的风险进行分析，并针对其所存在的风险采取措施来减少风险所带来的影响的过程。但是在实际中，企业多把风险管理的重点放在防范财务风险方面，以减少经济损失。为了达到这一目标，企业通常采取购买保险、转包以及签订合同等措施。

根据现代风险管理理论和实践的发展历程可知，与经济学以及一般管理学相比较而言，现代风险管理理论体系相对来说还不成熟。由于风险管理的概念、理论以及实践起源于以营利为目的的企业的经营管理活动，因此，为了理解风险管理的本质，美国许多学者都放弃了传统和相对传统的风险管理观点，从组织层面出发，重新定义风险管理的性质和范围。Williams（1985）将风险管理描述为对于组织所面临的风险以及不确定性的原因和后果进行识别、评估和解决的一般管理职能，并且强调风险管理并不是其他管理的"从属职能"，而是对所涉及的风险进行管理的一般职能。Rejda（2003）则进一步对企业风险管理进行界定，即对组织中所存在的各种风险，如纯风险、投机风险、战略风险以及运作风险等，进行综合性处理的风险管理。

可以看出，风险管理的定义是以组织为基础提出，即从组织层面来了解"风险管理是什么"以及"该如何处理风险"。风险管理就是通过风险的识别、评估、控制和调整，选择有效的手段以处理风险。其中，风险识别是风险管理的首要环节。只有识别到各种风险以后，才能够预测到风险可能造成的损害，进而选择有效的手段来处理风险。风险评估是指当识别到风险以后，在其发生之前或者发生之后（但还未结束）时，通过概率与数理统计的方法，测算出风险发生的频率，以及对其产生的损害程度进行估计。风险控制是指通过采取有效的方法避免或减少风险事件发生的可能性或者降低风险发生时其所造成的损失。风险调整指通过对采取不同措施对风险进行规避而产生的结果进行检查和评估，从而对风险管理体系做出相应的调整。

根据以上分析可以得出现代风险管理的本质，即在经济社会中，现代风险管理是个人、家庭、组织以及政府在各自的社会和经济职能的范围内，通过对风险进行识别、评估、控制和调整，从而使得个人财产和社会福利增值或无损失或损失最小化的组织风险管理和公共风险管理的协同过程。

（三）粮食储备风险内涵

前文讨论了不同学者关于风险以及风险管理的观点，在此，根据粮食本身的特点以及粮食储备的特性，将风险定义为某件事情在未来会造成损失的可能性大小以及其产生的不良后果所带来的负面影响的大小。因此，可将粮食储备风险定义为在粮食储备工作进行的过程中其在未来会造成损失的可能性大小以及其产生的不良后果所带来的负面影响的大小。按照粮食储备的工作流程，即为计划、收购、存储、销售、出库、轮换等，并且在整个流程过程中还涉及对粮食储备的监管以及运营，在不同的环节，粮食储备工作中面临的风险不同，比如轮换环节中，对于粮食的价格不能做出准确判断，就容易造成低价出、高价进，从而存在轮换风险。再比如政府或者存储企业在对粮食储备进行决策时不能准确把握信息，就容易面临运营风险。从另一个角度来说，粮食储备涉及的内容包括储备粮的数量、质量以及存储安全。对于存储数量即存储规模而言，过大或者过小的规模都不能使得储备粮发挥最大效用，就会带来一定的规模风险。对于储备粮的质量和存储安全而言，如果储备不当，便会产生粮食变质的风险，也即产生质量风险。

根据粮食储备工作流程和工作内容可知，粮食储备风险不是只存在于特定的环节中，而是涉及其工作流程和工作内容的各个方面，因此，任何一个环节都要避免疏忽和不规范操作，从而将引起风险损失的可能性降到最低。但是粮食储备工作和管理中所涉及的各种影响因素并不是一成不变，而是处于动态变化之中，因此，与之相关的粮食储备风险也具有动态变化的特点，我们并不能穷尽粮食储备所面临的全部风险，故本书重点对以下几种风险进行分析，即规模风险、质量风险、成本风险、运营风险、轮换风险以及国际风险。这些风险对于粮食储备的影响较大且相对来说比较稳定。本书所选取的几种风险主要源于以下两种因素：一是在粮食的存储过程中，粮食会进行自主呼吸，从而产生一系列物理、化学变化，随着存储的时间不断延长，陈化和品质下降的问题就不可避免地发生；二是储备粮是增强我国粮食的抗风险能力的重要手段，也是我国各级政府从宏观层面对粮食市场进行调控的重要基础，其还确保我国人民牢牢把饭碗端在自己手上。

二、粮食储备风险类型

通过对粮食储备的相关内容进行介绍，我们可以了解到，粮食储备工作所涉及的影响因素众多，并且其风险也涉及储备工作和管理的各个环节，无论是哪个环节出现疏忽还是操作不当，都会增加损失甚至重大损失发生的可能性。这里只对规模风险、质量风险、成本风险、运营风险、轮换风险以及国际风险进行重点介绍和分析。

（一）粮食储备涉及的规模风险

粮食储备中所涉及的规模风险主要是指储备粮的数量、分布等可能在规模经济或者国家安全方面产生不良后果或者造成损失的可能性。

最优的粮食储备规模影响着我国的粮食保障能力，在很大程度上影响着储备粮在该进入粮食市场的时候能不能出库，在需要减少市场粮食供给的时候，储备粮能不能进库。粮食储备规模的确定需要考虑以下几个因素，即国内和国外的粮食市场中的供给和需求状况、政府的财政支付能力、根据储备目的所确定的储备需求、储备的供给能力以及其他有关粮食市场的调控手段等。粮食储备规模是否达到最优储备规模可以通过以下三个标准来判断：一是安全标准，即储备粮的规模能否有效应对国内粮食产量受自然灾害、政策影响以及技术水平等因素影响而出现的周期性波动并处于极端值的情况以及其他紧急情况；二是经济标准，即储备粮的规模要与政府对粮食储备亏损的支付能力相匹配；三是资源标准，即储备粮的最优规模只有在进口粮食的费用大于或等于库存粮食的费用时，才有可能成立。

粮食储备的最优规模并不是一成不变的，而是会随着经济社会的发展而变化，在当前新的发展阶段下，粮食储备的最佳规模需要进行重新考虑。实际上，储备规模的最优问题是国内外学者和机构一直关注的焦点，但是对于储备粮的最佳规模却具有不相同的意见。其中主流观点认为，国家储备粮的最佳规模应该包括两部分内容，即安全储备和市场调节储备。目前，被世界所广泛接受的最优规模是由 FAO 于 1974 年提出的，我国也不例外，自 2016 年以来，有关粮食储备规模的各类讨论中，国内的学者和决策者普遍认为，我国储备粮的最佳规模不应低于 FAO 所提出的最低安全库存率标准，即世界谷物最低安全库存率为 17％～18％，其中后备储蓄 5％～6％，周转库存 12％。我国粮食市场调节储备规模处于不断变化之中，其最优规模要综合考虑多方面的因素，比如国内国外粮食市场供需状况、流通形势、粮食流通体制的改革进度以及中央政府针对粮食市场所实行的宏观政策等，这些因素的变动都会对我国粮食储备的最优规模的确定产生影响，除此之外，它还取决于中央财政的支付能力以及储备本身的最优规模与粮食存储组织经营管理中的最大效益的结合程度。

储备粮规模和粮食产量呈现负相关的关系，即丰增歉减，从而对粮食市场的供求进行调节。现实情况往往是：当市场上的粮食供给增多、粮价下跌时，地方政府往往为了避免增加财政负担而避免增加粮食储备；而当市场上粮食供给减少、粮价上涨甚至对粮食安全产生极大的冲击时，地方政府必须增加储备，甚至为了达到稳定粮食安全所要求的储备规模而以高于市场的价格进行大量收购。显然，这与丰收歉收并不相符，这样一来，储备粮对于调节粮食市场的供求关系和稳定市场不仅没有起到正面作用，反而增加了一系列不良后果发生的可能性。

综上所述，粮食储备的规模小于最佳规模时可能无法有效应对粮食市场供求的波动，从而带来一定程度的安全隐患，并且可能无法发挥粮食储备的基本作用；另外，储备粮规模过大会增加相应的成本，其也不能达到最优配置效率。在本书后面的章节中将对我国所选择的规模标准、适合我国储备粮的最优规模进行探讨，以及储备粮规模偏离最优规模时其所带来的益处和害处。

（二）粮食储备涉及的质量风险

1. 粮食质量安全的含义

粮食是人类赖以生存和发展的基本生活资料，是社会存在和发展的基础。粮食质量主要是指粮食的营养品质、有害物质的残留量、外观品质、食用品质和专用品质等。粮食的营养品质是指粮食所包含的蛋白质、淀粉、脂肪、维生素和矿物质等营养成分；粮食中的有害物质残留量也是粮食质量的一个重要内容，是指化肥、农药的残留量；粮食的外观品质是指其颜色、形状以及包装方面的品质；粮食的食用品质是指粮食在食用过程中的舒适感觉；粮食的专用品质是指专供加工食品用的品质。

粮食质量安全尚未有确切的定义，学者们对于粮食质量安全的含义也有着不同的理解。张庆娥等（2014）强调，粮食质量安全注重的是广大人民维持健康生活的权利，强调粮食不仅要健康优质，还要营养结构合理。王国敏等（2015）提出，粮食质量安全是指人们可以从生产中或市场上获得营养丰富、健康安全的粮食以满足自身需求，强调解决能否"吃得安全""吃得放心"的问题。它是在实现粮食数量安全的基础上对粮食安全的更高要求，是粮食数量安全向质量安全的逻辑深化。

2. 粮食质量安全管理

粮食是特殊商品。粮食从种子种下到上餐桌要经过种植、管理、收获、收购、储藏、加工、销售等环节，在任何环节都有可能受到污染。如在种植过程中农民为了防治病虫害而大量施药造成粮食中农药残留超标；在收获过程中由于没有及时晒干而导致霉变使粮食带有霉菌毒素；粮食在储藏过程中由于防治虫害而实施的药剂熏蒸也有可能使粮食中的熏蒸剂残留超标；粮食在加工过程中为了改善某些特定的品质而添加了过量的添加剂；运输过程中有可能与有毒物质混装而导致污染等。因此，建立一套完善可行既符合国情又与国际接轨的粮食质量安全管理体系十分必要。

粮食质量安全管理是农业标准化的重要组成部分，而农业标准化是实施粮食质量安全管理、确保粮食质量安全的必由之路。农业标准是评价粮食质量的技术依据，也是组织农产品的生产加工、质量检验、分等定价、选购验收、洽谈贸易的技术准则。由于粮食质量安全标准是涉及人体健康和生命安全的强制性标准，因此，粮食质量安全管理在农业标准化中处于首要地位。它包括农业强制性标准的制定、实施和对实施进行监督的全过程，涵盖产地环境的检测检验、农业生产资料的选用，生产加工和包装、储运技术规程，产品质量的检验等环节。

3. 粮食储备质量安全的含义

储备粮是各级政府调控粮食市场、实施社会粮食应急供应的重要物质基础，是确保粮食安全的重要手段。然而，由于粮食本身是具有生命活力的有机体，在储藏过程中，粮食内部不断进行着有生命的、复杂的生理生化变化，也是储备粮管理工作面临的最为棘手的一个难题。一方面储备粮的属性要求长期储存，另一方面粮食的特性决定了粮食长期储存会发生品质劣变而陈化。因此，必须对这种有生命的、生理的、生物化学的变化加以定向控制或延缓，才能使品质变化或劣变降到最低程度。

由于储存中存在这样的问题，借助粮食质量安全的定义，粮食储备质量安全的主要含义为：储备粮从进入储备仓直到被轮换出仓，在质量上始终符合国家规定的品质标准，食用后不至于危害人体健康和生命安全。

4. 粮食储备质量安全的意义

粮食是关系国民经济全局的重要物资，粮食问题在我国始终具有战略意义。"粮食定、天下定"的政治内涵，高度说明了粮食是国计民生的重要战略物资。由于粮食的特殊重要性，也就决定了粮食储藏的重要性。

为了确保以国家为主储备粮食，充分发挥国家调控粮食市场，确保粮食供求基本平衡，党中央和国务院批复建立了中国储备粮管理总公司，对中央直属库实行垂直管理。国家保证拥有一定数量的储备粮，作为各级政府调控粮食市场、实施社会粮食应急供应的重要物质基础，是确保粮食安全的重要手段。正是储备粮的政治属性，决定了储备粮的管理必须确保"储得进，管得好，调得动、用得上"，必须做到严格制度、严格管理、严格责任。实践证明，储备粮的质量是安全储藏的基础，是企业效益的保证，是解决国家粮食需求的前提。

随着我国粮食生产连年丰收，粮食储备任务与日俱增。但在过去的数年里，在粮食购、销、调、存、加各个环节的工作中，人们在重数量的同时，而很少在意其储存品质、食用品质及其变化，这样就出现了因储藏粮食的食用品质、加工品质差，难以销售，造成大量积压或品质已陈化但还在继续储藏的现象。搞好粮食储备，减少粮食收获后的损失引人关注，粮食的安全储藏与粮食的生产应该放到同等重要的地位。

因此，必须从根本上采取措施，使储备粮的管理从重视数量管理转变为既重视数量又确保质量，使储备粮真正成为关键时刻调得动又用得上的宏观调控粮。

5. 质量风险分析

粮食储备中所涉及的质量风险是指在粮食的存储过程中为了确保其品质而产生的风险。其中，粮食质量可包括质量等级、生芽、发霉的情况，以及粮食中的药剂残留、重金属和其他有害物质的污染情况等。

改革开放以来，我国实现了从当初的"吃不饱"到后来的"吃得饱"以及现在的"吃得好"的转变，我国居民对于饮食的要求不断提高，相应地，为了确保我国粮食安全而进行储备的粮食其也从只注重数量，逐渐转变为数量与质量并重的阶段。从储备粮的数量安全来说，其是我国确保粮食安全的必然条件，也是我国保障粮食安全的重要基础，从储备粮的质量安全来说，其是我国居民消费水平不断提高所提出的必然要求。因此，无论是粮食储备的数量安全受到影响，还是其质量安全没有得到保障，均不能有效确保我国粮食安全，故数量与质量并重是我国在新时期确保粮食安全的必然选择。这对粮食储备工作提出了更高标准的要求，也对其管理工作提出了一个新课题。这不仅是形势发展的需要，更是储备粮管理体制不断完善的必然结果。

我国粮食储备主要有两方面的作用：一方面是为居民生活提供保障，即当遇到自然灾害、国际贸易争端等情况时，能够保证粮食供给满足居民需求；另一方面是平抑粮食市场物价，有效降低"谷贱伤农"发生的可能性，当粮食增收、粮价下跌时，通过收购粮食来稳定价格，而当粮食减产、粮价上升时，则通过将储备粮投入市场来抑制价格。由此可知，粮食储备是政府从宏观层面调节粮食市场的重要工具，也是确保粮食安全的重要物质基础。"粮食定、天下定"这句话也诠释了粮食事关国计民生的内涵。但是粮食储备并不只是拥有充足数量的储备粮，这只是粮食储备工作的一个基本前提，更为重要的是储备粮能不能"管好"，必要时能不能"用好"，这才是粮食储备工作的主要目的。即使拥有足够数量的储备粮，但是在必要时却不能发挥作用，那么就从本质上失去了粮食储备工作的意义，这个问题所产生的后果比粮食储备数量不足更为严重。因此，从根本上采取必要措施，使得粮食储备管理工作从只注重数量安全转变为数量安全与质量安全并重的发展局面，从而使储备粮成为关键时候"用得上""用得好"的工具，有效发挥其宏观调控市场的作用。

在粮食储备的过程中，粮食本身是一个具有自主呼吸等生命活动的有机体，粮食内部发生着一系列有关生命和复杂的物理、化学变化。这种至关重要的生理、物理、化学变化必须有方向性地加以控制或延迟，从而以最大限度地减少储备粮的质量变化或者劣变，与此同时，虽然粮食的霉变现象并没有随着储存时间的延长而随之发生，但是由于粮食中有关酶的活性降低，储备粮的呼吸作用减弱，生理生化性状也相应地发生改变，最终导致粮食陈化，并且降低了食用品质和食用质量。考虑到成本问题，一般在进行存储工作时，都会尽可能地延长储备粮在库时间，然而，由于粮食会进行一系列的生理生化活动，这就意味着，存储的时间越长储备粮发生陈化和质量问题的可能性就越大，并且储备粮陈化的速率往往和其存储时间正向相关。那么就需要适时地对储备粮进行轮换，使得储备粮的质量安全得到保障。此时，如何在存储成本和粮食质量之间找到平衡就十分关键，从储备粮质量方面来说，若要尽可能地降低粮食陈化的速率和粮食质量问题发生的可能性，就需要缩短轮换周期，适时地对储备粮进行更替。但从其成本费用方面来说，在不适当的时期进行轮换往往会出现储备粮被低价售出而高价购入，增加其购买成本，并且每次轮换都会涉及运输成本，显然，运输成本与轮换次数是呈正向关系的。由此可见，储备粮轮换的频率过快会增加一定的成本，从而加重财政负担。因此，合理的轮换周期对于平衡存储成本和确保粮食质量就十分重要。

从粮食储备管理工作的全过程看，要把握好四个主要环节，以确保粮食储备的优质安全存储。首先是从源头上严格控制储备粮的质量，确保粮食入库时符合存储需要的质量标准，如若储备粮在入库时质量就不达标，那么后续的工作将失去其意义，因此，这一环节是确保粮食储备安全的必要前提和关键基础。其次是对粮食储备的环境进行科学监管，并不断升级存储技术，控制粮食储藏质变的因素，特别是低温存储这个关键内容要牢牢抓住，并大力普及和推进绿色无公害的先进的粮食存储技术，最大限度地减少储备粮质量的变化或变质，以延缓储备粮陈化、确保储备粮品质安全，这是确保粮食质量安全的关键。再次是对粮食储备的事先、事中和事后工作做好检验测定，对于储备粮的质量情况可以及时掌握，并依据质量情况做出最优的轮换周期决策，最大可能使粮食储备的轮换周期介于"适合存储"和"不适合存储"之间，既使得储备粮的存储时间尽可能地延长，又能确保储备粮出库时依然能够达到食用标准。与此同时，应依据储备粮的质量来决策其轮换周期，而不是单纯地依靠粮食储备的年限来判断其轮换周期，以减少或推迟储备粮的轮换时间，来降低轮换成本。最后是必须严格遵守相关政策和法规的要求，并及时关注相关条例的修订和补充，尤其是《粮食流通管理条例》，以规范操作和跟踪处理，并借此为载体，提高粮食储备的质量管理水平，不断推进粮食储备管理工作的完善，实现粮食储备的数量与质量并举的最终目标。粮食储备中所涉及的质量风险正是体现在以上所论述的四个环节中，无论是哪个环节操作不当或者监管不力，都会增加储备粮发生质量问题的可能性，从而引发质量风险。

（三）粮食储备涉及的成本风险

1. 粮食储备成本的概念厘定

粮食储备成本是指在粮食储备各个环节，如入库、储存、轮换、动用、进出口以及整个粮食储备过程中所耗费的生产资料的价格和必要劳动的货币表现。粮食储备成本具体包括入库成本、仓储成本、库存持有成本、轮换成本、缺货成本、动用成本、进出口成本、设备的折旧费、物资损耗和报废产生的费用以及相关的库存管理费用等。

储备粮的入库成本，也就是储备粮的收购成本，指的是在储备粮的收购过程中产生的成本，主要包括向农民收购粮食时所产生的成本费用、入库费用以及人工费用等。根据《中央储备粮管理条例》，中央储备粮的入库成本由国务院财政部门负责核定。中央储备粮的入库成本一经核定，中国储备粮管理总公司及其分支机构和承储企业必须遵照执行。任何单位和个人不得擅自更改中央储备粮入库成本。进入 21 世纪后，随着中国储备粮管理总公司直属粮库数量的增多，以及国家利用国债资金投资建设粮库项目的竣工投入使用，储备粮收购指标一般是由国家粮食行政管理部门会同财政、农发行等相关部门依据中国储备粮管理总公司的收购指标分配和定点方案联合下达给承储粮食库，由承储粮库负责从农民处或其他粮食企业处收购粮食。这时的收购价格以及收购环节产生的费用标准依然由国家粮食行政管理部门会同财政、农发行等有关部门下达，从而最终形成各承储粮库储备粮收购成本的依据。

仓储成本指在粮食储备过程中所产生的费用，主要包含在对储备粮进行通风、去湿、防霉防虫、装卸搬运、包装、日常管理等仓储作业环节中所耗费的人力、物力等费用。目前，国家规定的储备粮保管费用标准为每年每吨 120元，主要用于补偿承储单位所花费的资材费、装卸费、药剂费、检测费、人力费、管理费等，保管费由中央财政按季度拨付。

库存持有成本指在库储备粮的资金占用成本以及因保有库存而丧失的机会成本。具体到储备粮的机会成本，就是指耗费在储备粮库存持有上的所有生产资料成本，如果另作他途所能得到的最高收入，这部分最高收入即是储备粮的机会成本，亦可称作储备粮的库存持有成本。

轮换成本指在储备粮的轮入和轮出过程中带来的一系列费用，如储备粮的入库费用、新粮与陈粮间由于品质差异产生的价差费用、轮换产生的管理费用、轮入轮出时粮食的检验费用、运输费用、人工费用等。中央储备粮实行均衡轮换制度，每年轮换的数量一般为中央储备粮储存总量的20%～30%。中国储备粮管理总公司应当根据中央储备粮的品质情况和入库年限，提出中央储备粮年度轮换的数量、品种和分地区计划，报国家粮食行政管理部门、国务院财政部门和中国农业发展银行批准。中国储备粮管理总公司在年度轮换计划内根据粮食市场供求状况，具体组织实施中央储备粮的轮换。

缺货成本指由于粮食储备规模不足造成缺货时而采取临时筹措措施时所产生的相关费用。缺货成本又称亏空成本，是由于外部和内部中断供应所产生的。外部短缺、内部短缺将最终导致延期付货。缺货成本将包括销售利润的损失直至难以估量的商誉损失。不同物品的缺货成本随用户或组织内部策略的不同而存在差异。

储备粮动用成本指在粮食市场价格有异常波动或发生粮食安全问题时用来销售或特供储备粮所产生的成本，包括储备粮销售或抛售时产生的价差损失、直接供应的成本耗费以及在销售、抛售及直接供应时发生的诸如运输费、管理费、人工费等其他费用；动用中央储备粮，由国务院发展改革部门及国家粮食行政管理部门会同国务院财政部门提出动用方案，报国务院批准。动用方案应当包括动用中央储备粮的品种、数量、质量、价格、使用安排、运输保障等内容。

储备粮的进出口成本是在储备粮的进出口过程中发生的相关费用，主要包括粮食进口入库成本、进出口的交通运输费用及人工费用等。我国对储备粮的进出口实行了严格的计划管理。进口粮食转为中央储备粮的计划要由国家发展改革部门、粮食行政管理部门、财政部门报经国务院批准后联合下达，中国粮油进出口总公司代理负责对外采购，最终由国有粮食部门以及后来的中国储备粮管理总公司直属库组织接收入库，同时由中央财政负责核定进口价格、入库价格，并拨付有关费用；出口计划配额则是由国家发展改革委和商务部联合下达，出口业务同样由中国粮油进出口总公司等代理，国家和各地粮食部门负责组织粮源和出库发运，中央财政提供费用和补贴。

2. 成本风险分析

粮食储备中所涉及的成本风险通常是指在粮食储备的各个环节中由于操作不当而增加成本的风险。我国粮食储备中对于成本的控制很大程度上影响着粮食储备的效果，有效控制粮食储备成本不仅有利于提高应对突发事件的效率，而且能够使得粮食储备体系变得更加合理。因此，对于粮食储备中所涉及的成本风险进行把控十分必要。

在粮食储备工作中首先面临的就是入库成本，主要是指在粮食收购过程中所支付的粮食成本、运输成本以及相关的人工成本等。粮食最低收购价格政策等因素会影响储备粮的入库成本，增加成本风险，如在 2006 年，中央政府在早稻和小麦两个主产区实行最低收购价格政策，按照该项政策，国家财政承担相应的收购费用、仓储费用以及利息等。在此政策下中储粮很难在此批储备粮中获利，并且随着时间不断推移，其面临损失的可能性增大。

储备粮入库之后将面临仓储成本，其指储备粮进入仓库之后在存储过程中所产生的费用，主要包含在对储备粮进行通风、去湿、防霉防虫、装卸搬运、包装、日常管理等仓储作业环节中所耗费的人力、物力等费用。但是在存储过程中，由于操作不当、疏忽大意等原因，往往会导致粮食储备管理人员不能及时掌握各批次储备粮的品种、存储数量、在库时长从而影响储备粮的品质，进而增加成本。除此之外，存储环境的温湿度控制、气密性检测以及虫情数据采集等工作也会在很大程度上影响储备粮的质量，如若不能做好此项工作，其不仅会增加存储成本，而且会相应地增加入库成本，从而进一步增加成本风险发生的概率。除此之外，在仓储环节操作不当还会导致储备粮库存增加，进而导致库存持有成本增加。库存持有成本是指在库储备粮的资金占用成本以及因保有库存而丧失的机会成本。具体到储备粮的机会成本，就是指耗费在储备粮库存持有上的所有生产资料成本，如果另作他途所能得到的最高收入，这部分最高收入即是储备粮的机会成本，亦可称作储备粮的库存持有成本。

在粮食储备所消耗的成本中，轮换成本占据重要部分。轮换成本指在储备粮在轮入和轮出过程中带来的一系列费用，其中包括储备粮的入库费用、新粮与陈粮间由于品质差异产生的价差费用、轮换产生的管理费用、轮入轮出时粮食的检验费用、运输费用、人工费用等。轮换成本风险具体体现在以下几个方面：一是在粮食丰收年份，在粮食市场中，粮价下跌使得需要轮出的陈粮也降低价格，并且陈粮的价格往往低于新粮的价格，除此之外，轮入新粮与轮出陈粮由于品质差距所形成的差价较大，常常导致轮换成本的增加。二是在粮食歉收年份，由于粮食供给低于需求，使得国内粮价的上涨，此时进行轮换，会使得需要入库的新粮价格高于需要轮出的旧粮价格，从而造成轮换亏损。三是由于温度和湿度的影响，使得轮换周期需要根据储备粮品质的具体情况决定，当轮换周期判断失误时，一方面过长的轮换周期会使得储备粮的品质存在低于储藏标准，从而造成浪费，增加轮换成本；另一方面，轮换周期过短，会增加轮换频率，从而使得轮换中的运输成本、包装成本等成本相应增加，进而增加轮换成本。

除了上述几种成本影响粮食储备的成本风险外，还存在一种成本会对储备粮造成成本风险，即进出口成本。突发情况以及贸易政策会影响我国储备粮的进出口情况，从而增加进出口成本增加的风险。比如在 2020 年，新冠疫情在全球范围内肆虐，多个国家为了控制疫情，对进出口贸易采取限制政策，这对储备粮的交易产生了极大的冲击，增加进出口的交通运输费用以及相应的管理费用、人工费用等，从而增加进出口成本，使得粮食储备的成本风险增加。

（四）粮食储备涉及的组织及运营风险

粮食储备中所涉及的运营风险通常是指各级粮食储备机构以及粮食储备企业在进行储备粮的一系列管理工作时在未来造成损失的可能性大小以及其不良后果所造成的负面影响的程度大小。

储备粮是确保我国粮食安全的重要手段，新中国成立以来，为了让中国人的饭碗牢牢端在自己手上，我国不断完善粮食安全体系，目前已经形成"三位一体"的粮食安全保障体系，即国内粮食生产体系、粮食储备体系以及全球农产品供应链体系，其中国内粮食生产体系的核心是确保粮食食用绝对安全，粮食储备体系的重点是应对各类突发事件、维护市场稳定，全球供应链体系的目标则是统筹利用国际粮食市场和资源。其中，我国建立了三级粮食储备体系，即中央粮食储备占据主导地位，省级粮食储备占据重要地位，而地县级粮食储备则占据补充地位，该体系遵循集中领导、分级管理、统放结合的原则。在中央层级，粮食储备主要是采用垂直管理的方式，由受国务院委托的中国储备粮管理总公司和分散在省（区、市）的分支机构构成，而这些分支机构作为粮食储备管理总公司的载体，主要负责储备粮的购进、存储、轮换以及销售等管理工作，两者共同发挥中央层级储备粮有效应对重大突发事件以及粮食市场波动的作用。在地方层级，其储备粮主要用于解决区域性粮食供需失衡以及应对突发性事件等应急需求，为此，部分省（区、市）建立了省级粮食储备库和粮食储备管理公司，除此之外，市、县等按照粮食的储备数量设立了粮食储备管理公司或者中心储备库，主要承担本级粮食储备的管理工作，其也和中央层级一样，实行垂直管理制度。

从理论上讲，垂直管理体制不仅具有统一指挥、便于协调的优势，而且还能够落实责任，提高管理效率。但是这种管理体制的劣势也十分明显，由于省级以上的粮食储备公司及其分支公司以行使管理职能为主，故而与粮食行政管理部门存在职能交叉和重叠，管理层级相应增加，从而增加了管理成本，管理效率受到限制。此外，粮食工作实行的行政首长负责制以及财政管理体制是粮食储备管理体制建立的基础。由于存在不同的利益主体，因此在储备粮的购入、轮换以及销售等环节中时空差问题出现的可能性增加，那么就容易导致哄抬粮价以及恶意压价等行为的发生，从而造成扭曲市场粮食价格的不良后果。除了垂直管理体制的问题外，关于税收的优惠政策、相关的费用标准以及轮换差价等方面，在不同层级的粮食储备管理公司产生的差异导致企业之间的不平等竞争，长此下去，必然增加企业的负面情绪，进而引发恶性竞争，给粮食储备企业的可持续发展带来负面影响。除了上述劣势之外，粮食资源难以达到最优配置也是这种储备粮管理体制的劣势，其会导致对粮食资源的浪费。因此，对于各级粮食储备公司的责任、权益和利益做好协调是有效规避我国储备粮运营风险的重要内容。

在我国的粮食储备体系中，除了中央和地方两级储备的有关问题外，还涉及代储问题。地方粮食储备管理工作主要有两种方式，即集中管理和代储管理，其中代储管理占据了主流，全国有 62% 的省（区、市）实行了代储管理。储备粮计划的下达方式主要有三种：一是对于数量、品种以及成本都做出明确规定，二是对数量和品种做出规定，三是只对数量做出规定。但无论是哪一种，其基本流程都如下所述，根据中央和地方对粮食安全的要求，国务院和地方政府会对我国的粮食储备规模做出规定，接下来会由粮食行政管理部门以及财政、农业发展银行将储备粮规模传达给中储粮总公司或者省级的粮食储备管理公司，再由粮食储备管理公司将储备粮任务进行分解，并分配给其直属粮库，最后由粮食储备管理公司及其直属粮库组织收购粮食。当直属粮库的存储能力不足以满足其所要求的储备规模时，为了保证储备粮的规模能够得到保证，通常需要将直属粮库无法承担的部分委托给具备承储粮食资格的相关公司，由其进行代储，双方可以通过签订经济合同来明确相关责任、权利及义务。

委托代理问题通常存在于两家企业之间，双方分为委托方和被委托方，其一般遵循平等互利的原则，这本是无可厚非的。但是由于市、县的粮食储备规模有限，相当一部分基层企业的仓库在出售完周转粮之后会处于没有粮食进入仓库存储的状态，那么企业就会通过接受较低的保管费用来接受粮食储备管理公司或者其直属粮库的委托，以此来增加效益。这样一来，基层粮食代储企业就会出现低收入而高付出的现象，相比来说，粮食储备管理公司及其直属粮库就可以通过较高的国家补贴费用与较低的保管费用之间的差额来套取利益，即其不需要对这部分储备粮付出任何的管理成本就能收获一定的利益。这会引发各级粮食储备公司及其直属粮库对于储备粮规模的争夺，都希望尽可能多地争取到储备粮，以此来套取补贴费用与保管费用的差额，从而对粮食储备的布局产生负面影响，并且，这也不利于粮食储备企业的长远发展。故有效处理好储备粮中的委托—代理问题以及储备粮代储问题，能够有效地降低粮食储备中的运营风险。

再有，由于各级粮食承储企业都以储备粮的经营管理为主，因此，从本质上来说，粮食储备企业的经营性质、经营范围还有经营内容都是一致的。但是其也有不同之处，即对于不同的粮食储备企业所享受到的税收优惠政策不同。在一定时期内，对于中储粮总公司及其直属公司所获得的补贴收入可以免征营业税，而对于其所占用的土地、厂房和仓库等也可以免征土地使用税、房产税等，实现所得利润可以免征税费。由于税收减免的政策主要由中央制定，其他各级存储企业几乎没有"议价权"，很难争取到对自己有利的税收减免政策。如若不能制定有效的税收优惠政策，使得各级粮食储备企业都能从中获益，那么就会出现各级粮食储备企业相互竞争的局面，从而增加运营风险。

最后，还需要关注国家粮食储备中对于专项贷款的管理、直属粮库力量比较分散、承储单位之间的利益冲突等问题，如若不能有效解决这些问题，那么就会增加造成损失的可能性以及其产生不良后果的影响。因此，要重视粮食储备中的运营风险问题。

（五）粮食储备涉及的轮换风险

粮食储备中所涉及的轮换风险是指在对储备粮进行轮换的过程中所产生的造成损失的可能性以及其产生不良后果的影响性大小。在轮换业务中，由于决策失误可能会导致仓库出现过长的闲置期或者出现储备粮被低价出售而高价购入的情况，这些都属于轮换风险。根据我国粮食储备管理的实际情况可以得知，粮食储备管理工作中最常发生的风险就是轮换风险。

对储备粮进行轮换是为了保障所存储的粮食符合粮食安全标准，其避免了粮食一直在库使得品质低于食用标准而丢弃，从而造成浪费。但是储备粮的轮换业务又与普通粮食企业的购销业务不同，具体体现在以下几个方面：一是目标不同，储备粮的轮换是为了保障国家粮食安全，从宏观层面对粮食市场进行调控来稳定粮价以及应对暂时性粮食短缺问题，而企业购销业务主要是为了获得企业的最大化利润；二是标的物不同，粮食储备管理中的轮换业务是将符合食用标准但是储放时间较长出现陈化现象的粮食进行出售，而购入新鲜的高品质粮食，从而保障储备粮的质量；三是资金来源不同，粮食储备工作受国务院管理，其工作中所涉及的保管费用和轮换费用由中央财政每年定额支付，并且中央财政还承担了相关的贷款利息。以上几个特点对储备粮的轮换业务的运作环境产生了决定性作用，而这些环境影响了轮换风险的发生。

我国有多种轮换方式，但是主要包括两类：一类是按照成本进行划分，另一类是按照轮换时间和库存量进行划分。根据轮换方式，可以从两个方面来考察储备粮所面临的轮换风险，分别是外部风险和内部风险。其中，内部风险主要涉及操作风险、执行风险以及道德风险。在进行轮换业务时，由于进出库操作不当或者运输不当都有可能造成损失，这就需要操作人员提高职业能力，增强责任心并且熟悉业务操作流程，并定时对操作环境进行安全排查。1993—1995 年粮食价格波动期间，这种风险表现得十分明显，比如有的单位每 100 斤储备粮以 30 元的价格售出，而以 70 元的价格购入，每百斤的损失达到 40 元，按此计算，一次轮换就会造成数亿的经济损失。在我国粮食储备管理工作实施垂直管理以后，由于决策失误导致轮换储备粮产生的差价损失要由企业自身承担，这就会进一步扩大轮换风险。

储备粮的存储是为了确保粮食安全，这一特殊性就决定了储备粮必须按照特定的计划政策和管理规定来执行。为此，我国粮食和物资储备局、财政部以及农业发展银行制定了《中央储备粮油轮换管理办法》，这为规范粮食储备的轮换工作提供了支撑。除了制定科学的规章制度和经营方针外，在轮换业务中能够认真贯彻和有效落实这些规章制度和经营方针，也能有效降低轮换风险。许多事例表明，企业面临轮换风险的原因不是没有规范的操作流程和科学的管理制度，而是这些制度在实际执行中徒然枉存。以中航新加坡公司为例，根据该公司的制度，当亏损达到 50 万美元时，该名期货交易员就必须强制平仓止损，而该公司有 10 名期货交易员，如果这项制度得到了有效的实施，那么亏损额最高也只有 500 万美元，远低于实际所造成的数亿美元的损失。

在对储备粮进行轮换的过程中，由于个人利益与企业利益发生冲突，那么就有可能出现管理人员或者业务员为了个人利益最大化而给企业造成损失的情况，这会产生相应的轮换风险。但是，在很多情况下，粮食储备管理中所涉及的道德问题通常表现为操作不当或者执行不力，或者是两种问题同时存在，因此，道德风险的发生通常具有一定的隐蔽性。

轮换风险中的外部风险主要包括四个方面：一是市场风险，粮食市场受多方面的因素影响，其中自然条件导致的市场波动是粮食储备企业无法预测的，而轮换业务和市场紧密相关，因此会产生市场风险；二是政策风险，由于储备粮的特殊属性，通常需要政府从宏观上对其进行调控，并制定相关的政策对粮食市场进行干预，由此而产生政策风险；三是信用风险，任何市场的商品交易中都存在着信用风险，粮食市场也不例外，因此，对于粮食储备管理工作中涉及的信用风险也要重视；四是法律风险，在对储备粮进行轮换时，可能会发生法律环境的变化或者法律手段的使用不当的情况，从而带来法律风险。

与此同时，粮食储备的轮换工作也面临困难并且存在问题。比如这两年席卷全球的新冠疫情、频繁发生的极端天气以及严重的蝗灾，这些情况的出现对全球的粮食产业链产生了较大的负面影响，从而影响到国内的粮食市场，对我国的粮食安全产生不利影响，相应地波及我国粮食储备工作中的轮换业务，从而增大了储备粮的轮换风险。长期以来，我国粮食市场的稳定依赖于政府的宏观调控以及相关政策的制定和落实，但是决策流程、信息不对称以及其他因素会影响政府的调控方式、决策时机、政策实施力度以及目标，使其缺乏可预测性，这就给各类粮食工作的开展带来了困难，其中粮食储备工作中的轮换环节也不可避免地遇到困难，随之产生相应的轮换风险。我国不断推进粮食流通体制的改革，特别是国内粮食市场不断提高对外开放程度，国际粮油巨头进入我国粮食市场势必会使得国内粮食市场的竞争变得越来越激烈。但是这些国际粮油巨头并不只是针对终端市场与我国粮食流通企业展开争夺，而是涉及粮食生产和物流等整个粮食流通价值链。在这种激烈的竞争形势下，我国粮食储备管理中所涉及的轮换风险管理将面临更严峻的挑战。

（六）粮食储备涉及的国际风险

粮食储备中所涉及的国际风险通常是指随着对外开放水平的不断提高，国际粮食市场对我国粮食市场的影响愈发明显，从而导致我国粮食储备发生损失的可能性增加以及所造成的损失后果更加严重。

与前面论述的五种风险有所不同，我国粮食储备所面临的国际风险有以下几点特征：一是粮食储备所涉及的国际风险主要是由国外因素导致的，并非国内的。前面五种风险既可以由国内因素引起，也可以由国外因素引起，比如轮换风险既可以发生在本国粮食储备工作内，也可发生在进出口轮换工作内。国际风险则全部由国外因素引发，即国际上各种风险因素对我国粮食储备造成的损失。二是虽然国际风险发生的频率低于其他几种风险，但是其发生之后所造成的损失却远远大于其他五种风险所造成的损失。由于我国粮食市场并不是完全放开的，而是逐步对外开放，这就使得国际粮食市场对我国产生影响需要一定的时间，并且在对外开放的过程中我国也在不断地调整对策，故而国际风险发生的频率较低。三是各种类型的国际风险之间并不是相互独立的，而是高度关联的。导致国际风险发生的各种因素之间是相互关联的，任何一种风险因素导致风险的发生都可能会引发其他因素进一步引发风险，从而造成多种类型的国际风险并发。这就增加了粮食储备中的风险识别和管理控制的难度。四是国际风险对粮食储备所产生的影响通常具有间接性的特点。我国对于粮食储备进行严格把控，从而确保我国粮食市场的平稳运行，这就使得国际风险对其造成直接影响的可能性较小。通常情况下，导致国际风险的因素主要以影响和冲击国内粮食市场为开端，进而影响粮食储备工作。通过以上四个特征可知，粮食储备的国际风险具有复杂性和动态性的特点，因此对其进行度量和控制也更有难度，这就需要进一步分析国际风险的类型及其表现形式，以更好地认识和识别风险。

接下来对国际风险的类型进行探讨，本书主要从两个角度介绍国际风险类型的划分：一是从原因角度划分国际风险，二是从储备粮是否在库角度划分国际风险。

首先介绍第一种分类方法，即按照国际风险由哪种风险引发进行划分。按照这种分类标准，粮食储备所涉及的国际风险可以划分为三类，分别是粮食禁运风险、贸易自由化风险以及政治因素风险。其中，粮食禁运风险是指受政策干预影响使得国际粮食流通受到影响，从而使得粮食贸易数量减少乃至中断，最终使得粮食储备受到影响。贸易自由化风险是指由贸易自由化造成的一系列影响从而引起的风险，尤其是在对外开放初期，由于各项政策都处于探索阶段，将其他国家粮食贸易巨头引入国内市场会存在一定的风险，从而给粮食储备带来一定的风险。政治因素风险是指由于政治、军事等非经济因素给粮食储备造成的风险，这种风险发生的可能性不大，但在经济贸易全球化的背景下，这种风险发生的可能性仍然存在。

对于第二种划分方法，根据储备粮是否在库可以将国际风险划分为储存风险和动用风险。其中，储存风险是指储备粮在存储过程中所面临的国际风险，其又可以进一步划分为规模风险、质量风险、成本风险等；而动用风险则是指在动用粮食储备、发挥其调控功能时可能对粮食储备造成的风险。下面具体就这些风险分类进行论述。

首先是规模风险。与国内所发生的规模风险不同，国际风险中的规模风险包括两种情况：一是无论是出于优化品种结构的目标，还是从满足消费需求的角度出发，我国需要在国际市场进口粮食，那么国内市场对国际市场的依赖程度会相应地提高。在这种情况下，一旦发生粮食禁运，我国粮食安全注定要遭受打击，从而影响我国粮食安全。二是随着经济社会的发展，我国已经从吃饱逐渐转变为吃好，这就对粮食的品质提出了更高层次的要求。在经济贸易全球化的背景下，国内粮食市场逐渐与国际粮食市场融为一体，国际市场必然对国内粮食市场产生冲击。

其次是质量风险。国内所发生的质量风险多为存储不当使得储备粮发生霉化、陈化等情况，从而引发质量风险。国际风险中质量风险则多为由于进口粮食携带传染病，使得国内农作物面临被传染的风险，从而使得储备粮面临质量风险。例如，长期以来，我国一直限制美国矮腥黑穗病（TCK）小麦的进口。在中国农业技术和防疫水平有限的条件下，放开对 TCK 小麦的进口会把病疫带到国内，并且可能导致其在国内蔓延和传播，从而影响国内小麦等粮食品种的质量。

再次是成本风险。在 20 世纪 90 年代，我国粮食在国内的价格整体上低于国际市场中的粮价，从而在国际市场中具有竞争优势，但随着经济社会不断发展，我国粮食价格的竞争优势已逐步丧失，粮食作物的比较优势不再明显。尤其是我国加入世界贸易组织以后，大量高品质、低成本的粮食进入国内市场。这对我国的粮食储备而言，既是机遇又是挑战，为了降低我国粮食储备的成本，可以通过进出口来调节自身规模，但会增加国际粮食市场的各种风险因素对国内粮食市场的影响。

最后是动用风险。其指在调动储备粮发挥其调控功能时所产生的风险。随着经济贸易全球化的发展，我国与国际粮食市场的联系更加紧密，这就不可避免地导致国际粮食市场对我国粮食市场产生冲击，并且由于各种国际因素的复杂性以及多样性，这必然会表现出更多的不确定性，从而使得我国粮食储备面临相应的风险。例如，由于国内外粮食市场联系日益紧密，粮食价格会受世界粮食供求状况的影响。这样一来，就会对我国粮食储备决策产生负面影响，使其错误地认为国内粮食供求基本平衡或供过于求，从而采取错误的调控措施。

第四节　小　结

本章从粮食储备风险管理的现实必要性和理论必要性两方面出发，通过对当前我国粮食储备风险管理中所存在问题进行梳理，并研究相关理论来论述对粮食储备进行风险管理的必要性。在界定粮食储备风险管理含义的基础上，详细介绍了我国现阶段粮食储备管理中长期存在并且影响较大的规模风险、质量风险、成本风险、运营风险、轮换风险以及国际风险，这些风险的有效规避可以在很大程度上保障国家粮食安全。但是每一种风险产生的原因并不是单一的，而具有动态性和关联性。比如当发生运营风险时，如不能及时解决，那么就有可能进一步产生质量风险、轮换风险等；而且粮食储备风险处于动态变化之中，其会随着社会环境和经济状况发生改变，因此，会不可避免地产生新的风险。由此看来，粮食储备风险具有复杂性和动态性的特点，故而粮食储备的风险管理也应该是不断改进和完善的过程。

第六章
国内粮食储备管理的实践与经验

自党的十八大以来，我国不断推进应急物资储备改革，构建国家储备体系。其中，粮食储备作为连接粮食生产和粮食消费的重要环节，是调节粮食供求的重要手段，对于保障粮食安全具有重要作用。完善的粮食储备管理体系为确定合理的粮食储备结构和规模提供支撑，从而可以更有效地应对重大自然灾害对粮食市场产生的冲击，确保粮食安全，但 2020 年南方汛情、郑州 7·20 特大暴雨等自然灾害对我国粮食储备产生负向影响，不利于粮食市场稳定，从而影响百姓利益，因此通过借鉴国内部分省份的成功经验以提升我国整体粮食储备管理能力十分必要。本章先对国内粮食储备管理的现状进行梳理，进而选取山东、江苏、浙江以及福建等典型省份进行研究，通过对其粮食储备管理发展进行分析，以总结其先进做法和成功经验，从而为其他省份乃至全国提供借鉴意义，进而提升其粮食储备管理水平。

第一节　国内粮食储备管理的典型做法

粮食储备就是储备主体（包括政府、企业和农民）为调节不同年度和地域间粮食余缺，稳定粮食供求平衡，保障粮食安全而进行的物资储备活动。粮食储备与国家的粮食安全紧密相关，是调节粮食供求的"蓄水池"，更是保障国家粮食安全的"稳定器"。随着国民经济的调整转型，我国正在加快构建新型的粮食储备体系，粮食储备主体逐渐多元化，运行逐渐市场化，管理逐渐科学化。从国内发展大环境、政策大背景出发，在统一规制路径下，不同省份对于粮食储备体系发展出了进一步符合本地特色的运作机制。本节选择了国内典型的四个省份，包括作为粮食主产区的山东省，农业现代化水平较高的江苏省和浙江省，以及粮食安全保障体系较为完备的福建省，分别对各地区现行的粮食储备制度的发展现状和具体做法进行总结研究，做到对国内现行粮储管理制度的差异性有一个整体认识。

一、国内粮食储备管理的状况审视

粮食储备制度是国家粮食安全体系的重要组成部分，数量真实和质量良好的储备粮有利于保护农民利益，维护粮食市场稳定，同时能起到应对突发事件对本国或本地区粮食安全的影响，有效发挥国家宏观调控粮食市场的作用。对于我国这样一个人口众多的大国来说，更要立足于国内储备，以确保我国粮食安全。2000 年以前的大多数年份，我国的粮食产量和净进口之和大于粮食的消费量，粮食储备变动量为正值，表明通过粮食生产就能够满足粮食消费，粮食储备的动用机会不多。2000—2004 年，粮食储备变动量持续出现负值，且负值越来越大，表明通过粮食生产不能满足粮食消费，国家开始动用粮食储备，以满足粮食消费的需要。2004—2012 年全面放开粮食收购市场、实行粮食支持保护政策，粮食储备变动量开始回升，反映国家加强了粮食生产，粮食产量得到了提高。再到 2013 年推进粮食收储制度改革、推动粮食产业高质量发展，一路实践探索，改革不断深入。党的十八大以来，党中央提出了国家粮食安全战略，深入实施农业供给侧结构性改革，完善粮食收储制度和价格形成机制，全面加强粮食生产、流通、储备能力建设，至此，我国粮食产能稳定、库存充裕、供给充足，粮食安全形势稳中向好。总体来看，我国的粮食储备在发挥保持粮食供求平衡的作用中效果显著，保证了国家粮食安全。

为了提高国家粮食宏观调控能力和粮食储备管理水平，从 1998 年开始我国的粮食管理制度进入了不断调整、完善的新阶段。经过几十年的发展，我国的粮食储备现如今已经发展成中央为核心、地方为支撑、社会为补充，多层次、全覆盖的粮食储备体系，这种储备格局便于国家通过库存平衡粮食供求，稳定市场，增强和改善政府的宏观调控能力，对维护农民利益、调节市场粮价、应对自然灾害和突发事件、促进经济健康发展发挥了重要作用。根据粮食储备承担主体的不同，现阶段我国的粮食储备仍是以政府储备为主、社会储备为辅的管理格局。由于政府储备与国家粮食政策具有直接关系，其主要作为政策性粮食储备，这是我国政府保障粮食供求平衡、调整粮食供求、控制粮食价格的重要手段。社会储备又称民间粮食储备，是除了政府外的民营企业和农户等所进行的粮食储备，以周转储备为主，数量较少，没有形成国家层面专门的管理制度。由于民间储备的市场性强，其主要作为经营性粮食储备。随着经济体制改革的深化和粮食产量的不断提高，整个国家的粮食储备由单一主体逐步向多元化主体发展，在加强粮食宏观调控、保障国家粮食安全方面不断地探索和尝试。

（一）政府储备

现阶段我国政府粮食储备包括中央和地方两部分。关于国家粮食储备的管理，国家在改革开放后就开始进行粮食管理体制的改革，也出台了相关的决定和意见，并制定实施了收购、储备、流通等方面的管理条例。进入 21 世纪，随着我国粮食流通体制改革的深化，粮食产量也呈现蓬勃发展态势，从 2000 年开始中央储备粮管理由地方政府交中国储备粮管理总公司负责运营，实行垂直管理、自主经营、自负盈亏。垂直管理可以更好地贯彻中央政策意图、高效落实调控任务，有效克服过去专储粮分级负责时的权责不清、职责不明、调不动、用不上等弊端，有效地保障政令畅通、步调一致。

2018 年 3 月，国务院通过的机构改革方案中，决定组建国家粮食和物资储备管理局。主要职责是起草全国粮食流通和物资管理的法律法规草案、部门规章；研究提出国家战略物资储备规划、国家储备品种目录的建议；负责对管理的政府储备、企业储备以及储备落实情况进行监督检查等多种职责，并与中储粮总公司职责分工，强化对全国储备物资的统一管理。新时期这一机构的设置将极大完善国家粮食储备的管理，注重多样化的职能与部门间的协调配合，逐渐适应新时期国家粮食储备要求。

在中储粮公司成立之初，全国共有 753 家直属库，为了便于实行区域内的统一经营管理，推进直属库区域一体化整合，中储粮总公司在 2014 年对 753 家直属库进行了整合，整合后形成 346 家中心库，被整合库作为分库，不再具有法人资格①。建立中储粮总公司以来，我国粮食储备规模有了很大提升，我国的粮食储备数量在 2016 年已达到 6.2 亿吨，库存消费比超过了 100％，远远高于联合国粮农组织建议的 17％～18％的库存消费比。2021 年，落实储备规模结构布局调整任务取得实质进展，现有中央储备粮自储比例提升至 98％，储备精益管理进一步加强；中央储备粮科技储粮覆盖率连年保持在 98％以上，仓

---

① 数据来源：新华社，《中储粮直属库"瘦身"753 家整合为 346 家》，http://www.gov.cn/xin-wen/2014-10/21/content_2768599.htm。

容完好率连年保持在95％以上；完成中央储备粮监控系统功能升级和30家中央储备棉社会承储库点监控系统建设，实现对中央储备粮棉在线监控全覆盖。国家有关部门检查结果表明，中央储备粮棉管理总体良好，中储粮在维护国家粮食安全方面发挥了重要"稳定器"作用。

1. 中储粮垂直管理制度

中储粮总公司的粮食储备制度以政府为主导，专门负责中央储备粮的经营管理工作并利用国债投资大力新建高技术含量的粮库。对于中央储备粮，我国制定了包括中储粮总公司、国家粮食和物资储备局、国家发展和改革委员会、财政部、中国农业发展银行"五位一体"中央储备粮管理制度。

中央储备粮包含粮食和食用油，是中央用于稳定市场价格，调控全国范围内粮食供求总量，在紧急情况下应对重大自然灾害及其他突发性事件时的储备，是关系我国经济安全的重要战略物资，是政府调控粮食市场的重要物质手段。中央储备粮粮权归属国务院，由中储粮总公司受委托进行代储，未经国务院批准，任何单位和个人不得擅自动用中央储备粮。由国务院发展改革部门负责对中央储备粮进行宏观调控、规划整体布局和规模；国家粮食和物资储备局负责具体的行政监督和管理工作，对中央储备粮的业务进行协调与指导；财政部门负责发放各项财政补贴，并监督与中央储备粮有关的财务执行情况。在国务院各部委对中央储备的协同管理下，确保其数量真实、质量良好，同时还必须确保国家急需时调得动、用得上。

（1）管理主体与资金来源。中储粮总公司、国家粮食和物资储备局、国家发展和改革委员会、财政部、中国农业发展银行根据各自的分工对中央储备粮进行管理。中储粮负责具体经营管理工作，国家粮食和物资储备局负责中央储备粮的行政管理，国家发展改革委负责中央储备粮总体规划和布局设计，财政部负责中央储备粮的补贴监督检查，农发行负责安排中央储备粮所需贷款并对贷款进行监督。

中央储备粮的粮权属于国务院。在财务核算方面，中储粮实行的是政策性储备费用包干自负盈亏政策。中央储备粮的利息和费用由中央财政负担，即粮食保管、补贴费用、利息由财政部直接拨款给中储粮总公司，总公司通过农发行专门账户将补贴款拨付给分公司，分公司将补贴款再往下拨付给中央储备粮代储企业和直属库。

（2）储备粮轮换与代储机制。

第一，加强区域协同。中央储备粮每年轮换的数量一般为中央储备粮储存总量的 20%～30%。中储粮在粮食轮换方面，做好轮换规划，分解轮换过程，基本做到高抛低吸。在市场供应趋紧、价格上涨较快时主动要求增加轮换计划。以不低于国家托市价积极入市掌握轮换粮源，有效配合粮食最低收购价政策，在全年政策性粮食拍卖销售同比减少 43% 的情况下，通过广泛组织粮源、积极扩大购销，弥补了市场缺口[①]。

第二，创新轮换方式。在推陈储新的轮换工作中，采取竞价销售和邀标竞买的形式销售和购买市级储备粮。一方面在储备粮的销售和购入过程中，按照市场原则，最大限度地实现了公开、公平、公正；另一方面，在竞买和竞卖中形成的价格一般都低于或者高于定价，最大限度地节约了财政开支。

第三，规范代储行为。中储粮直属库主要是三批粮库建设的新库，基础条件较好，管理较规范，因此存储在直属库的储备粮比较安全，品质有保障。相对于直属库，中央储备粮代储企业无论是硬件条件还是管理水平都与直属库有一定差距。因此，实现对代储中央储备粮企业的有效监管是中储粮公司的重中之重。作为中储粮垂直体系链条的终端，应切实履行起职责，肩负起管理非直属企业中央储备粮的重任，发挥出直属库的辐射示范作用。

2. 地方储备分级管理制度

地方在中央宏观调控下，按照粮食省长负责制的要求，积极推广储备管理规范化、转变储备管理观念、提高储备科技含量，形成以省级粮食储备为主导的省、市、县三级储备管理制度，建立了地方行政长官负责的多基础被管理制度，明确了各级政府的粮食安全责任。由地方委托地方国有控股或者国有独资的粮食企业负责管理，其中省级粮食储备在地方粮食储备中占据主导地位，其他民营粮食企业对政策性粮食只履行代储任务，而无权经营、调动。中央储备负责全国范围内的粮食危机的解决，保障国家粮食安全，地方储备负责区域性粮食问题。地方储备粮的所有权和动用权归各级地方政府，其中省级储备占主导地位，贷款利息、价差、补贴等储备粮费用由粮食风险基金支出。

地方储备粮的管理模式除了分级管理制度外，还存在委托代理制度，两种模式之间并不存在冲突和明显的界限，在实际操作中，各省级政府往往结合本地实际情况，选用更适合自身的一种或几种管理模式。委托管理模式主要针对

---

① 数据来源：中国政府网，《中央储备粮管理条例》，http://www.gov.cn/gongbao/content/2016/content_5139494.htm。

市、县级成品储备粮的管理，存储数量相对较小。成品储备粮由市、县政府负责，委托市、县粮食和物资储备局确定一批具备地方粮食储备资格条件的国有或社会粮食企业，由政府及有关部门从中确定地方储备粮承储企业，与其签订承储合同，并负责具体的业务管理。这些粮食企业与政府一般没有行政隶属关系，且有些企业还会从事加工、贸易等其他涉粮业务。费用由市、县财政按照事先确定的金额拨付市、县粮食和物资储备局，再由市、县粮食和物资储备局拨付到承储企业。委托代理模式充分利用了市场竞争机制，同等成本下政府会优先选择基础设施好、储存技术先进、服从政府安排的企业存储地方储备粮，使财政资金使用效率达到最大化，但增加了粮食和物资储备行政管理部门的监管难度和工作量。

（1）管理主体与资金来源。地方储备是地方政府用于调节本地区粮食供求、稳定市场以及应对区域性重大自然灾害或突发事件的粮食和食用油，粮、油权归各级地方政府。地方储备粮中省级储备粮粮权属于省级政府，市县级储备粮粮权属于市县级政府，省级储备粮在全省政府粮食储备体系中占主导地位。

地方储备粮的费用和利息补贴由粮食风险基金列支，补贴标准参照中央储备粮执行。地方储备粮的保管费用多采用定额包干、超额自担的办法，如安徽省是由省财政厅拨付给省粮食和物资储备局，省粮食和物资储备局通过农业发展银行拨付给承储粮食公司。再如湖南省将保管费用和其他补贴直接按季度拨付给承储企业，利息则按农发行规定的利率核算。

（2）地方成品粮储备机制。各地区根据不同情况开展成品粮储备。第一，主销区成品粮储备规模不断扩大。由于大中城市人口密集，交通便利，地方财政状况比较好，有财力保持较大规模成品粮储备。第二，高寒地区、干旱地区等偏远地区由于粮食自给率低、交通不便，粮食储备风险大，需要适当多储备。这些地区适合开展满足老百姓一个月以上成品粮需求的储备。但由于成品粮存储期限短，对存储条件要求严格且占用空间大，因而在实际操作中，偏远地区的成品粮储备还比较薄弱。第三，粮食主产区因为本身原粮储备规模就比较大，大部分粮食库都集中在产区，再加上粮食加工能力比较强，因此，现阶段这些地区的成品粮储备也处于规模比较小、缓慢发展的阶段。

根据地区居民消费偏好确定储备品种。地方成品粮储备大部分以小包装形态进行储备，由于居民饮食消费习惯不同，因而品种储备差异较大。成品粮食储备以面粉、大米为主，有的省份将成品粮储备确定为常规储备，从国家下达的地方储备粮油中拿出一部分建立成品粮油储备，储备期限为一年。有的省份将成品粮储备列为临时应急储备，即要求加工企业储备一定数量成品粮，地方财政给予一定资金支持，应急状态下政府享有优先使用权，储备期限为半年，到期是否再继续储备则视情况而定。

（二）社会储备

在我国的粮食储备体系中，不仅有中央储备粮和地方储备粮这类政府储备，还存在一定规模的社会粮食储备，主要包括涉粮企业用于生产销售的周转储备和农户自给自足的自有储备，这里的民营粮食企业是广义的民营粮食企业，即除国有独资以外的所有企业。民营粮食企业储备和农户储备发展多以周转储备为主，以粮食加工、商业盈利为目的。粮食储备制度经过多年演变，国家以国有独资的形式直接掌握了一大批粮食储备库，建立了中央储备粮库体系，地方政府以国有独资、国有控股等形式建立地方储备粮库体系。其他的老国有粮食企业，通过股份制改造、国有民营等形式，逐步改革为民营粮食企业、股份制粮食企业、国有参股民营企业等多种所有制为主体的企业。

作为自负盈亏、自主经营的粮食企业，盈利是其核心目标，因此许多民营粮食企业经营管理的重点是在粮食深加工和粮食产业化建设上，粮食储备并不是关键。在政府扶持下，持续发展的民营企业越来越关注粮源的掌控问题，因为拥有良好的周转储备是企业整个产业链正常运转的重要起点。

1. 民营粮食企业储备

一方面通过订单式生产稳定粮源，调动农民积极性，减少粮食收购风险；另一方面通过深加工，提高粮食附加值，形成集生产、收购、研发、加工、销售一体的粮食龙头企业。

（1）中小民营企业。第一，积极代储政策性粮食。粮食的收购资金有无息贷款，仓储设施建设可以寻求政府拨款支持，企业营业税上还有相应政策优惠，因而政策性粮食储备虽然单位保管费用不高，但因为成本低，通过规模效益、以量取胜，效益还是有保障的。第二，不断提升仓储附加值。以北京京粮集团为例，针对储备粮油"双减"，即储备粮油数量减少、补贴标准降低等因素，该集团实施了"退出四环进六环"的发展战略，重新组合仓储企业，实现仓储向郊区延伸。第三，落实粮食企业最低、最高库存量。民营企业由于不直接承担政策性粮食储备，在利益的推动下，当粮食供大于求的时候，为减少资金的占用，降低经营成本，都尽可能减少粮食库存，不收购、不存储粮食，有的企业甚至是"零库存"。当粮食供小于求的时候，民营企业会大量囤积粮食，伺机抛售，这样的粮食储备理念，给我国的粮食市场带来许多不稳定因素。因而，规定粮食经营者的最低、最高库存量，防止上述冲击粮食市场的事件发生是非常有必要的。

（2）大型粮食企业。随着经济的发展，涌现出许多大型粮食企业，其在粮食储备、粮食销售领域发挥着重要作用。对大型粮食企业而言，重点在于提高终端市场的份额，提升粮食产品的附加值，获得更多利润，更深层次的目的在于战略布局。其关注的是粮源质量、粮食加工、品牌维护等环节，而粮食储备则主要以保障自身加工所需为主，因此，为了提高仓库利用率，其粮食储备多为粮食轮换速度较快的周转储备。这里以中粮集团为例展开分析。中粮集团有限公司成立于 1949 年，经过多年的努力，从最初的粮油食品贸易公司发展成为中国领先的农产品、食品领域多元化产品和服务供应商。作为我国最大的集粮食采购、储运、销售、贸易于一体的粮食企业，中粮集团拥有 300 万吨仓容的粮库、175 万吨的中央储备粮储备能力以及 80 多个粮库，涵盖了粮食主产区、主销区和关键物流节点。在优化储备布局的同时，中粮集团不断完善加工收储环节管理。

和政策性粮食代储不同，大型粮食企业为了得到更高的附加值、降低损耗，往往对粮食品质的要求更为苛刻，因而储备技术投入和管理成本就更高。投入如此巨大的成本，就要求企业不断提高粮食加工能力、延伸粮食全产业链建设，加快粮食轮换速度。以"中粮"玉米为例，在一体化运营模式下，通过加强从产区到销区的各环节精细化控制，有效减少仓储物流损耗。在北方产区，充分发挥自有库的专业化优势，从收购、烘干、入库、仓储、出库等各环节进行专业化管理，使得全年库存损耗控制在 3‰以内。

2. 农户储备

我国是一个农村人口数量庞大的农业大国，农户是我国粮食的生产者，也是粮食的消费者。农户的粮食储存总量大，约占全年粮食总产量的 50%，一方面是为了满足农户日常需要而储备的口粮和饲料用粮，另一方面是为了等价待市而储藏的商品粮。农户是一个粮食消费群体，不仅数量多、规模小，并且分散在农村，自产自销，农户储备具有抗灾能力、能够维护社会秩序稳定。因而只有重视农户储粮，改善农户储粮条件，加强农户储粮管理，在引入市场机制的背景下，政府通过补贴等优惠政策引导，发挥当下社会储备中农户和企业的作用，建立仓储设施，建立储备粮委托代理制度，才能更好地保证整个国家的粮食安全。

二、国内典型省份粮食储备管理实践

粮食储备的目的，是为了调节和稳定粮食市场，应对重大自然灾害或者其他突发事件，让民众不仅在平时，就是在非正常状态下也能够得到足够的粮食供应。近年，山东、江苏、浙江和福建等多省相继重新修订储备粮管理办法，高质量发展第一产业，推进新时代"三农"工作，加强中央、地方两级储备协同运作，不断增强人民群众的安全感。这些省份关于粮食储备管理的做法在国内较为典型，本书将分别对四个省份现行的粮食储备制度的发展现状和具体做法进行分析研究，以期对四个省份现行的粮储制度有一个整体认识。

（一）山东省粮食储备管理发展研究

山东省是我国粮食主产区，粮食收储体系建设与我国的国计民生息息相关，在我国粮食安全的问题中，发挥着重要的作用。党和政府一直以来都将粮食工作列为政府工作重点，在省委、省政府以及相关部门的领导下，以及在农民的共同协作下，山东省粮食储备管理系统取得了一定成果。

1. 粮食储备管理全面责任机制

作为老粮食产区之一的农业大省，山东有着与中原产粮大省相似的省情。山东省在全国率先出台贯彻落实《关于改革完善体制机制加强粮食储备安全管理的若干意见》的实施意见，超额完成国家下达储备计划，全省粮食库存数量真实、质量良好、储存安全，其粮食储备体系建设的经验值得国内其他省份借鉴。

（1）全面落实粮食收储安全管理责任制。山东是国内经济与人口强省，也是粮食产出、加工与消费强省，在保证粮食收储安全方面发挥的作用也越来越大。2014年山东省深入贯彻国务院《关于建立健全粮食安全省长责任制的若干意见》的要求，明确省长粮食安全责任制，大力发展粮食的生产及收储工作；从质量、数量等方面加强对储备粮的管理力度。2018年，山东省在全国率先建立了小麦、玉米、大豆三大国家粮食加工产业技术创新中心。以滨州市为例，仅2019年三大创新中心就研发申报专利61项，为滨州市企业增加经济效益7亿元以上。为保障全省粮食安全，山东省粮储部门实行粮油市场供需、成品粮市场动态、保供稳价等报告制度，发挥1 000余个省级市场价格监测点作用，密切关注市场动态，并设立应急供应网点2 157家，应急加工、配送、储运企业 698 家，应急供应体系实现闭环运行，有力保障粮油应急需求①。

山东省从各部门不同职责的角度进行具体划分责任要求。针对财政部门，要保障好粮食基金安全，加强对风险的应对能力；针对科技部门，要大力研发粮食收储技术并提高科研成果的转化率、大力培育粮食新品种；针对粮食和物资储备部门，对做好粮食储备和流通相关工作，完善粮食各方面工作做了具体要求。山东省充分利用各部门的职能作用，各司其职，权责分明，共同构建管好粮食收储工作的新局面。

（2）全面加强地方粮食储备管理工作。一方面，山东省严格按照规定对辖区内储备粮规模进行有效管理，通过政策不断优化粮食收储品种结构。山东省对粮食收储规模有明确的要求，如果储备规模发生变动，须得到省发展改革委、财政厅及粮食和物资储备局三方同时批复。加强监督管理，创新监管方式，强化事中事后监管，全面推进"双随机、一公开"和"互联网＋监管"，着力加强安全生产，根据全省储备总体发展规划和品种目录以及动用指令，监督储备主体做好收储、轮换。另一方面，山东省出台《山东省地方储备粮管理办法》，明确规定在山东省内要坚持储备粮的数量真实、质量良好；在粮食收储工作中充分利用财政、金融政策手段，逐步完善粮食收储政策；在收储政策中仍要不断推进储备粮轮换制度升级，对出入库工作进行管控。深化粮食储备改革，实施绿色仓储提升行动，先行支持储备粮库新建扩建仓容 60 万吨、升级改造仓容 180 万吨左右，推广应用现代化的绿色仓储科技并实施信息化监管。

2. 管控地方和农户粮食储备

（1）地方粮食储备的落实。应根据国家规定、省政府安排以及各地区的实际情况，高效管理地区的储备粮规模大小，优化品种布局。按规定，各市如需变动地方储备粮的规模，应获省发展改革部、省财政厅以及省粮食和物资储备局的批准和归档。各地应按时将当地的粮食储备数量、种类和结构等数据送达省相关部门报备。

加强粮食储备能力建设，守住管好"齐鲁粮仓"，山东省粮食和物资储备局用实际行动夯实基础。初步建立了布局合理、规模适度、功能完备、权责清晰、管理科学、保障有力的粮食储备安全管理体系，为山东省人民粮食安全保障奠定了良好基础。

---

① 数据来源：山东省人民政府网，http://www.shandong.gov.cn/。

（2）农户储备技术试点成绩明显。一些地方还实行了农户储粮信息化管理试点。以日照市为例，该市不仅建立了农户储粮管理电子档案系统，而且该系统已经实现地理信息系统上的成功运行，可以在屏幕上清晰显示示范农户的分布情况，同时可以清晰反映所有示范农户的仓号、发放粮仓时间等详细信息。为了更好指导农户科学储粮，该市还建立了农户储粮试验仓，模拟该地区农户储粮环境进行粮情监测。

近些年，山东省粮食和物资储备局坚持创新与实践，探索形成了粮食行业信息化建设"山东模式"，在全国实现"三个率先"，充分发挥先导省份的作用，得到国家局和兄弟省份的高度评价。一是率先建成云计算架构的全省粮食流通管理一体化综合性电子政务平台，二是率先完成全省 400 多家地方储备粮库的智能化升级，三是率先实现省内互联互通以及省平台与国家平台互联互通。2020 年国家粮食和物资储备局颁布最新技术标准后，山东省率先完成全部 25 个上传接口开发，在全国首批实现与国家平台的互联互通和数据同步。

（二）江苏省粮食储备管理发展研究

党的十九大召开以来，江苏省深入贯彻中共中央、国务院关于粮食储备安全管理体制机制改革的重大决策部署，系统性推进地方粮食储备安全管理改革，全面增强区域粮食安全保障能力，具体做到"三强化""三推进"。

2020 年年末，江苏全省完好仓容达到 4 192 万吨，其中，地方国有和国有控股粮食企业完好仓容达到 2 519 万吨。形成了一批集粮食收储、加工、贸易、产后服务等功能于一体的粮食仓储物流产业园；形成了职能部门有序分工、通用物资储备与专用物资储备有效协同的物资储备管理体制机制①。

1. 粮食储备政策执行情况

1990 年，国家建立粮食专项储备制度，同时要求各地区各政府也要建立当地的粮食储备，做到以丰补歉，保证粮食市场供求的基本平衡。江苏省于 1993 年初步建立地方粮食储备制度，2001 年省政府印发《关于全面推进粮食购销市场化的实施意见》，明确要求健全省、市、县三级粮食储备制度，扩大储备粮规模，改革储备粮管理办法。2004 年要求在"十五"期末，全省储备粮规模要达到 25 亿千克，其中省级储备 10 亿千克，市县储备 15 亿千克，省、市、县三

---

① 数据来源：江苏省人民政府，《省政府办公厅关于印发江苏省"十四五"粮食流通和物资储备发展规划的通知》，http://www.jiangsu.gov.cn/art/2021/9/15/art_46144_10014758.html。

级粮食储备体系初步形成。2010 年 12 月，省政府办公厅印发《关于做好新形势下粮食工作的通知》，提出各地可根据城镇化发展、人口增加等粮食市场保供实际，适当增加市、县（市、区）粮食储备规模。2020 年 3 月 1 日，《江苏省粮食流通条例》正式施行。《条例》明确各级政府的粮食安全责任，把粮食"产、购、储、加、销"全链条各环节的职责压得更严实，把粮食安全保障体系的"四梁八柱"构建得更坚实。截至 2020 年年底，全省地方粮食储备规模达到 365 万吨，落实成品粮油应急储备 13.65 万吨，顺利完成物资储备机构改革，初步形成职能部门有序分工、通用物资储备与专用物资储备有效协同的物资储备管理体制机制[①]。

2. 储备粮管理及范围的明确

2021 年 5 月，为保障地方政府粮食储备安全，贯彻储备粮食质量管理总体要求，适应新常态下粮食储备管理工作需要，江苏省结合本省实际，制定通过了《江苏省地方政府储备粮食质量安全管理办法》（以下简称《办法》），以紧跟时代发展新要求，进一步维护粮食市场稳定，保障粮食安全，促进本省行政区域内粮储事业科学健康发展。《办法》明确了政府储备粮食入库、储存、出库环节质量安全管控及相关监督检查活动新要求，其中所称政府储备粮食指省、市、县政府储备粮，包括原粮、成品粮以及食用植物油。

（1）入库质量管控方面。一方面规定政府储备原粮继续沿用符合国家中等及以上质量标准，规定储备成品粮原则上应为 30 天内加工的产品，各项常规质量指标及包装标签标志符合国家标准要求；建立政府储备粮食质量安全验收检验制度，严格按照多重指标对入库平仓后的粮食进行验收检验，并及时建立货位质量安全档案；强化采取低温储粮等新技术，在粮食安全指标符合国家规定的前提下，稻麦储存安全水分值可适当放宽 1 个百分点。另一方面充分调动地方国有粮食承储企业建设高标准仓储设施的积极性，截至 2022 年 9 月底，江苏省财政厅当年累计下达粮食仓储物流及产业发展专项资金 9.1 亿元，较上年增加 8.18 亿元，增长 889%，为提升储备能力、筑牢粮食安全提供了坚实的财政支撑；建立健全粮食质量管理制度和收购入库检测制度，明确质量管理岗位和责任人，要求承储企业收购、采购的政府储备粮必须按照相关标准和规定

---

① 数据来源：江苏省人民政府网，《江苏省"十四五"粮食流通和物资储备发展规划》，http://www.jiangsu.gov.cn/art/2021/9/15/art_46144_10014758.html。

进行质量安全检验达标后方可入库。

（2）储存和出库质量管控方面。一是推行政府储备粮实行专仓储存、专人保管模式，杜绝粮食混存，严格储粮化学药剂的使用和管理。二是要求承储企业严格执行质量管控相关规定，定期开展常规质量指标和储存品质指标检验，每年开展逐货位检验不少于 2 次，检验结果于每年 6 月、11 月底前书面报送本级粮食部门，逐级报送粮食部门备案。三是建立政府储备粮食出库检验制度，严格规定出库质量标准，凡是未经质量安全检验、未满储粮药剂安全间隔期、食品安全指标超标的粮食按要求暂缓出库或禁止销售出库。四是敦促粮食部门加强对承储企业质量安全管理工作的指导和服务，适时开展相关政策、技术培训和考核，在此基础上，承储企业应定期维护、校验、更新检验仪器设备。

（3）检验机构要求方面。承担政府储备粮质量检验的粮食检验机构一方面应按国家有关规定取得资质认定，听从地方粮食部门或承储企业的调派，熟悉政府储备粮食质量政策要求。另一方面，应对政府储备粮食委托检验进行现场扦样，按照委托方要求的报告形式、报送时间，及时将检验结果报送委托方，对检验结果承担保密责任，并留存抽样单、检验原始记录等相关材料不少于6 年。

（4）监督检查方面。规定粮食部门对政府储备粮食质量管理、质量安全状况、验收检验结果等情况进行监督检查，年度检查比例一般不低于本级政府储备规模的 30％，承储企业覆盖面不低于 30％。要求建立粮食质量安全问题整改机制，对检查发现的质量不达标、储存品质不宜存和食品安全超标等粮食质量安全问题，监督检查部门应及时提出整改要求。执行失信机构"黑名单"方法，对存在出具虚假检验数据等情况的粮食检验机构，不再委托其承担政府储备粮检验任务；对承担委托检验的粮食检验机构和人员，违反相关规定，依照有关法律法规处理。

从以往的经验看，粮价的波动一开始会反映在局部地区，随着国有粮食企业商业库存的下降，地方储备粮已经成为保障我国粮食安全的第一道防线。加大对地方储备粮建设的投入、质量管控和部门监管力度，在地方建设粮食储备的过程中，确保储备数量真实、质量良好、储存安全成为日常管理工作的重点。江苏省通过实行省级储备粮运作管理合同责任制、承储资格行政许可制、轮换审批制、入库确认制等一系列制度，加强了对本省粮食储备的管理，规范了管理和运行工作程序，提高了储备粮管理水平。

（三）浙江省粮食储备管理发展研究

作为我国第二大粮食主销区，浙江是全国最先放开粮食的省份，积极进行粮食购销市场化改革，农业和农村经济结构不断得到调整和完善。多年来，浙江省委、省政府把认真落实国家粮食安全战略摆在突出位置，认真履行粮食安全省长责任制，重视和支持粮食流通改革发展；不断强化地方储备能力建设，积极开展动态轮换和社会化储粮试点；大力推广绿色储粮技术，广泛创建"四化粮库"；加快推动粮食安全保障地方立法，切实加强粮食流通监管。全省粮油市场平稳运行，粮食产业蓬勃发展，在许多方面取得了明显成效。

1. 粮食储备管理政策安排

浙江省委、省政府明确提出高水平建设粮食安全保障体系，现实意义重大。浙江省粮食和物资储备局秉持"合作、共享、创新、发展"的理念，针对浙江省情粮情特点，在落实粮食安全省长责任制、推进粮食流通现代化、提高粮食综合流通能力等方面，给予重点倾斜；聚焦扩大和深化粮食产销合作，在建立长期稳定协作关系、协调运力保障、加强储备管理等方面，给予积极支持。

（1）优化政府储备结构与布局。健全政府储备规模动态调整机制，确保地方储备粮油计划足额到位，按要求适时充实食用油、成品粮及小包装粮油储备。按照"优储适需、储为所用"原则，优化储备品种结构和区域布局，全省政府储备口粮比例不低于70%，市、县（区）储备逐步将晚稻比例提高至40%以上。根据省内养殖等产业发展需要，适当增加玉米、大豆等品种储备，增强饲料和食用油原料保障能力。健全央地合作协同机制，加强储备粮轮换吞吐协调联动，积极争取扩大国家政策性粮食在浙承储规模。

浙江省拥有完备的"补贴式"多方监督成品粮储备制度。以杭州市为例，杭州是我国典型的南方城市，以稻米为主食。成品粮储备品种主要是粳米，杭州市的成品粮储备以"补贴"方式进行。具体地说，杭州市粮食行政管理部门对成品粮代储企业承担的贷款利息、管理费用、轮换差价等集中补贴，并明文规定成品粮代储企业每年必须进行2～3次轮换，对代储企业轮换的差价用政府购买方式予以补贴。

（2）严格储备安全管理。强化政府储备安全管理，制定完善政府储备承储库点选定、储备粮轮换、损益管理等规章制度，以数字化改革促进业务流程规范化、基础管理精细化、账表卡簿标准化，守住政府储备"数量真实、质量良好、储存安全、运作合规"的底线。研究推进全省地方储备粮库存统筹动态平衡管理模式，确保全省储备库存常年不低于70%。深入推进"星级粮库"创建，推广省储备粮管理公司"四化粮库"、温州"网格化"管理、湖州"6T"管理等模式，学习借鉴中储粮单仓成本核算做法，打造具有浙江辨识度的粮食仓储管理特色品牌。

2018年以来，浙江省以"五优联动"为抓手，通过改革储备粮轮换机制，盘活部分储备粮资源服务产业发展，实现粮食产业各环节良性循环，达到农民增收、企业盈利、政府减亏、消费者获益的共赢目标。主要做法是试点地区安排一定数量的地方储备规模，通过公开招标、竞争性谈判等方式确定试点加工企业。再由试点加工企业选择优质晚稻品种，通过政府储备订单落实到种粮大户，引导农民规模化连片种植优质晚稻。订单收购结算价格由各地按照"优质优价"原则确定，也可按照晚稻最低收购价和试点加工企业加价确定，同时享受政府订单奖励。收储的优质晚稻采取单收单储，应用气调、低温或准低温储存等保质保鲜技术，一年一轮换，均衡出库用于试点加工企业生产品牌大米。

2. 强化科技政策推动粮储发展

浙江省是我国农、林、牧、渔各业全面发展的综合性农区，产业门类齐全，粮油、茶叶、花卉等产业稳步发展。在农业科技发展方面相对发达的浙江省，不仅经济发展水平较高，在粮食科技政策引导方面同样值得其他省份借鉴。

近年，浙江省加强与科研院所合作，开发应用以横向通风为核心的储粮"四合一"升级新技术、新装备、新工艺，积极实施"仓顶阳光"工程，着力提高仓储科技水平。一是全面应用机械通风、环流熏蒸、粮情测控、低温准低温、散装散存等储粮技术，储备粮宜存率达到100%。二是以推广应用充氮气调储粮和准低温储粮技术为重点，提高绿色储粮比例。截至2020年年底，全省绿色储粮仓容达到48.4亿斤。三是省储备粮公司搭建科研创新平台，成立了全省首个全国粮食行业技能拔尖人才工作室。2018年获得粮食仓储科技国家发明专利3项、实用新型专利4项、国家软件著作权1项。储粮科技的研发和应用，有力确保了储粮品质。

（1）建立创新型工作机制。浙江省采用创新型工作机制，构建"12345"基本工作框架，提高科技收储成果转化率。其基本含义是以科研收储成果转化为导向，建设科技园和"专利"池两个科研服务平台，将科研成果以新颖的形式在省内全覆盖。加之制定鼓励科研人员创新创业的政策，积极推动科技收储成果向实际生产转移，引导农业科技成果向种植农户推广，确保粮食收储质量高、损耗少。

（2）创新建设"粮食飞地"。随着经济发展，浙江省从曾经的"鱼米之乡"转变成为我国的第二大粮食主销区。为保障粮食安全，浙江省采取"走出去、引进来"的战略，以市场化手段鼓励本省有实力的粮食加工企业、粮食生产专业合作社、种粮大户"走出去"，到粮食主产区包地种粮，建设省外粮食生产"飞地"，基地粮食调返供应浙江。近年，浙江省集中精力打造以黑龙江为重点的晚稻基地、以江西为重点的早稻基地、以河南为重点的小麦基地，并通过三大基地建设，带动与其他粮食主产区的合作，形成相对稳定的省外粮源基地300多万亩，近5年共从省外调入粮食5 000余万吨，占省内粮食消费总量的58％以上。粮食基地在保证浙江省粮食安全上发挥了巨大作用。

（四）福建省粮食储备管理发展研究

福建人多地少、山多田少，是国内第三大粮食主销省份，人均耕地面积仅为全国平均水平的1/3，2018年粮食消费量2 130万吨，产销缺口超过1 600万吨，粮食自给率仅为23％左右。多年来，福建省始终牢记"确保国家粮食安全，把中国人的饭碗牢牢端在自己手中"的使命担当，坚决"扛稳粮食安全这个重任"，走出了一条主销区确保粮食安全的新路子。因此，在维系粮食安全的背景下探讨福建省粮食储备管理问题具有积极的现实意义。

福建省有全国最大的杂交水稻制种基地县，三明市建宁县水稻种子成为全国首个水稻种子地理证明商标，水稻制种面积和产量均占全国的10％左右。粮食储备制度健全完善，360万吨地方储备粮落实到位，粮食市场宏观调控能力不断增强，对稳定物价总水平和促进经济持续健康发展起到了重要的基础性作用。与黑龙江、吉林等10个产粮省建立长期政府间产销协作关系，先后从协作省调入8 000多万吨粮食，有效确保了省内粮食供应。

1. 严格遵循农业补贴管理政策

福建立足缺粮省份实际，积极推进粮源渠道多元化，破解产不足需矛盾。实施储备订单粮食直补政策，着力保护本地粮源，每年安排省级储备订单20万吨、市县储备订单11万吨，有效调动了种粮农民积极性。2014年以来，福建省农业农村系统全面认真贯彻落实中央"三农"决策部署，积极落实强农惠农政策，主要在粮食种植加大补贴力度，推动粮食产业稳中向好发展态势。其主要采取的补贴政策有农资综合直补、粮种补贴、种粮大户补贴、订单粮食收购直补等。我国的农资综合补贴政策从 2006 年开始实施，福建省积极响应国家政策，对种粮农民实施补贴政策实行至今，惠及全省 82 个县级单位的种粮农户。

实行粮食最低收购价和储备订单粮食收购直接补贴政策，加强粮食收购市场监管，杜绝农民"卖粮难"情况发生。福建省省级储备订单数量保持 20 万吨，并给予售粮农户每 50 千克 12 元直接补贴；各市、县（区）政府要按照储备轮换和调控需要，合理安排本级储备订单粮食收购计划并给予补贴。省级储备粮油保管、轮换、利息费用实行定额包干。其中，省级专项储备粮食（原粮）和食用油每吨每年分别补贴 230 元和 400 元，储备大米和小包装储备食用油每吨每年分别补贴 500 元。

2. 粮食储备各环节政策落实

一是实行粮食轮换计划管理。严格计划管理，任何单位和个人不得擅自轮换。坚持制度管粮和技术管粮相结合，探索完善储备轮换新机制，每年安排 10 万吨粮食实行"储加结合"模式，由骨干粮食加工企业包干实行"一年或两年轮换一次"，取得了减少轮换价差开支和满足加工需要的双赢效果。二是粮食轮换计划的审批。由同级粮食和物资储备部门会同财政部门审核，报请同级政府批准后联合下达给储备粮承储企业。三是储备粮轮换的依据和储存年限。储备粮的轮换以储存品质为依据，以储存年限为参考。在常规储存条件下，参考储存年限为稻谷 3 年、小麦 5 年、玉米 2 年、食用植物油 2 年。

根据实际情况，针对入库的储备粮，福建省创新设立了"双检"制度来加强储备粮的质量管理。"双检"制度就是要求福建省粮油质量监督检测站同储备粮承储企业对同一批次待入库粮食的质量共同进行抽样检测，两方检测结果都达到合格标准，才可以入库。针对承储企业储备粮的日常管理，设置了查仓保粮制度、季度普查、粮库主任月会查等制度，即要求企业对储备粮落实"三天小查，七天大查"的检查制度。福建省还实行督查制度，要求市局与粮食储备管理单位的督查员进行每季度定期或不定期的督查，必须做到全面、细致、深入，发现隐患及时督促企业整改；储备粮出库时实行出库批批检测制度，依据国家的规定，制定检测的项目，并从 2013 年以来，特别增加了重金属、农药残留以及真菌毒素卫生指标的检验，检验指标合格后，才可以出库，该项制度有效地保证了出库粮食的质量。

第二节　国内粮食储备管理的经验总结

粮食储备在经济发达的国家或地区，是一项用来调控粮食安全供给和市场稳定、粮食国际贸易的重要政策制度和手段，在长期的运行管理过程中也积累了许多丰富有益的经验。为此，本节通过对国内经济水平较高、粮食储备运作良好的山东、江苏、浙江和福建等省份的粮食储备管理模式及实践经验进行分析和经验总结，从而为我国粮食储备体系的建立、优化和完善形成有益的经验借鉴，推动国家粮食储备管理制度逐步走向规范合理，保障国家粮食安全。

一、各管理部门职责明确

从管理体系来看，作为经省级人民政府批准组建的国有企业——山东省粮油收储有限公司，归山东省国资委统一监管，隶属于山东鲁粮集团有限公司，是鲁粮集团所属规模最大的粮油承储企业；公司下辖鲁中、鲁西、鲁南三个直属库，按照"责任储粮、科技储粮、廉洁储粮"要求，充分发挥公司"一盘棋"整体策略，担负着省级储备粮和省级花生油的储备任务，承担省级储备粮的收购、存储、轮换和调拨等工作。

福建省粮食储备管理体系集中，交由省粮食和物资储备局统一调度，1998年批准设立的省局直属国有独资企业——福建省储备粮管理有限公司，承担省级储备粮油的经营管理责任，负责省级储备粮油的购销、存储、调拨、轮换及相关业务；公司下辖遍布全省共计23个人、财、物垂直管理的直属库，要求切实做到"一符三专四落实"，确保储备粮油安全，实现"四无"粮（油）仓。

江苏省储备粮动态管理模式的发展进度领先全国，得益于江苏省委、省政府多次作出指示，《江苏省地方储备粮管理办法》于2008年发布，2015年进行首轮全面修订，为贯彻落实国家新的改革要求，2020年再次启动修订；《办法》在粮食储备安全管理方面做出新规定：一是进一步完善粮食储备管理体制，坚持省级示范、市县联动和分级负责、分层推进，对轮换计划管理、储备规模动态调整、承储企业经营规范等作出规定，以中储粮江苏分公司为中心，加大推进"安全粮库、智慧粮库、绿色粮库、美丽粮库"建设，地方政府粮食储备运行机制进一步健全；二是依据《江苏省粮食流通条例》对地方政府储备粮内涵进行规范，对地方政府储备规模和管理费用动态调整、竞争承储、轮换补差等制度安排予以明确；三是通过强化计划管理和储备安全，明确各级政府和部门职责，切实抓好承储企业主体责任，回应粮食安全保障新形势、新要求；四是通过进一步健全储备粮管理协调机制，落实粮食安全责任制考核要求，明确对监督检查计划、动态远程监管、联合监督检查等规定，提升地方政府粮食储备安全管理新效能。

福建省属粮食主销区，存在巨大的粮食产销缺口。福建省从改变粮食储存模式入手，进行了大胆尝试。福建省将其省级储备粮 3 000 吨（占总规模的25%）存放在民营企业仓库，与之签订代储合同，并由省储备粮公司派人驻厂管理。在存储企业的选择上，福建省一方面建立明确的准入规定及管理考核制度，另一方面注重选取部分粮食加工企业代储省级储备粮，实行"库厂"结合的模式。这样，既充分利用了民营企业的仓储设施，减轻了国有粮食仓储企业的库容压力和建设压力，又将静态化的储备粮同动态化的企业生产相结合，缩短了粮食存储时间，走出了一条储备粮动态管理的新路。

各市级政府组织市级储备粮工作时，严格执行落实省政府下达的市级专项储备粮计划，落实市级储备所需的资金与仓储等设备；市粮食和物资储备局承担储备粮的行政管理工作，对储备粮的数量、质量以及安全进行监管；市发展改革委协调落实储备粮仓储及物流设施的新建和改造工作，参与市级储备粮政策的制定，联合粮食和物资储备局与财政局拟定储备粮规模与相关计划；市财政局组织安排储备粮的利息补贴、保管与轮换费用等财政性资金，确保及时、足额发放，同时对财政性补贴资金的使用状况进行监管；农发行则负责及时、足额发放储备粮所需要的贷款，同时对此进行信贷监督。多个部门综合管控，共同监督管理储备粮，多个部门综合管控，共同监督管理储备粮。以上几个省份在提升储备粮管理方面的一些先行做法符合新时期粮储管理的时代要求，政府逐步退出具体事务管理的做法值得推广。

二、科研人才体系建设完备

保证粮食储备安全和粮食储备人员素质息息相关，也与仓储管理人员的专业技能知识密不可分。因而粮食储备安全想要得到长足发展，就要加大农业科技人才培养力度，制定人才培养政策，激发员工积极性，让员工从被迫学习转变为主动学习。为了使人才培养更加统一化，在进入工作岗位前，中储粮公司就应该先进行统一工作培训，在培训一段时间后进行模拟考核，考试合格的员工才能分配至工作岗位进行工作，不合格的员工要求再培训，有的直属库会根据实际情况再次对员工进行专业培训。另外，可以开办专属中储粮公司的粮食储备管理学校，定期展开培训，培养管理人才，提高员工整体素质教育，促进管理体制的发展，不断寻求粮食管理进步新方向。例如，河南省有专业粮食学校，为推动教学工作改革，学校根据发展需要调整专业设置，开展了"订单式培养"、开设"冠名班"，为粮食企业员工培训提供了有力支撑，实现了校企双赢。

近年，山东省高度重视粮食和物资储备科技创新工作，按照国家粮食和物资储备局"科技兴粮""人才兴粮"总体部署，多措并举推进科技人才兴粮兴储，有力助推了全省粮食和物资储备行业高质量发展。第一，政策引领，统筹协同推进。烟台市加大仓储物流设施建设力度，推进龙口港粮食现代物流（产业）园区高效物流科技创新，促进深加工产业发展和聚集；威海市加快科学储粮新技术研究应用，累计投入资金 1 380 万元，21 个智能化升级库点实现数据信息化、业务智能化，科技创新劲头迅猛。第二，建设载体，搭建发展平台。首先，积极参加全国和省际交易博览会，连续举办两届山东粮油产业博览会；其次，指导山东商务职业学院、省粮油检测中心等单位积极申报科研项目；最后，继国家粮食产业科技创新（滨州）联盟后，国家小麦、玉米、大豆三大产业技术创新中心落户山东，致力于搭建平台上水平。第三，聚焦研发，加快成果转化。大力推进科研成果转化，助力企业转型升级和经济结构调整。山东省大力推广应用科学储粮新技术，建成菱镁板 58.8 万米^2，低温准低温仓容 708 万吨。第四，精准培训，提升队伍整体素质。成立全国首家品牌研究院，会同阿里巴巴举办高层次人才研修班。

近年，浙江省共投入 112.5 亿元，新建储备粮库 79 个，提升改造老旧仓库 360 个，粮食仓储物流设施面貌焕然一新。目前，全省粮食政府储备规模已增加至 120 亿斤。为了顺应新时代发展要求，浙江在全省范围内率先开始"绿色储粮"新技术的推广应用，突出"数字赋能"重点，广泛运用"黑科技"提升粮食流通、储备和应急保障能力，把饭碗牢牢端在自己手中。

作为首批"浙江粮仓"数字化平台项目建设试点区县，杭州市余杭区率先在小麦收购期进行收储一体化数字平台建设，目前已实现智能物流作业数字系统应用全覆盖；加快建设"浙江粮仓"数字化协同平台，温州市率全国之先实现市级仓库在线监管全覆盖，如 2021 年 4 月按照现代"智慧粮库"标准要求和国内最先进的设计技术进行建设的现代化大粮仓已投入使用，筑牢"优粮优储"基础条件，提升绿色储粮比例；湖州市建成长三角稻谷价格监测平台，首创稻谷价格指数保险，并探索出"空仓模式"，把空置的国有粮库暂时租给农民专业合作社或种粮大户，并设置相关主体经营规模和科技应用的准入门槛，作为助力"湖州模式"基础设计的有效补充。

三、储备粮管理制度健全

在储备粮管理中，储备制度是粮食安全保障体系的基石，健全粮食储备管理制度应该制定一个标准的、科学化的管理体系，该体系可以将粮食管理中的各种方法以及基准条件有效结合起来，使粮食储备管理从根本上得到升华。在我国的粮食储备管理制度体系里，粮食储备制度是保证粮食安全体系的重要基本准则。

粮食储备机制，必须改变以往单一的储备模式，建立高效复合储备模式，以市场化为前提，以国家储备为基础，并配合储备流通相关法律法规，进而稳定国内粮食市场。江苏省管理粮食储备主要通过以下两点：一是加强地方储备粮管理。严格按照《江苏省地方政府储备粮管理办法》，依法管好各市级储备粮油，提高地方储备粮运作水平，增加科学保粮设施投入，完善市级地方储备粮信息管理系统，在政府需要紧急调动时，做到有粮可调、调即能用。二是落实各市级有关储备粮管理办法，进一步扩大成品粮油应急储备规模，提高粮油市场应急保供能力，保证粮油供应充足，市场发展平稳。

近年，福建省秉持建管并举强储备原则，以考核为抓手，联合省纪委监委、省政府督查室对粮库建设、储备规模落实等进行督促推进。全面完成新一轮粮库 64 个项目 254 万吨标准化仓容建设任务。探索完善"储加结合"轮换新机制，实行"一年一轮换"。2020 年增加省级稻谷储备，并从原粮储备规模内转增省级大米储备 1.7 万吨。在全国较早地形成了市级专项储备粮管理制度体系，具体实施由政府委托、部门监管、企业运作。以福州市为例，福州市级储备粮的粮权在福州市政府，市级储备粮的区域布局、品种构成、年度轮换计划都是由市粮储局与财政局等相关部门商定后确定的，具体储备粮的存储库点由粮储局协同财政局研究确定。如果出现特别情况，急需调整计划的，必须经过下达计划的部门审批后才能进行。这种管理体制的优点在于储备粮管理过程中，单一的管理主体会以管好储备粮为重要任务，避免因责任不清、多重管理机构而导致的互相推诿、调不动、用不上。同时，也规避了承储企业一味追求效益最大化而通过储备粮轮换，进行违规操作，谋取企业利益。

山西省和河南省的地方储备粮改革的成功经验同样值得全国学习。两省在深化粮食流通体制改革、完善储备粮管理体制方面的做法各具特色，主要体现在：中储粮建立的垂直管理体系，使中央储备粮权属清晰、职责明确、管理统一，直接掌控覆盖全国、布局合理的购销网络与仓储物流体系；能够全面贯彻国家政策意图、高效落实调控任务，有效克服过去专储粮分级负责、分层管理的权责不清、职责不明，调不动、用不上等弊端。山西省粮食和物资储备局研究制定了《山西省级储备粮管理责任清单》，对省级储备粮管理实行责任清单管理，落实了分级管理责任，要求辖区内涉及省级储备粮管理的行政部门和承储企业必须按照责任清单贯彻执行。河南省的储备粮规模确定、计划下达以及运作过程与山西省几乎一致，不同的是河南省在管理中有省发展改革委参与。

四、科技创新推动粮食发展

加大科技投入，加强科技支撑，通过高科技设备和储粮先进技术在地方粮食储备实践中的应用，实现粮食储备信息化、现代化、智能化，从而保证储备粮质量，减少人力投入，降低储备成本，提高经济效益。建立大中型粮食储备中心，形成集团化、规模化储备，提高管理效率，尽量减少小而散的仓储企业参与政策性粮食储备。例如，建设智慧粮库，智慧粮库是国家"十三五"规划的重点。主要是采用工业自动化、信息化、智能化等方式，依靠物联网、云计算等网络新技术，对粮食仓储中的各种信息进行收集并整合，针对储备粮建立一个统一的信息管理系统平台，实现储备库的信息化管理，同时该平台会对所有数据挖掘、分析，从而达到对储粮企业进行科学、有效的管理。

浙江省致力于构建新型区域粮食收储科技创新机制，省级政府居于领导地位对本省粮食收储发展统筹全局规划。结合省内区域性粮食种植战略需求，进行科学合理布局，针对具有自然、地理条件优势的区域作为发展的重点目标，要秉持大联合、共协作的团体精神，优化整合辖区内涉粮科技创新团队、整合优质平台资源，紧紧围绕区域性粮食收储工作向好发展。从区域性、长期性、公益性的角度出发，开展具有创新、集成性的科研服务团队，围绕"浙江需求、全国一流"的目标，进行具有针对性的科研工作，共同助力省内粮食收储发展，为国家现代粮食收储科研建设奉献力量。浙江省亦在储备粮的仓储管理中注重绿色储粮技术的推广，不断推进现代化智慧粮库的建设，对多个老旧粮库进行智能化改造，并投资超过 20 亿元新建一座智能型现代化粮食储备库，取得了卓越成效。不仅进行科技兴粮，还特别实行人才兴粮的战略，着重培养保粮技术骨干、储备管理人才，这些实践经验对我国储备粮的仓储管理具有一定的参考意义。

江苏省仓储建设中现代化、信息化工作取得了一定成果，尤其是近几年大力改造仓储设施，将"现代化粮仓占比"纳入指标考核体系，极大促进了仓储的现代化。同时，与时俱进，不断发展信息化粮库，建立统一信息化管理平台，提高储备粮的运行效率，便于监督与管理，通过持续加大对科技储粮的研发力度，提供雄厚的资金支持，以高科技、现代化储备粮管理技术的运用，实现粮食储备管理的智能化、现代化。

五、粮食收储调控政策规范

党的十八大召开后，我国不断推进依法治国，对于粮食工作，必须做到粮食管理行政部门和粮食储备管理企业有法可依、粮食储备管理行为有法必依、粮食管理行政部门执法必严、粮食储备管理企业违法必究。通过法律手段，使我国粮食储备制度走上规范化、法治化的轨道。当前，中国的粮食储备管理库存较多，政府承受的财政压力较大，应该规划、建立合理高效的粮食储备管理机制，主要是以市场为风向标，来调控粮食储备规模，逐步达到粮食在生产、储备、消费三个重要环节的动态平衡。地方行政部门也要研究商讨粮食储备管理补贴方案，既能达到节省财政开支，又要激励政策性粮食收储企业对粮食储备管理的积极性，把钱花在刀刃上，提高财政资金的利用率，实现"粮食储备越好、粮食质量越高、企业收益越好"的目标。在提高粮食储备管理企业经济效益的同时，政策性粮食收储管理的质量也得到保障，最终为人民群众造福，使消费者吃到质量更好、品质更好的粮食。政府还可以通过提高粮食收购、储存补贴的方式，吸引更多的社会粮食储备管理企业主动参与到粮食市场调控的经济生活中来，从而实现政府的简政放权，降低政府对粮食市场的干预度。

山东省实行小麦最低收购价格的办法，当小麦的市场价格低于国家规定的最低价格时，国家将按照规定价格对小麦进行收购。福建省是我国粮食主销区，粮食供需缺口大，2014 年以来，福建省农业农村系统全面认真贯彻落实中央"三农"决策部署，积极落实强农惠农政策，充分结合省情，主要采取的补贴政策有农资综合直补、粮种补贴、种粮大户补贴、订单粮食收购直补等，福建省财政厅每年都会对下拨的补贴资金结合本省的实际情况制定当年的实施方案，在拨付前，实际考察市场，同时按照省政府下达的上一年度粮食生产实行计划和财政部拨付补贴资金额为测算依据。这种灵活性的补贴政策弥补了国家政策的普遍性特点，体现了省情的特殊性，充分体现了粮食产业市场化的发展方向，紧跟市场的变化需求适时调整政策。从浙江省情和粮食安全现实基础来看，新形势下浙江省粮食安全系统水平的提升，得益于政府宏观调控下充分发挥市场对粮食资源配置的决定性作用，紧扣保障粮食安全主线，狠抓落实新增地方储备规模、全面落实粮食安全行政首长责任制、推进"粮安工程"建设三大重点，在全国率先构建完成供给稳定、储备充足、调控有力、运转高效的粮食安全保障体系。

因此，制定科学合理的粮食储备补贴政策，既要节约财政资金，避免打击地方政府储备粮食的积极性，提高补贴资金的使用效率，又要通过补贴对政策性储备粮承储企业形成一定激励，实现"储得越好、粮质越优、收益越高"，既能提高储粮企业的经济效益，又保证政策性粮食的质量，使人民群众吃到更优质的粮食；还可以尝试通过补贴引导社会粮食储备自觉参与到粮食市场调控中来，减少政府对粮食市场的干预。加快现阶段的粮食立法工作，填补法律空白，弥补我国目前涉粮法律缺失以及法律位阶较低等问题，并及时对现有涉粮法规、规章进行修订和完善，使其更符合新时代中国特色社会主义粮食工作的新特点。

第三节　国内粮食储备管理典型做法的经验启示

中国用占世界不足 10％的耕地养活了世界近 20％的人口，关系执政基础，考验执政能力。党中央、国务院将"三农"问题作为全部工作的重中之重，从战略高度筹划国家粮食安全。按照"精简、高效"的原则，国家抽调精兵强将组建新队伍，利用国债投资建设新粮库，赋予企业运营新机制。以"新人、新库、新机制"为基础，中储粮总公司踏上了建立新管理体制的探索之路。山东、江苏、浙江以及福建等省份在粮食储备工作中表现出色，在保障地方经济持续发展、营造和谐社会氛围中建立了一套与当地情况相适应的粮食储备管理政策，为国家完善粮食储备工作积累了宝贵经验。

一、新时期储备粮管理工作的意义

"国以民为本，民以食为天"，这句话充分表明了粮食于人民、于国家的重要性。毋庸置疑，人类的生存发展离不开粮食，而国家长期稳定的发展也离不开粮食这一重要物资，只有确保粮食供给稳定，才能提高人们的生活水平，进而推动国家发展和长久治安。自古以来我国就十分重视农业发展，关注粮食生产，虽然社会在不断发展，对于粮食生产和储备的要求有所改变，但在新时期加强储备粮食管理工作具有非常重要的作用，其主要体现在以下两个方面。

第一，不断地进行经营方式的调整，能够更好地适应国际粮食市场复杂多变的情形。科学技术的不断发展，为粮食生产和储备提供了很大支持，而互联网等技术也使得国家和政府能够及时掌握当前国内外粮食市场供需情况，从而不断调整经营方式，及时调整粮食储备工作内容，从而确保国家粮食安全。在面对国际市场粮食短缺的情况，需要重点做好粮食生产控制，同时加强粮食的宏观调控。因此，对于国有粮食企业来说需要面向市场，提高整体的管理理念，最大程度地发挥粮食市场资源的应用，从而能够更好地摆脱传统的经济思维，采用新理念更好地推进粮食市场的运行，并且在应用过程中需要完善相关市场管理方法，从而能够更好地解决粮食短缺问题，满足发展需求。

第二，服务国家对于粮食市场的宏观调控。我国政府长期以来都是采用宏观调控的形式，不断地提高和控制粮食收购价格，从而有效地保证农民的利益。在粮食歉收年份，根据粮食市场供求状况以及国家粮食安全工作的内容，将储备粮投放到市场，从而稳定市场粮食价格，保障居民生活需求。在粮食丰收年份，则以高于市场均价水平收购粮食，从而确保农户收益，也进一步保障国家粮食安全。但是在进行该工作的时候，需要有效地建立规范化管理的长效机制，从而才能够更好地满足市场科学发展需求，更好地满足粮食储存安全的要求，确保整体储备粮的管理工作质量，在工作中也能够更好地履行相关职责，更好地满足国家宏观调控原则，确保农民的整体利益。

二、国内粮食储备管理的经验启示

（一）完善财政补贴政策

随着经济社会快速发展，我国粮食生产所获收入随之增加，但与其他行业相比，仍处于生产收益相对下降的情况，因而农户对于种粮的积极性有所下降。对此，可从粮食价格政策方面来提高农户种植积极性。完善的粮食价格政策可以有效提高粮食产量和农户收入，进而提高农户种粮积极性。由于各个省份粮食生产状况不同，国家在制定粮食价格政策时要给各省份一定的调整空间，有差异地制定补贴资金政策分配方案，但无论方案如何制定都应该遵循要调动农户种植积极性、多调粮产好粮的原则。例如，福建省每年都会根据本省的实际情况制定调整粮食补贴政策，紧跟市场需求变化适时调整政策，并且在拨付前会实际考察市场，与此同时，按照省政府下达的上一年度粮食生产计划和财政部拨付补贴额度为测算依据，从而确定补贴额度。这种补贴政策有效提高了粮食补贴的利用效率，提高农户种植积极性，也为国家制定粮食价格政策提供借鉴意义，使得国家在制定政策时充分结合各省份粮食生产情况以及当年的粮食生产储备计划，有差异地制定粮食补贴价格，充分调动各省份粮食种植积极性，把好粮食储备质量。

除了要因地制宜地制定粮食价格政策外，政策的监管实施也十分重要。当前，我国粮食补贴可以分为农资综合直补、粮种补贴、种粮大户补贴以及订单粮食收购直补等，这些补贴有效降低了农户生产种植成本，但在实际发放过程中存在补贴拨付不到位的情况，使得补贴效果大打折扣，而福建省则在粮食价格政策落实方面效果显著，可为全国粮食价格调整的监管实施提供借鉴。福建省针对全省从事粮食种植的农户发放农资综合补贴资金，其中国有农场的种粮职工同样包括在内。为了避免财政补贴资金落实兑现的不准确，使得资金挪作他用，进而损害农户收益，福建省农资综合补贴资金由省级财政测算拨付到县市后，各县市财政部门要及时将资金拨付至农村信用社，并根据相应的补贴标准，统一通过农信社"一卡通"直接兑付给农户，使得农资综合补贴准确有效地落实到位。与此同时，各县市向农户发放补贴通知书，明确告知农户补贴亩数、补贴标准和实际拨付金额等相关内容，并且将有关财政农业补贴政策做成宣传手册对农户进行发放。福建省从两方面采取措施有效提高了财政农业补贴发放准确度，即补贴发放方式以及政策宣传，这也为全国粮食补贴监管实施提供了思路。

（二）健全粮储技术体系

科学完备的粮食储备技术体系能够有效地从根源上提高粮食质量，降低粮食储备损耗量。其中，粮食储备技术体系应涵盖粮食种植、粮食收储、粮食存储以及粮食加工四个环节，其体系建设包括粮食流通体系建设、机械化储备库建设、机械化技术的研发、对科研成果的应用推广等。我国部分地方粮食储备基础设施陈旧，平房仓和楼房仓还占很高比例，适合机械化作业的圆筒形仓库十分匮乏，大部分粮库使用的设备都很陈旧，粮食的出入库运输和散粮的运输工具比较落后，粮食的储存成本和运输成本偏高，并且缺乏相应的技术人才。浙江省则在强化科技政策方面实施效果较好，为其他省份乃至全国健全粮储技术体系提供借鉴意义。

浙江省从三个方面推动粮食储备工作开展：一是构建新型区域粮食收储科技创新机制，浙江省从全局出发，对粮食种植进行合理布局，并优化整合辖区内涉粮科技创新团队、整合优质平台资源；二是加强农业科研人才体系建设，浙江省出台《关于激励农业科技人员创新创业的意见》，激发科技人员的创新活力；三是建立创新型工作机制提高科技收储成果转化率，浙江省通过建设科技园和"专利"池两大科研平台，并通过现场会、竞拍、路演以及农博展交流等四大会场展示科研成果，除此之外，还制定相关创新创业政策鼓励科研人员将科技收储成果向实际生产转移。

我国需要进一步加大粮食储备领域的科研投入，探索科学合理的储粮技术，将"藏粮于技"真正落实在实处。一是提高科技实力，加大防虫害、防霉变的储藏技术的研发，努力寻求以更低的成本、更安全的技术延长粮食的储藏时间，保证储备粮的品质，为科学存储粮食提供技术支撑。与此同时，提高科研成果的转化率，将科研成果应用到粮食生产储备的实际工作中。二是提高粮食储备的机械化水平，尤其应加大对散粮装卸、中转的机械化、自动化的研发投入，以节省粮食出入库的时间和降低粮食出入库的损耗。三是加大粮食储备信息技术的研发，充分利用当前的传感技术、互联网技术以及人工智能技术，对粮食储备的出入库，粮食储备的品种、数量、质量进行全方位的监测和统计，充分保证我国粮食储备数量充足、质量良好和结构合理。四是注重农业相关科研人才培养，激发农业科技人员的创新活力。

（三）优化收储政策结构

调整粮食品种结构，保障供求平衡。在农业发展初期，农业发展很大程度上受农业生产要素配置的影响，而这种配置往往由市场自发配置形成，无论是发达国家还是发展中国家往往采用价格支持政策来影响生产要素的配置，进而影响农业发展。在发展初期，价格支持政策往往以增加农产品产量和保障农户种粮收益为核心原则，但随着价格政策的不断推进，产生结构性矛盾以及农产品积压的问题会随之而来。这类结构性不平衡问题逐渐成为粮食收储发展的主要问题，而粮食流通可以有效促进和引导粮食生产以及调节供需平衡，从而改善粮食收储结构。当前，我国对粮食收储结构的调整主要表现为政策信号的传达，使得部分农户由于不了解国家收储政策的调整和粮食流通市场状况，从而"盲目"种植，进而影响国家粮食收储工作。

江苏省十分重视粮食流通，自改革开放以来不断探索粮食流通体制改革方案，不断优化粮食收储结构，为其他省份以及全国流通体制改革和优化收储结构积累了宝贵经验。江苏省流通体制改革主要分为以下几个阶段，分别是粮食流通双轨制阶段、粮食市场化探索阶段以及粮食流通市场化改革时期。当前这一阶段主要采取推动现代粮食流通产业发展措施促进粮食流通体系的构建，重点围绕深化国有粮食企业产权制度改革，不断推动粮食企业转型升级，要求企业由粗放向集约、单一向循环等方向发展。除此之外，该省还采取最低收购价政策来调整粮食流通。其在粮食主产区采取最低收购价，确保农户收益，活跃粮食流通市场。

我国要加大对优化粮食收储结构调整的力度，而粮食收储结构的优化依托于粮食流通市场基础和流通体制改革。要建立健全的全国粮食宏观调控体系，其中粮食生产稳定发展为其基础，国家以及各级粮食储备为其依托，粮食应急供应系统作为其保障，国有粮食企业为主渠道，多元市场主体共同发展。推进粮食流通体制改革要循序渐进，避免采取冒进的"休克疗法"，应对粮食行政管理部门进行改革，使其成为粮食行业的管理者、规则的制定者以及粮食市场秩序的维护者，保障粮食安全。

（四）健全储备粮管理制度

政府粮食储备宏观调控产生的直接目的是确保粮食市场供求平衡，保障国家粮食市场安全需要。在粮食市场供求失衡时，等待市场的力量自觉提供支持往往是低效率的，甚至是极不可靠的。因此，一方面单靠市场的力量无法根本解决粮食市场供求失衡问题，另一方面政府在整合资源应对粮食市场供求失衡情况时具有强大的作用。政府通过建立粮食储备的手段干预调节粮食市场，完善粮食储备宏观调控机制，集中有限的社会资源来保障粮食市场安全。科学管理是组织运行的重中之重，而标准化体系则一直是科学管理的基础，它能够有机整合现有的各项管理制度和规范，使组织实现综合实力的提升。在储备粮管理中，储备制度是粮食安全保障体系的基石。然而从我国粮食政策历史沿革来看，每次政策调整都会使得粮食工作部门和管理机构发生变化，在多数合并、撤并形势下，粮食管理作用开始弱化，导致市场监管缺位、流通失序等问题的产生，并出现认为粮食储备管理部门可有可无、"国内粮食不够，国际市场补"

等不利于粮食安全的观点。

山东省所落实的全面粮食管理责任制则为其他省份以及国家健全储备粮管理制度提供了借鉴意义。山东省实施部门粮食安全责任制度，根据各部门的职责不同对责任进行了具体划分，对于财政部门而言，其主要责任是要保障粮食基金安全，加强对风险的应对能力；对于科技部门而言，其主要责任是要大力研发粮食收储科学技术，除此之外，提高科研成果的转化率并实现技术应用全覆盖、大力培育粮食新品种、促进粮食高效生产也是科技部门的责任；对于农业农村部门而言，其主要责任是对粮食生产管理、技术、监督等进行管理；与之不同的是，粮食和物资储备局要做好粮食储备和流通相关工作以及完善粮食各方面工作。除了上述责任划分之外，对于粮食收储规模也提出了明确的要求，储备规模的变动需得到省发展改革委、财政厅和粮食和物资储备局三者同时批复。针对粮食收储风险金方面，将存储和调运等费用包含在内，同时将财政部门也纳入预算中，在风险金无法保证效果时发挥作用。与此同时，山东省还实时更新辖区粮食收储数量、收储品种等数据，并将相关数据报送相关审批单位及管理部门，使粮食收储数量及结构始终处于可调控范围之内，根据实际情况及时调整政策内容，从而确保政策的精准性。

我国需要完善地方粮食行政管理部门职能，严格按照属地管理原则，全面监管辖区内的粮食行业，包括中央储备粮、地方储备粮、地方商品粮，形成一个完备的粮食行业监督管理体系。此外，鉴于地方粮食储备很难产生经济效益，高度依赖政策支持，所以应将地方储备粮的管理职责单独划分出来，纳入专门的战略物资管理部门，直接隶属于省级人民政府，这样在制定储备粮政策、规划以及进行日常管理时可以提高自身话语权，增强独立决策能力，避免多部门的博弈，也可以提高紧急情况下储备粮的动用效率。

第四节　小　结

本章首先从政府和社会这两个角度对现阶段我国粮食储备管理制度的发展情况进行分析，从我国发展趋势来看，未来我国粮食储备体系构成中，政府储备（主要是专项储备）的比例将会越来越小，企业储备和农户储备的比例将越来越大。这一符合趋势的调整，有赖于我国粮食管理制度的改革，特别是目前"双轨"运行的中央储备和地方储备两套管理制度的改革。其次选取国内典型省份对其粮食储备管理实践进行了梳理，进而发现这些省份在粮食储备管理中取得的成就来自其明确的部门职责、完备的人才体系、健全的粮食储备制度、先进的科学技术以及因地制宜的调控政策；最后根据国内粮食储备管理各级发展的具体做法和区域布局的成功经验，总结出适合我国现阶段粮食储备管理的启示，其主要包括财政补贴政策、粮储技术体系、收储政策结构以及储备粮管理制度四方面内容，这为完善我国粮食储备管理体系、稳定国家粮食安全大局起到借鉴和指导作用。

第七章
规避粮食储备风险保障中国粮食安全的政策建议

作为连接生产与消费的"蓄水池",粮食储备在平抑市场价格波动方面发挥着至关重要的作用,可以大大克服粮食生产和消费在时空上不对称性的弊端,减轻自然灾害、突发公共事件对粮食生产与流通的影响和制约。同时,当国际粮食市场发生波动时,充足的粮食储备是稳定国内粮食价格、防范国际粮食冲击的关键所在。历史经验证明,粮食储备不仅关系社会公平和公共利益,更与国家安全、经济发展和社会稳定密不可分。但目前我国在粮食储备方面还存在着不少问题需要解决,这无疑给国家粮食安全带来了隐患。基于此,本章将从粮食储备规模、质量风险、成本、组织及运营风险、流通及轮换风险、国际风险六方面具体分析粮食储备过程中会遇到的各种风险,并针对不同的风险提出了建议和措施,以期完善中国粮食储备、保障中国粮食安全。

第一节　中国粮食储备规模管理

粮食储备规模的合理测算和保持,对于确保国民经济健康发展和社会稳定有着重要意义。如果储备不足,有可能导致粮食不安全,引发社会动荡;如果粮食储备过多,又会增加仓容压力和财政负担,导致巨大的财政开支和消耗,造成浪费。本节在论述我国学术界各种关于合理粮食储备规模的争议的基础上,结合我国国情对我国未来合理的粮食储备规模做了预测。同时分析了合理界定粮食储备规模的必要性,指出了粮食储备规模不当引起的不利后果,即合理界定粮食储备规模的紧迫性,最后提出了完善中国粮食储备规模的建议和措施。

一、粮食储备规模的确定及其分歧

一国粮食储备合理规模的确定,取决于该国粮食生产波动的周期及波动的落差、粮食储备本身的效率、粮食储备亏损的支付能力及国家的财政状况、粮食生产的机会成本等多种因素，我国目前关于合理粮食储备规模的确定存在着各种不同的观点。

（一）目前较有代表性的观点

这些观点认为，国家粮食储备的合理规模应由两部分组成：一是国家安全储备，二是市场调节储备。国家粮食安全储备是国家务必保证的，最低规模应高于 FAO 规定的后备储备规模标准，并且应该随着人口的变动而相应地变动。国家粮食市场调节储备规模是一个动态的变量，它随国内粮食生产形势、流通状况、粮食流通体制改革进展情况、中央政府对粮食进行宏观调控的政策以及国际粮食市场等因素的变动来进行相应的调整。粮食储备的合理规模不仅取决于中央财政的实力，还取决于储备本身的适度规模与经营管理中的最佳经济效益的结合。

（二）其他不同的观点

关于粮食储备规模的确定，国内的学者还有各种不同的观点。

朱泽（1998）认为，维持一定安全水平下的后备库存量就等于过去历年粮食最大累计增产量与最大累计减产量之和（这里的增产量与减产量指的是趋势产量与实际产量的差额）。他采用了两个方案：一是粮食储备完全"烫平"粮食总产量的年际波动，结果是最大仓储能力为 8 646 万吨，后备储备为 5 123 万吨。二是粮食储备只"烫平"超过正负 2% 的波动，而对于 2% 以内的不予干涉，结果是最大仓储为 5 468 万吨，后备储备为 3 156 万吨。

吴志华等（2002）以 20 世纪 80 年代以来我国粮食可供量资料为基础，通过构建粮食专项储备的成本效率模型，得出粮食专项储备规模为 4 887.2 万吨，宜在粮食波动系数小于 2% 时进行储备吞入。

高淑桃等（2010）提出，粮食储备作为重要的战略物资，在维护粮食市场和社会稳定、保护农民利益、确保国家安全中承担了重要责任。为了实现粮食安全的目标，我国的粮食储备应保持在合理水平。今后若干年要确保粮食库存品种结构趋向合理，小麦和稻谷比重应不低于 70%。

王夫玉（2011）用公式 $Y = \dfrac{abx}{c} = mx$（其中，Y 为一国粮食的后备储备量，x 为人口数量，a 为人均年口粮消费量，b 是 FAO 粮食最低安全储备标准参数，c 为粮食生产的国情系数），测算出中央储备粮数量底线应该不低于

5 392 万吨。

贾晋（2012）认为，居民口粮是国家粮食储备的保障主体，对口粮的分析与预测是核算合理粮食储备规模的基础。在得出未来我国的城乡居民的口粮需求量的基础上，分析认为，未来十年，我国中央粮食储备的规模应该保持在550 亿～650 亿千克。

普喆等（2020）借鉴 FAO 算法，基于 1961—2018 年三大主粮产需数据，得出主粮总体储备率在 20％～35％，相当于全国 3.0～4.2 个月的消费量。

纵观以上的观点可以看出，其中提到的粮食储备指的是后备储备，不含周转储备粮食。同时，这些观点提出意见的原则都认为，粮食储备规模要依据本国的历年及当年的粮食产量、消费量以及品种和布局来判断，并不是越大越好。

（三）各种观点的缺陷

以上几种意见都提出了粮食储备规模不是越大越好，而是要寻求一种最佳或合适的储备规模。这对我们今后认真测算粮食储备量、做好粮食宏观调控工作有积极意义。

然而，以上采用的数字定量分析方法的测算，虽然有其自身的科学性，但存在着一定的缺陷。首先，采用的数据大多是中国实行市场化改革前的数据，而实行市场化改革后的数据必然会受市场机制影响而发生变化，其趋势与原来的预测将有所不同。同时，在计算中忽视了市场机制本身对市场供求和市场波动的作用。其次，尽管这几种意见采用的方法基本相同，但由于数据采集的来源渠道不同，加上各自计算也存在误差，因而得出的结果不一样。因此，通过数学模型推算出的粮食规模的结论只是理论上的探讨，而与实际中的规模还是有一定距离的。最后，2016 年以来，在国内有关粮食政策调整和高库存的各类讨论中，中国学者、官员和业界普遍把 FAO 最低安全库存率作为中国粮食库存合理规模的标准。然而详细梳理 FAO 最低安全库存率的提出背景和计算方法会发现，这一标准在中国可能不适用。

FAO 提出的粮食安全储备规模是年消费量的 18％，我国一些学者提出的安全储备规模是年消费量的 25％或者 35％。本书认为，在我国现行体制下，区域间的互补性和丰歉年的互补性比较强，加之我国历史上长期推崇"耕三余一"的粮食安全观念，粮食储备的合理规模控制在当年消费量的

30％较为合适①。

二、合理界定粮食储备规模的必要性和紧迫性

（一）合理规模界定的科学性和可行性

我国是人口大国，但粮食生产具有较大的不稳定性，所以粮食安全问题始终是关系到国计民生的大问题。粮食储备规模的大小直接影响着粮食安全，若粮食规模不合理，不仅会影响粮食安全，更直接影响国家的稳定。

事实上，国家粮食储备目标是影响储备规模大小的一个直接因素，粮食储备政策目标范围越广，需要的储备规模则越大。因此，明确国家粮食储备的目标，是测算合理粮食储备规模的前提和基础。目前，我国建立中央储备粮垂直管理体制从根本上来说是要以丰补歉，确保歉收年份国家粮食供应的安全。因此，我国储备粮食的主要目标应当是确保国家粮食安全。但是还应当看到，我国粮食储备的目标并不仅仅局限于国家粮食安全，稳定农民收入、稳定市场粮价仍将是国家储备粮食的重要目标，其原因如下。

一方面，这是中央政府利用国家粮食储备对粮食市场进行宏观调控的客观要求。国家粮食储备制度从建立起一直以"双稳"（稳定粮农收入、稳定市场价格）为调控目标。1990年，国务院决定建立国家储备粮的直接动因就是保护粮农利益，解决粮农卖粮难问题，防止"谷贱伤农"。1995—1999年，我国粮食连获大丰收，粮食主产区的余粮增加，国家以保护价收购了3 000多万吨国家储备粮，以保护粮农收益和种粮的积极性。2005年，随着粮食最低收购价政策的启动，我国国家粮食储备的功能框架进一步延伸，将保护粮食主产区粮农利益、解决粮食过剩时农民"卖粮难"和价格下跌问题纳入国家粮食储备的政策目标函数中。多年的实践摸索，将稳定粮农收入、稳定市场粮价确定为中央储备粮的重要目标。

另一方面，这是中国加入WTO的形势所需。改革开放和加入WTO以后，中国粮食市场和世界粮食市场逐步融为一体，世界粮食市场的价格波动不仅会影响国内粮食市场价格，还会影响国内粮食供求形势及安全。2010年7月，因俄罗斯、乌克兰和哈萨克斯坦干旱，俄罗斯宣布禁止小麦出口，芝加哥期货交易所小麦期货价上涨42％，而中国粮食市场的零售价基本不变，主要就是由于

---

① "耕三余一"意为耕种三年，积余一年的粮食。出自《礼记·王制》。

中国有充足的粮食库存，可以及时通过收储和开仓放粮来稳定市场粮价。

所以，我国应以国家粮食安全为主要目标，同时把稳定粮食市场价格和生产者收入作为次要目标，在明确国家粮食储备目标的基础上来确定我国粮食储备规模，从而保障粮食安全，促进经济发展和社会稳定。

（二）粮食储备规模不当的不利后果

粮食储备规模不当包括粮食储备规模过大或过小两个方面，粮食储备规模过大或过小都会导致不好的后果。

关于粮食储备规模过大引起的不利后果：一方面，储备规模过大会增加国家的财政负担。虽然储备粮规模的扩大可以增强国家对粮食的宏观调控能力，但是粮食储备本身是要花费成本的。据测算，日本、美国、欧洲共同体，每年储备保管费用至少占储备粮食价值的 10％～15％，我国还要略高一些，大约在 20％。国家为此支付了巨大的成本，其中既有粮食收购贷款不能按时归还而必须支付的利息、挂账，也包括库存粮的储存费用和超储补贴，还包括粮食陈化后处理造成的亏损、挂账等。另一方面，储备规模过大还不利于粮食轮换。粮食储备规模过大除会增加国家的财政负担外还会增加仓容压力，一旦过多集中处置，必将对市场造成冲突，引发连锁反应。另外，目前国家花费大量费用储存的粮食质量低，适销对路的粮食品种少。2003 年，经粮食、财政和质量监督部门核定，粮食库存中的陈化粮为 2 000 万吨，而中国食品工业急需的强筋小麦、弱筋小麦和优质玉米等适销对路的粮食品种却很少，不得不依赖进口，反而导致粮食储备没能发挥作用。

关于粮食储备规模过小引起的不利后果：一方面，粮食储备规模过小会导致粮食不安全。长期以来，国家粮食储备作为整个粮食安全保障体系的重要环节，其基本功能应定位在应对粮食供给短缺的紧急事态或突发事件，属于国家反危机管理的组成部分。另外，受时空因素影响，粮食是一种生产和消费之间难以对称的商品。建立国家粮食储备，通过发挥粮食储备的"减震"作用，就可以缓解粮食流通中时空间隔带来的矛盾，从而保障国内粮食总量平衡，稳定国内粮食市场，保证经济发展和人民生活的需要。由于我国现有粮食市场还不健全，粮食安全对于大国有其特殊性，超过国际一般标准的储备规模也是我国多年实践经验的选择结果。另一方面，粮食储备规模过小难以有效调节粮食市场，实现平衡粮食供求。粮食储备的调节作用表现在：平衡我国粮食的进出口，调节国内粮食缺口，减轻国外粮油市场波动所带来的冲击。由于我国农村人口较多，人均占有土地较少，在许多地方粮食生产不具备规模效益，致使生产成本过高，许多大宗粮食品种的价格普遍高于国际市场，国外粮食的进口必然会给国内粮食市场带来影响。在这种情况下，有效发挥国家粮食储备灵活的吞吐调节作用，综合运用"北粮南运""南进北出""以进养出"等策略，既能减轻国外粮油进口对国内粮食市场的冲击，又可以取得较好的经济效益。如果粮食储备规模过小，这一目标将很难实现。

三、确定合理粮食储备规模的政策建议

（一）明晰国家粮食储备目标

从上文分析可知，我国粮食储备的首要目标是粮食安全。因此，国家在确定粮食储备规模时首要考虑的因素是有利于国家粮食安全。在粮食储备的结构中应当首先保证口粮的安全性，考虑到粮食收获的季节性，中国的粮食总储备中应当包含半年的口粮消费量。同时，官方粮食储备规模还应该根据当年粮食生产、布局以及价格等因素及时进行调整，具体来说调增因素中应当格外关注城市化和粮食产区布局政策变动所带来的粮食市场化程度提高的影响，而调减因素中应充分考虑粮食期货对粮价波动和粮食经营风险的规避作用。此外，还要注意粮食消费结构变化对粮食储备规模的影响。

（二）建立高效的运行管理机制

首先，中央应由过去注重宏观总量的调控，转向注重对市场价格的调控。国务院应赋予中储粮总公司灵活吞吐的调控权利，在中央确定的粮食专项储备规模内，总公司可以根据市场行情变化，对市场进行及时有效的调控，避免传统的决策体制因各方面意见分歧，相互推诿、决策迟缓而延误调控时机。

其次，要建立现代化国家专项储备粮物流体系。通过遵循"适度规模、布局合理、高效灵活、便于调控"的要求来进行国家专项储备粮的布局，将国家专项储备粮主要集中储存于交通便利、设施完善的中央直属粮库、地方大中型国家粮库，尽快全面实现国家专项储备粮垂直管理的目标，确保国家专项储备粮"管得好、调得动、用得上"。

再次，要建设一批现代化中央直属粮库，建成一支粮食宏观调控的快速反应队伍。在中央直属粮库的建设上，一定要正确布局。具体来说，中央直属粮库的选点要具备以下条件：第一，处在交通枢纽中心和粮食集散中心，交通便

利，便于国家调度和应付突发调控；第二，具备收纳、中转和储备的功能，便于国家专项储备粮的推陈储新和经营；第三，储存能力应在 10 万吨以上，便于发挥规模经济效益，降低管理和经营成本。

从次，要确定粮食储备的合理品种和结构。我国居民对市场的需求主要是大米和面粉，市场粮食供应紧张时，容易引起居民情绪不安，甚至导致社会治安的不稳定。因此，中央储备粮应以稻谷、小麦为主。再考虑到食用油问题，适量储备大豆。在地域布局上，应在习惯以大米为主食的地区储备稻谷，在习惯以馒头、面条为主食的地区储存小麦。中央储备粮是面向全国的，经常需要有跨省调运，储备时间相对长一些，因此以原粮储存为主。小麦容易储存保质，费用低，是储备优先考虑的品种。地方储备，应兼存原粮和成品粮。储存的原粮入仓前要仔细清杂，保证是品质良好的粮食。储备粮的质量标准应在原标准的基础上适当提高。

最后，要建立科学灵活的国家专项储备粮轮换经营机制。储备粮轮换应实行超支不补、节约归己、轮换费用包干的办法。轮换费用由总公司对分公司包干，分公司对各个承储企业进行包干，以充分调动企业做好轮换经营的积极性。另外，建立国家专项储备粮轮换基金，这是经营管理好国家专项储备粮轮换的关键，可以保证国家专项储备粮账实相符、品质完好，促进企业适时开展轮换经营，控制轮换经营的风险，减轻国家财政负担。再者，理顺粮食内外贸易体制，积极运用好国内、国际两个市场。粮食进出口是国家调控粮食市场的重要手段，也是国家专项储备粮利用国际市场推陈储新、实现提高经济效益目标的重要途径之一。

（三）加强农户储备粮的管理

"藏粮于地、藏粮于技"是长期以来我国实现粮食安全的重要举措，从目前的现实状况来看，农户储备粮占了我国粮食储备量的 1/2 以上，所以加强这一部分粮食的管理，防止仓储的虫害、鼠害和霉变损失，保证其能够服从国家的调运和调控十分重要。首先，充分认识农户储备粮食的重要性，借鉴美、日发达国家的经验，研究制定农户储备的补贴政策，把粮食储备时间与收购价挂钩，对于农户储备给予补贴，对于受补贴的粮食进行释放期控制，以便加强对农户储备的管理。其次，研究和改进民间储粮的新技术，积极创制民间储粮的新储具，以防止储备中的损失。最后，完善和规范民间粮食银行，在认真审查其储粮条件和资格的同时，建立相应的管理制度，真正保证农民的粮食储得进、取得出、储存质量有保障，粮权归农户，储备保管质量有提高。

第二节　中国粮食储备质量风险管理

随着我国经济的发展，对粮食的要求不仅局限于数量上的充足，而且更加重视质量的保证。粮食质量的安全不仅关系广大消费者的切身利益和身体健康，也涉及动植物健康和环境安全。质量合格的储备粮又是保障粮食储备功能有效性的关键之一，不仅影响着中央储备粮的调控能力，而且影响着储备粮安全储藏和适时轮换，直接关系着粮食安全。本节主要从粮食储备质量安全面临的风险和做好粮食储备质量管理的措施来进行分析。

一、粮食储备质量所面临的各种风险

（一）粮食入库时粮食质量的检验

入库的粮食质量标准符合储备的需要，是确保储粮品质安全的前提，也是确保粮食安全储存的基础。入库粮的质量问题是粮食储备质量安全所面临的首要风险。入库粮食的质量直接关系储藏的粮食的品质裂变速度，只有入库的粮食质量高，才能保证储备粮食的质量安全。因此，只有收好粮，才能储好粮。收好粮，严格控制入库粮食质量，粮食检验工作起着重要的作用，一方面在粮食入库时对粮食检验的同时也应该对仓房等设备设施进行检查，另一方面也要注重粮油质检人员的素质和职业操守培养。

（二）储备设施环境以及技术水平的优劣

储备设施和环境的优劣直接关系储备粮的裂变速度，良好的仓储环境和先进的储备设施可以减缓和控制储备粮的裂变及虫害等各种对储备粮质量有威胁的情况出现。加强储藏基本设施的建设，要重视对仓房的保养和维修以及仓房的卫生工作，同时要提高粮食储藏设施的整体水平。

粮食储藏技术，是指人们为增进粮食在储藏期间的稳定性，确保粮食储存安全和粮食的质量，而在长期仓储工作中反复积累起来的安全储粮的经验、科学知识和有效措施。使用先进科学的储粮技术，是保证粮食储备质量安全的重要环节。

（三）粮食入库后的检验测定工作

在粮食的储藏过程中，由于粮食本身是具有生命活力的有机体，粮食内部不断进行着有生命的、复杂的生理生化变化。随着储存时间的延长，粮食即使没有发生发热霉变现象，但由于酶的活性成分影响，粮食的呼吸作用降低，物理化学性状相应地改变，导致粮食陈化，粮食利用品质和食用品质变劣。因此，如果不做好定时对储备粮的各种情况（包括品质、病虫、霉菌、储备环境和储备设施）进行检验，就不能保证粮食储备的质量。

（四）储备粮是否适时轮换

储备粮的轮换周期是影响粮食储备质量安全的一个重要的因素。要保证储备粮的质量安全，及时推陈储新、缩短轮换的周期是一个有效的办法。

国家粮食和物资储备局明确规定，粮食储存到规定年限（一般是 4～5 年）后，不能再作粮食出售。其依据主要是因为粮食储存过久，粮食的呼吸作用消耗有机物造成营养缺乏。根据《中央储备粮油轮换管理办法》，每年轮换的数量一般为中央储备粮储存总量的 20％～30％。目前，中央储备粮主要品种的储存参考年限为：长江以南地区，稻谷 2～3 年、小麦 3～4 年、玉米 1～2 年；长江以北地区，稻谷 2～3 年、小麦 3～5 年、玉米 2～3 年；豆类均为 1～2 年。

然而，储备粮的轮换同时还涉及轮换费用的问题以及储备粮轮换后的流通问题，这些因素使得储备粮的轮换本身就存在很大的风险。但是，如果不及时地进行轮换，长期对粮食进行储藏，储备粮的质量就不能得到保证，粮食储备质量就面临着很大的风险。因此，对储备粮的轮换机制以及轮换周期要做好充分的研究论证，以便在政府成本以及保证粮食储备质量方面做到有效的平衡。

（五）我国粮食质量管理体系的完善性

粮食储备质量的保证是建立在我国粮食质量管理体系完善的基础之上的。我国粮食质量管理体系包括有保障的法律依据、粮食质量监管机构、粮食质量标准体系、粮食质量检测体系等。如果我国的粮食质量管理体系不够完善，就不能对粮食储备质量的管理建立起有效的支持，很多质量标准和检测体系不能很快地加强和完善，也会使粮食储备质量管理的监测工作无"法"可依，我国的粮食储备质量同样存在着较大的风险。

二、规避粮食储备质量风险的应对之策

针对上一节对粮食储备质量面临的不同风险的分析，再结合我国目前粮食

储备质量管理中存在的问题，本书提出应对粮食储备质量管理的措施如下。

（一）严格控制入库粮食时的质量

要制定严格的质量管理制度和检验员责任制，对入库粮食坚持执行三个结合：大门检验与跟车检验相结合，整车检验与单包检验相结合，科室检验与库抽检验相结合。

确保中央储备粮质量良好，入库管理工作是基础。承储单位的质检、防保人员要明确中央储备粮质量管理工作的重要意义，收购中的粮食检验直接确定了粮食的等级，是依质论价的基础。在收购入库时，检验人员一定要坚持收购质量标准，严把质量关，以"便于安全储存、便于轮换"为原则，只有这样才能为仓储管理打好基础。要把好入库粮食的质量，"干、饱、净"是对入库粮食质量的基本要求。

（二）科学管理已经入库的粮食

1. 定时定期检验粮食情况

粮食在储藏期间，随着贮藏时间的延长，不断分解代谢自身的营养物质和能量，因而逐步发生品质上的陈化和劣变。储粮单位也要加强储备粮的日常检测工作，健全质量档案。注意掌握新建仓型的储粮品质变化情况和规律，以便及时轮换，提高企业的经济效益。并且，粮食在储藏过程中，需要随时或定期对粮食病虫等情况进行检测，及时发现粮食的虫害、霉菌及其储藏稳定性的变化情况，这也是仓储工作的基本任务。而且要积极开展储备粮油质量的监督检验与检测服务工作，确保质量良好，是保证国家急需时用得上的关键。

2. 推行粮食绿色储藏技术

使用先进科学的储粮技术，是保证粮食储备质量安全的重要环节。目前，我国粮食的储藏分为原粮的储藏和成品粮的储藏。原粮是收获后未经加工的粮食，在我国主要有稻谷、小麦以及玉米。我国的成品粮主要有大米和小麦。要根据不同粮食品种的不同特征采用不同的储藏技术。推广科学保粮是粮食仓储工作的必由之路，也是提高库存粮食质量和市场竞争力的必然要求。

3. 加强储藏设施环境建设

加强储藏基本设施的建设，一方面，要重视对仓房的保养和维修以及仓房的卫生工作。为确保储粮安全，要十分重视对仓房的保养与维修，经常组织人员利用业务淡季对仓内大梁与楼板之间的缝隙进行糊封，对房檐四周裂缝进行嵌补，对仓内墙壁四周缝隙、小坑进行嵌封，对破旧槽管进行更换，将槽管与窗子之间缝隙进行填补，使库内"无缝粮仓率"始终保持在100%。既使害虫无藏身之处，又提高了仓库的气密性能，有效遏制了仓库跑气、冒气、漏气现象。

4. 加强检验人员素质管理

检验工作直接关系粮食的品质和价格，关系粮食的合理储藏和利用，关系人们的身体健康。粮检人员要通过对粮食的检验达到对粮食品质评判的目的，提高专业技术素质和思想道德水平是至关重要的。没有良好的职业道德，不具备较高的专业水平和操作技能，就难以取得粮食质量检验的准确结果。加强对检验人员的管理，提高检验人员的素质，可以通过建立职业资格制度。加强对粮油质检人员执业的准入控制，提高从事质检工作的"门槛"，建设一支标准统一的粮油质检队伍，是在检验人员管理方面促进提高检验质量、适应粮油检验工作发展新形势要求的行之有效的措施。

（三）抓好粮食出库质量管理

承储单位首先要对需要出库的粮食，以仓或货位为单位进行综合抽样质检，作为总结质量管理经验和分析粮食是否损耗的依据；要重视出库现场和货位待运阶段的管理，防止虫害感染；要做好货位铺垫和粮堆苫盖，防止地坪返潮和雨淋；对用于装粮的包装物要认真检查清理，确保无污染、无虫害；要严格按照《粮食运输管理规则》的规定，对粮食运输车（船）进行检查，杜绝粮食在出库、运输环节发生质量事故。

（四）确定适当的粮食轮换周期

储备粮的轮换周期是影响粮食储备质量安全的一个重要的因素。确定适当的储备粮轮换周期是保证粮食储备质量安全的有效措施。自1998年全国粮食流通体制改革以来，国务院和国家有关部门就十分重视各级储备粮的推陈储新问题，并把建立粮食推陈储新机制、减少粮食陈化作为新形势下深化粮食流通体制改革、做好储备粮管理工作的一个重要目标。

首先，各级政府和有关部门领导要加强对粮食储备工作的重视，确保在库储备粮数量真实、品质良好，关键时刻调得出，用得上。其次，根据不同的储粮品种、性质、储藏技术水平、管理方式等要求，结合本地的需求特点，对储藏的粮食品种建立适时的轮换机制和轮换考核机制。再次，要保证财政差价补贴资金和轮换费用足够及时到位，这是储备粮推陈储新工作得以顺利正常进行的关键。又次，储备粮的销售处理时机和方式要合适，尽量选择粮食市场行情较好的季节进行，并要注意与相邻地区的陈粮处理在时间上错开。最后，为了保证粮食储备的正常运作，可以成立"粮食轮换风险基金"。粮食轮换风险基金为粮食储备轮换提供强有力的资金支持，完善的风险基金制度是粮食储备吞吐调节、有效运行的财务基础。

（五）健全我国粮食质量管理体系

要加强对储备粮质量安全的有效管理，以保证储备粮质量的安全，除了在储备的整个环节中保证对储备粮的质量管理工作外，我国整体粮食质量安全的管理以及我国粮食标准质量管理体系的构建，也是对储备粮质量安全管理的重要因素，因为只有我国整体粮食的质量管理工作得到提高，我国粮食质量管理的各个方面都标准化，才能对储备粮的质量管理提供充分的支持和保障。如何健全粮食质量管理体系，适应市场经济的发展，是保证人民生命安全和保障储备粮质量安全的迫切需要。

1. 尽快健全我国粮食质量安全的法律法规

我国政府和社会各界一直以来都高度关注粮食工作，特别是粮食质量和粮食卫生安全。新中国成立后，我国政府有关机构相继修订和强化了以《中华人民共和国食品卫生法》、《中华人民共和国产品质量法》、《粮食卫生标准》（GB 2715—1981）、《食用植物油卫生标准》（GB 2716—1988）、《食品添加剂使用卫生标准》（GB 2760—1996）等为主体的有关粮食质量与安全的系列法律法规。对于种子，十三届全国人大常委会第三十二次会议对《中华人民共和国种子法》作出了最新修改，扩大了植物新品种权的保护范围及增加了保护环节，自2022年3月1日起施行，其质量监督由技术监督部门、种子监督检测部门负责。对食品或工业原料，最新的《中华人民共和国食品安全法》也于2021年4月进行了修正，由技术监督部门、食品卫生部门及工业部门负责。

近几年，我国高度重视粮食领域的立法修规工作，围绕粮食生产、储备、流通、质量以及应急管理等方面出台了一系列制度政策。2020年12月3日，国家发展改革委等部门印发《粮食储备安全管理条例（征求意见稿）》，明确追责并重罚政府储备数量、质量和储存安全存在问题不及时纠正的责任主体，分离政策性职能及经营性职能等在内的70条政策措施，夯实国内粮食储备的安全底线。2021年1月，国家粮食和物资储备局为进一步规范和加强政府储备粮食仓储管理，印发了《政府储备粮食仓储管理办法》，确保政府储备在仓储环节数量真实、质量良好、储存安全、管理规范。粮食流通方面，最新修订的《粮食流通管理条例》也于 2021 年 4 月起施行。

《中华人民共和国粮食法》已经纳入全国人大的立法计划，国务院在 2012 年公布了《中华人民共和国粮食法（征求意见稿）》，向社会各界征求意见，但此后《中华人民共和国粮食法》的立法工作却一直没有消息。《中华人民共和国国家安全法》对粮食安全有了规定，再具体到粮食方面的立法工作，需要加快工作进程。因此，为了加强我国粮食质量工作，使其法治化、制度化，建议尽快出台《中华人民共和国粮食法》及相关法规，明确粮食质量工作的地位，质量管理和检验机构的职能、权利和义务，建立适合我国国情的质量保障体系和制度。

目前，粮食立法修规面临十分难得的历史机遇期和最好的窗口期，粮食和物资储备系统要抢抓机遇，将加快推动粮食立法修规作为一项重要任务，进一步强化责任担当，尊重立法工作规律，集中系统智慧，提出高质量的意见和建议。同时，要加强工作协调沟通，积极配合立法机关做好工作，形成工作合力，积极争取各方面支持，共同完成好粮食立法修规的任务。

2. 逐步建立粮食质量管理的标准体系

粮食标准是质量工作的基础，也是发展我国粮食生产，促进技术进步的有力手段。制定先进、科学的技术标准是国际经济竞争的重要手段，同时也是国际上有技术壁垒进行贸易保护的通行做法。

因此，应尽快建立我国粮食质量标准框架体系，并不断充实完善。一方面，我国要加强对国际上先进标准的采集，加强国际标准的研究工作，不断提高国际标准的转化率，尽快与国际标准接轨；另一方面，要加紧制定地方标准。我国粮食品种多且分布广，对于一些名、特、优的粮食品种，各地应加强制定地方标准工作。经各级粮食和物资储备部门的共同努力，最终形成以国家标准为主体，行业标准、地方标准和企业标准相互配套的粮食质量标准体系。

3. 提高我国粮食质量的检验水平和测报水平

粮食质量检测和测报制度是发达国家保证粮食质量、促进粮食流通的有效手段。目前，我国粮食品种繁多，质量参差不齐，可通过对商品粮油的质量检验和测报提高粮食品质，尤其是品质的一致性。

目前，我国粮油质检机构发展不平衡，检测水平、能力差异较大。借鉴市场经济发达国家的经验和做法，在我国建立由国家、省、地（市）、县级粮油质检机构和大型粮食企业组成的粮油质量检验检测体系非常必要。这有利于加强对流通领域粮食质量的监管，有利于提高对储备粮质量的监测水平，有利于全面落实"优质优价"政策，促进农业种植结构的调整，有利于提高我国粮食生产的国际竞争力。

4. 加快粮食种植结构的调整

加速粮食产业化建设步伐，促进农技推广部门粮食生产者、购销部门有机结合，积极开展优质粮食品种的开发引进工作，促进种植结构调整，引导农民生产高质量、高市场竞争力的粮食。首先，根据当地耕作制度及生态环境条件，筛选与之相适应的和市场销售对路的优质高产抗病良种，并按一定区域（以几个县划分为一个区域）统一规划，合理布局，同时抓住生产过程中的关键环节，努力促使质量和产量的矛盾相对统一。其次，加强对农药产品的研究开发，农作物优新抗病品种和高效低残毒农资产品要尽快用于粮食的种植过程。再次，应加大政府资金引导作用，积极推行清洁生产和循环经济，注重引进国外先进技术，包括粮油检验检疫技术，低害、高效生产资料生产技术，农业环境污染治理技术等。减少城市的"三废"对粮田的污染，提高粮食生态环境，从根本上提高粮食的质量。最后，进一步整顿农产品市场，保证饲料、农药、化肥、除草剂等农产品质量；加强技术指导和培训，提高农户对粮食质量安全的认识，让农民认识到科学生产、科学管理、科学保管的重要性，提高农户鉴别农资真伪的能力、产后科学保粮的能力及抵御外来风险的能力，从根本上解决粮食品质问题。

第三节　中国粮食储备成本管理

为了保障粮食安全，需要规模适度、质量良好的储备粮。粮食储备工作需要耗费大量的人力、物力等资源。一方面，建立粮食储备库以及各项配套设施需要耗费巨额资金；另一方面，在粮食储备的日常管理环节中会多次产生费用，无论是储备粮的入库、储存，抑或是轮换、动用等均需要人力、物力的支出。一旦粮食储备成本过高，不仅会使得国家的财政负担加重，同时也会迫使粮食企业及各个储备粮库的经营面临巨大压力，在市场化发展的今天无法适应经济社会发展要求，成为粮食储备行使其保障国家粮食安全职能的瓶颈。因此，粮食储备的成本及成本管理顺理成章成为粮食储备风险管理的一个重要组成部分。本节主要从粮食储备成本现状、实施粮食储备成本管理的原则和降低粮食储备成本的可能性等方面来进行论述。

一、中国粮食储备成本现状

基于以上研究，再加上操作的可行性等原因，本书将以建仓成本、保管成本、轮换成本、运输成本等为例，对我国粮食储备成本进行估算和分析。

（一）粮食储备库建仓成本

根据《粮食仓库建设标准》（建标 172-2016 号），粮库项目建设规模按粮库的总仓容量划分为特类、一类、二类、三类及四类，具体如表 7-1 所示。

表 7-1　粮库项目建设规模划分

分　类	总仓容量 Q（万吨）
特类	$45{\leqslant}Q{<}100$
一类	$15{\leqslant}Q{<}45$
二类	$5{\leqslant}Q{<}15$
三类	$2.5{\leqslant}Q{<}5$
四类	$1{\leqslant}Q{<}2.5$

注：标准中的仓（库）容规模均按储存小麦计算。

根据规定，储备库的建设应按辖区内核定的中央储备量或地方储备量确定，国家储备库宜按二类及以上粮库建设。二类粮库设计总仓容量为 $5{\leqslant}Q{<}15$，因此，以下涉及测算粮食储备成本时，总仓容量将以 5 万吨进行测算。

粮食储备库有多种仓型，常见的有平房仓粮库、楼房仓粮库、立筒仓粮库、浅圆仓粮库等，每一种仓型建设成本是不同的，根据郑州市 2014 年上半年的平均价格，按照粮库建设当地定额取费水平与《河南省建筑工程量清单综合单价（2008）》定额与 2014 年取费水平差、当年以及建设期末与上述平均价格差进行调整，仓房按储存散装小麦为例，可以得到不同类型仓房的工程建设综合造价标准为：平房仓粮库 560~1 000 元/吨、楼房仓粮库 805~1 150 元/吨、立筒仓粮库（钢筋混凝土）1 145~1 500 元/吨、浅圆仓粮库 590~1 350 元/吨。以总仓容量 5 万吨为例，平房仓粮库的工程造价标准为 2 800 万~5 000 万元、楼房仓粮库的工程造价标准为 4 025 万~5 750 万元、立筒仓粮库的工程造价标准为 5 725 万~7 500 万元、浅圆仓粮库的工程造价标准为 2 950 万~6 750 万元。当然，要注意的是，这些依据标准仅仅是在最理想的情况下计算出的数据，在实际的操作中，由于地区经济条件等差异性，储备库建仓成本会有所不同。

（二）粮食储备的储存保管成本

根据品种的不同，不同粮食的保管费用有较大差别。小麦是相对耐储藏的品种，同时小麦的轮换周期可以长达 4 年时间，因此其保管费用最低，以北京某国家粮食储备库为例，2013 年其粮食保管费用为 28.59 元/吨，2014 年其粮食保管费用为 15.39 元/吨，可见粮食储备的保管成本是浮动的，并不是恒定的，因为管理不同会有所差异，而之所以其 2014 年的保管费用相对 2013 年较低，是因为该储备库制定了严密的储备规划与节约办法，例如装卸费用节约办法、运输费用节约办法、机械维修费用节约办法、水及电费节约办法、药剂使用节约办法、仓储环节节约办法等。此外，国家每年给予粮食储备库一定补贴，地方储备粮保管费用补贴标准由之前的 80 元/吨调整为 120 元/吨，提高了 50%，补贴标准的调整将大大缓解各承储企业保管费用补贴不足的问题；并且也为地方储备粮的安全储存和储备企业应对市场风险，提升省级储备粮管理水平，发挥省级储备"蓄水池"作用，确保全省粮食安全奠定了坚实的基础。综上所述，在国家给予补贴后，粮食储备储存保管成本相对而言是比较低的。

（三）粮食储备的轮换成本

根据《中央储备粮管理条例》相关规定，中央储备粮每年轮换库存量的 20%～30%。换算下来，每年中央储备粮的轮换量为 1 500 万～2 000 万吨，流通量则达到 3 000 万～4 000 万吨。高额的轮换成本如若单单由储备企业一力承担，将会给承储企业带来较大的经济压力，为了缓解承储企业轮换储备粮的压力，降低轮换成本，国家每年会给予承储单位一定补贴，近年，国家给予地方储备粮轮换费用补贴标准由之前的 60 元/吨调整为 80 元/吨，提高了 33.33%，这在一定程度上缓解了承储企业的资金压力。

（四）粮食储备的运输成本

总的来看，粮食储备企业拥有相对良好的交通运输条件，目前承储中央储备粮的中国储备粮管理总公司 216 个直属粮库中，有 140 个直属库拥有铁路专用线，这一数字占直属库总数量的 65%。通过专用铁路运输的储备粮中转量达到 87.5 亿千克，此外，有 11 个直属粮库还同时拥有专用码头，有 19.6 亿千克的粮食由此渠道进行中转。除了直属库拥有较为便利的运输条件外，在中央储备粮代储库当中，大约有 70％的代储库拥有铁路专用线或者专用码头，这在最大程度上降低了粮食储备的运输成本。

（五）粮食储备库项目案例

由于粮食储备成本涉及较多，为了给读者以直观感受，本书以广东省揭阳普宁市"南溪粮食储备库（一期）"项目[①]为例，介绍粮食储备仓库建设成本。

1. 项目建设意义

普宁市南溪粮食储备库（一期）项目的建设有利于解决当前普宁市国用粮食储备仓库严重不足的问题，提升粮库智能化、现代化管理水平、促进粮食安全政府责任制落实，是普宁市公共服务领域补短板的迫切要求。该项目公益性显著，项目的建设缓解了国用粮食储备仓库不足的问题，同时也加强了粮食及粮食安全的质量检验检测，解决残毒检验等问题，发展绿色环保食品，让人民吃上放心粮。

2. 重要性分析

粮食是国家的命脉，是一种重要的战略资源。《国家粮食安全中长期规划纲要（2008—2020 年）》提出，粮食安全始终是关系我国国民经济发展、社会稳定和国家自立的全局性重大战略问题。同时，在《粮食行业"十三五"发展规划纲要》中也提出，以优化布局、调整结构、提升功能为重点，科学规划全国粮食仓储设施建设。

3. 项目建设内容

一期工程占地面积 6 300 米^2，总建筑面积为 4 523 米^2，其中层高 9.5 米，单层框架结构平顶标准仓库 2 座，面积为 2 846 米^2，仓库容量 1.42 万吨，配套业务用房为 1 607 米^2；建设内容包括主体仓库、器械室、业务用房、消防工程、路面工程等；配套设施主要是粮食机械、环流熏蒸、通风系统、检化验设备、监控系统、地磅等。

4. 资金筹措

该项目总投资 20 000 万元，其中项目资本金 15 000 万元，占总投资的 75％；拟发行专项债券募集资金 5 000 万元，占总投资的 25％；按项目名称估算，工程建安费用合计 14 600 万元，占比为 73％，工程其他费用 3 800 万元，

---

① 道客巴巴：《广东省揭阳市普宁市南溪粮食储备库（一期）专项债券项目募投报告》，https://www.doc88.com/p-59739019448904.html。

占比为 19%，预备费 1 600 万元，占比为 8%。

5. 融资平衡情况

该项目的还款收入来源为粮食仓储收入。债券存续期内该项目运营收入为 17 963 万元。该项目粮食仓储量达 1.42 万吨，粮食仓储单价以 1 000 元/（吨·年）测算。该项目预测粮食仓储收入和成本费用均不考虑增长，第 1 年为预计仓储容量为满负状态的 70%，第 2 至第 5 年为 80%，第 6 至第 10 年为 85%，最后 5 年的预计仓储容量为满负荷状态的 90%。该项目用于资金平衡的项目专项收益为 12 574 万元，本息覆盖倍数为 1.58。

二、实施粮食储备成本管理的原则

（一）成本最低原则

粮食储备成本管理的实质在于通过各种手段最大程度降低粮食储备所耗费的成本。但必须注意的是，一定要保证粮食储备的基本功能，即调节供需，保证粮食安全。在此基础上粮食储备成本最低原则一定要注重粮食承储企业自身的实际情况，从理论上研究该如何降低成本，一方面挖掘各种降低成本的管理方法，节约各种人力、物力资源，另一方面要有客观实际的目标，合理、科学地实施精细化管理，付诸实践，最终实现最大程度降低粮食储备成本。

（二）全面成本控制原则

一般而言，全面成本管理是从全企业控制、全员控制以及全过程控制三方面进行的。全企业控制在这里指的是涉及粮食储备的范围，既有粮食承储企业内部的储存成本也有粮食收购、粮食动用、粮食轮换、粮食运输、粮食配送等相对而言与外部直接接触产生的成本。全员控制主要体现在每个员工、每个部门的成本管理职责与财务核算中，指全体员工都要把成本控制这一理念铭记于心，落实于日常的生产管理活动中。全过程控制指在粮食储备各个阶段，如粮食收购、粮食入库、粮食存储、粮食轮换、粮食动用等阶段，流程必须严格把关，精细化管理，使粮食储备成本一直处于有效监督、可控当中。

（三）动态控制原则

对于一般企业的成本管理而言，动态控制指在生产制造过程中，很多产品都是一次性完成的，为了降低在生产过程中的成本，应加强对生产的中间控制，即动态控制。对于粮食储备企业而言，动态控制，抑或是中间控制，主要是指在前期具体流程制定了成本目标与实施计划之后，在粮食储备的过程中，要根据实际需要，以动态控制为前提，保障粮食储备全体工作的顺利进行，发挥粮食储备调节供需等基本功能。

（四）目标管理原则

目标管理原则要求成本管理的一切活动都要以最终目标为衡量标准，对于粮食储备企业而言，成本管理要始终贯彻把降低成本与储备粮管理企业或各个粮食储备库的经济效益相挂钩这一成本效益的观念和原则，粮食储备成本管理要以保障国家粮食安全为宗旨。

（五）权、责、利相结合原则

在粮食储备企业的日常运营过程中，必须形成各部门负责人对成本控制责任、权力、利益三者相结合的原则。通过明确各个部门经理成本控制的责任、赋予其相应的成本管理控制权力，定期评估本部门的成本控制成效，激励惩罚并用，从而发挥出成本管理的最大效用。

三、降低粮食储备成本的可能性

（一）强化管理，降低储存粮食损耗成本

近年，粮食承储企业在管理中出现了一些问题，造成粮食储备成本居高不下，鉴于此，粮食储备企业应强化内控管理，降低所储备粮食的损耗，尽可能地降低成本。一方面，对外要严抓粮食品质，降低损耗。要充分重视储备粮的入库，每包粮食均要验货、充分发挥现有除杂设备的作用，坚决不收人情粮、关系粮、面子粮。除此之外，要抽样到专业的质量监测部门检验，确保入库粮食质量达标，达到降低粮食出入库损耗，降低储存费用的目的。另一方面，对内要严抓管理，控制损耗。粮食承储企业要建立健全内部控制机制，正确认识储存过程中的自然损耗，如由于水分正常发挥、计量合理误差、轻微的病虫害以及搬运中导致的损耗。设立合理的损耗目标，除此之外，要严格进行储备全过程控制，防止大范围的粮食损耗事件发生。

（二）合理规划，优化粮食储备区域布局

目前，我国粮食储备区域布局并不合理，作为粮食主产区的中部省份，粮食储备库网点较多，而在粮食主销区直属库数量却相对较少，这使得在进行储备粮的调运时，不仅增加了转运成本，更重要的是可能延误最佳的救援时机。

因此，应合理规划，优化粮食储备区域布局。首先应适当减少粮食主产区应急成品储备粮储备网点，增加粮食主销区特别是北方销区的应急成品粮储备，并保持储备规模适度。其次，要根据地区气候特点、人口规模、经济水平等研发仓储设施设备。最后，尽量将储备库安排在重要的物流节点上，加大各交通枢纽城市储备库的布点，合理对储备库进行布局，减少转运成本。

（三）引入期权，减少粮食储备风险损失

应将期权机制引入储备粮管理系统，降低储备粮储备风险，可先在一些地区进行试点，与承储企业签订期权契约，明确双方的权利和义务，确定成品粮储备的期权价格、期权执行价格、合作周期等细节。引入期权机制后，在无突发事件发生时，承储企业从政府处获得了流动资金，政府也减少了储备成本；当突发事件发生时，承储企业不仅可以得到政府的先期预付资金，还销售了库存的储备粮，获得了收益。此外，期权机制的运用还降低了粮食储备的库存风险和缺货风险，激励承储企业不断寻求降低粮食储备成本的方法。

第四节　中国粮食储备组织及运营风险管理

粮食储备是国家宏观调控粮食最重要的手段之一，在粮食储备的组织和运营中存在许多风险，主要包括各级粮食储备机构和单位在粮食储备各环节中面临损失的所有可能情况及其后果的严重性和危害性的大小。如何协调各级主体的责、权、利是我国粮食储备运营风险管理的首要问题。对粮食储备组织及运营进行风险管理的前提是了解中国粮食储备组织管理体系，并甄别出目前粮食储备组织管理体系面临哪些风险。因此，本节将主要从中国粮食储备组织管理体系、粮食储备组织管理体系面临的运营风险和如何规避粮食储备运营风险等方面来进行论述。

一、中国粮食储备组织管理体系

（一）国家粮食储备制度的建立

为了保障我国粮食供应安全，20 世纪 50 年代初期，我国政府在对粮食收购和销售实行了统一计划管理之后，着手建立了一定规模的后备粮食储备。1954 年，我国为了应对灾荒和各种突发情况，建立了"甲字粮"后备粮食储备

系统。1962 年，我国又建立了"506"粮，作为粮食战略储备，目的是作为战时军队用粮。当时，这两部分粮食的储备规模相对较少。

20 世纪 80 年代末期，我国粮食连续 3 年获得丰收，粮食生产形势有所好转，但一些粮食产区却出现了农民"卖粮难"问题，为此，1990 年我国建立了粮食专项储备制度，目的是通过收购农民手中的余粮，保护其种粮积极性，同时调节市场供求，并成立了国家粮食储备局，作为国务院直属机构，由原商业部代管。从 1990—1999 年，我国的粮食储备体系主要是由专项储备、"甲字粮"、"506"粮以及国有粮食企业的周转储备四部分组成。同时，各省份也响应中央号召，从 1990 年开始逐步建立了省级、地市级等地方储备粮。

（二）中国储备粮管理总公司的建立

2000 年 1 月，国务院决定组建中国储备粮管理总公司。中储粮总公司是在原国家粮食储备局部分职能机构和所属部分企事业单位基础上组建的大型国有企业。2000 年 10 月以后，中央储备粮的经营管理业务全部由各省（区、市）粮食局移交给中储粮总公司。中储粮总公司受国务院委托，具体负责中央储备粮的经营管理，依法开展经营活动，实行自主经营、自负盈亏。组建中储粮集团公司，有利于中央储备粮实行垂直管理、政企分开、企业运作，是党中央、国务院深化粮食流通体制改革的重大举措。中储粮集团公司的职责和使命就是"确保中央储备粮数量真实、质量良好，确保国家急需时调得动、用得上"，服务国家宏观调控，努力践行"维护国家利益，服务宏观调控，严守安全、稳定、廉政底线"的中储粮核心价值理念。其经营范围为中央储备粮的收购、存储、运输、加工、销售及相关业务。其经营宗旨为强化管理，搞活经营，不断提高中央储备粮的管理水平和经济效益，确保中央储备粮存储安全、质量良好、调用畅通，促进国有资产保值增值，为国家宏观调控服务。2016 年 11 月，经国务院同意，中国储备棉管理有限公司并入中储粮总公司。2017 年 11 月 1 日，经国务院国资委批复同意，中国储备粮管理总公司完成公司制改制，企业类型由全民所有制企业变更为国有独资公司，企业名称由"中国储备粮管理总公司"变更为"中国储备粮管理集团有限公司"，企业简称由"中储粮总公司"变更为"中储粮集团公司"，英文名称由"China Grain Reserves Corporation"变更为"China Grain Reserves Group Ltd. Company"，企业注册资本由 166.8 亿元变更为 470 亿元。截至 2018 年年底，集团公司在全国共有 23 个分公司、6 个全资二级管理子公司、1 个科研院，机构和业务覆盖全国除香港、澳门、台湾以外的 31 个省

（区、市）。截至 2018 年年末，集团公司资产总额达 14 091 亿元，员工 4.2 万人，年营业收入 3 185 亿元。

（三）中央储备粮垂直管理体系的建立

在储备粮的管理体系上，虽然国家粮食储备局从 1994 年开始陆续上收了 15 个粮库作为直属库进行管理，但储量规模都很小，因此，可以认为，在 2000 年以前我国基本上是实行分级管理，对粮食的收购、储存、轮换、销售等业务均由地方负责。具体管理路径为：原国家粮食储备局—省级粮食局—地市级粮食局—县级粮食局—粮库。这种管理方式使得储备粮经营管理容易受地方利益影响，导致中央储备粮管理不严、库存不实、需要时调度不灵、地方各自为政的问题日益突出，一定程度上削弱了国家建立粮食储备作用的发挥。为此，国务院于 1999 年决定建立中央储备粮垂直管理体系，将国家粮食储备局改为国家粮食局和中国储备粮管理总公司。

中国储备粮管理总公司通过在重点地区建立地方分公司和上收直属粮库的方式建立了垂直管理体系。基本结构为：总公司—分公司—直属粮库（代储粮库）的三级架构。垂直管理体系如图 7-1 所示。

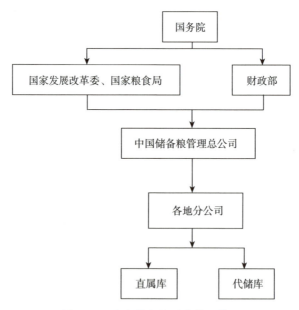

图 7-1　中央储备粮垂直管理体系

二、中国粮食储备体系面临的运营风险

（一）粮食储备体系功能定位问题

粮食储备的基本功能是保障粮食安全，其次是稳定市场功能，稳定收入、提高经济福利功能。在粮食储备体系的多重功能中，保障粮食安全是主导，稳定市场、稳定收入、提高经济福利则是衍生目标。但在实际运行中，用建立储备的方式来稳定粮食市场，会给国家增加沉重的财政负担。如果平抑价格的结果导致季节差价过小，周转储备无利可图甚至亏本，如此将会促使商业机构减少自身粮食储备，使得周转储备完全依赖于国家，更加重了补贴负担。此外，从近年粮食储备体系的运行情况来看，粮食储备的基本目标有些偏离了保障粮食安全这一主导目标。

（二）粮食储备体系规模问题

粮食储备可以增强国家对粮食的宏观调控能力，应对有可能发生的极端粮食不安全事件，确保有一定规模的、随时可调用的储备粮是粮食储备管理的核心目标。FAO 规定一国粮食的安全储备规模应为一年粮食消费量总和的17%～18%。但近年，我国粮食储备量一直远高于最低合理储备规模，诚然，更大规模的粮食储备似乎能更好地保障粮食安全，但首先应该注意的是，粮食储备需要花费大量资金，需要承担储备本身所需成本及过度储备所附带增加的成本，一旦粮食储备规模过大，所需费用过多，结果会增加国家的财政负担。其次，粮食储备规模过大使得粮食储备体系运行成本增加、储备时间过长、轮换运转不畅等削弱粮食储备效能的负面因素相伴而生。最后，粮食储备规模过大，耗费了更多的人力、物力，而这部分资源原本能产生更大经济效益、社会效益，造成了资源浪费。

（三）粮食储备体系财务风险问题

粮食储备在发生轮换时有时要承担财务风险，在实际粮食储备工作中，各地粮食行情千变万化，轮换时间要求紧，3～4 个月内，轮换企业无法主动应对市场行情进行高抛低购的理性操作，加上轮换方式和手段单一，难以把握市场。各地粮食市场行情不断变换，主产区和主销区价格不同，各代承储库点轮换风险加大。企业轮换一般采取先购后销方式，以购价确定销价，减少亏损；轮换销售也主要依靠代承储库分散的，以原粮为主的方式进行，轮换进度比较

缓慢。往往出现到期限而轮换任务未完成的结果，致使轮换亏损多。从实际工作中看，储备粮承储企业对农发行有很大的依赖性，尤其是在轮换资金借款方面。当企业出现以上状况时，轮换资金很难及时归还，出现逾期借款，带来诸多财务风险。这样一方面，因为资金不能及时归还，失去农发行信任，加大了借款财务风险；另一方面，因逾期借款而使轮换融资的成本加大，导致产生财务风险。

（四）粮食储备的运作机制问题

目前，我国粮食储备呈现中央、省、市、县四级储备并存的格局。这种多元主体参与粮食储备的格局，有利于解决农民"卖粮难"的问题，同时发挥保障农民收入、提高农民种粮积极性的作用。但多元主体却又不利于划清责任，容易发生利益冲突，影响储备粮调控作用的充分发挥。例如，当粮价上涨，中央动用专用储备粮向市场抛售粮食平抑市场波动时，地方粮食部门为了自身利益最大化，采取的实际操作很有可能背离中央储备的初衷，使得平抑价格效果作用减弱；而当政府执行保护价收购粮食时，可能出现一个地区按保护价收购而其他地区不按保护价收购的情况，使得执行该政策的地区反而财政负担加重。此外，我国储备粮的粮权在国务院，具体负责行政管理的是国家粮食和物资储备局，同时还涉及国家发展改革委、财政部等几个部门。储备粮的吞吐经过国务院审批后，由相关部门下达给有关企业执行，往往错过最佳调控时机。

三、规避中国粮食储备运营风险的应对之策

（一）明确经营储备粮的出发点

作为宏观调控重要手段的储备粮，中国粮食储备体系具有公益性、战略性的特征。保障粮食安全供给是构建储备体系的根本目的，同时也是主导目标。立足这个出发点，在我国粮食储备运营中，要从国家的经济全局出发，时刻把保障国家粮食安全内化于心，外化于行。储备粮的经营，既要追求经济利益，又要注重社会效益；既要市场运作，又要承担社会责任。将储备粮保障国家粮食安全的功能发挥到最大程度，不忘设立储备粮体系的初心，防止粮食储备走偏方向。

（二）合理确定国家粮食储备规模

粮食储备可以增强国家对粮食的宏观调控能力，应对有可能发生的极端粮

食事件，确定有效规模，其主要内涵包括两方面：一方面，粮食储备既不可过量，把财富变成"包袱"；另一方面，粮食储备又不可不足，导致不能满足需要。也就是说，粮食储备规模应该保持适度。中国的国家粮食储备的安全线应该适当高于提出的粮食安全警戒线。具体说，我国粮食储备的规模应维持在相当于当年全国粮食消费量 25%～30%的水平上，才既能满足需要，又不至于背上沉重的包袱。储备粮的规模是具有动态性的，如果连年丰收、供应充足稳定，规模就要小一些；如果粮食综合生产能力不强，年际产量波动大、市场供求波动大而频繁，规模就要大一些。国家储备粮规模既不能太小，也不宜过大，适合国情需要的储备规模才是最佳的储备规模。

（三）建立健全粮食风险预警机制

真实准确的粮食价格信息是国家储备粮实施管理和运作的前提和基础。因此，国家要根据粮食生产成本、主要农产品的比较效益、经营费用及合理利润、粮食进出口状况等，划定粮食价格的波动区间，以掌握储备粮的吞吐时机。为此，国家要建立完善的粮食预警预报系统，特别是要及时准确地反映全国各地粮食市场的价格动态，要有新的机制和手段，加强对市场价格的分析研究，预测发展趋势，为粮食储备调控决策提供依据，有效调节国内粮食市场的供求平衡。

（四）健全储备粮调控协调机制

要完善中央储备粮的计划管理，健全储备粮调控协调机制。使其既具有严肃性，又具有灵活性，为中央储备粮实施调控创造良好的外部条件。要充分发挥中储粮总公司的协调优势，把政策性业务与非政策性业务结合起来，把提供公共服务职能与提供市场服务职能结合起来，有助于最大限度地提高中国粮食市场的运行效率。此外，应建立粮食行业管理体系。粮食行业管理体系由粮食行政机构和粮食行业管理部门、工商、物价、质量监管等相关部门组成，通过行政的、协会的两种管理手段，落实国家对粮食行业发展的宏观调控措施。

第五节　中国粮食储备流通及轮换风险管理

伴随着粮食流通体制改革的深入推进和中央储备粮垂直管理体系的不断完

善，粮食工作发生了较为重大的变化，同时我国储备粮数量的不断增加也对粮食储备管理工作有了更高的要求。《国务院关于进一步深化粮食流通体制改革的意见》（国发〔2001〕28号）明确指出，要"建立健全权责统一、管理规范的中央储备粮轮换机制，防止粮食陈化变质，确保粮食数量真实，质量完好，保证国家急需时调得动，用得上"。储备粮的流通与轮换是储备粮食工作的重要环节，是落实"数量真实、质量良好、购得进、调得动、用得上"的基本保障措施。因此，在改革后新的粮食形势下，如何将中央储备粮的流通与轮换工作做好，如何将"死"储备与"活"市场的矛盾协调好，在发挥储备粮稳定粮食市场的作用的同时减少粮食陈化损耗和企业亏损，是各直属库所要面对的一个新课题。

长期以来，我国储备粮的流通与轮换工作中存在着很多问题，迫使大量的储备粮无法及时推陈储新而受到一定程度的损耗。因为储备粮的流通和轮换是一项极其复杂的工作，牵涉到很多问题，和很多方面相关，并且在储备粮的流通和轮换过程中还会面临很多的内外部风险，对储备粮流通与轮换的风险控制和管理，与储备粮的质量安全问题是直接相关的，也与整个国家的粮食安全问题关系紧密。因此，必须对其进行更为深入的研究，以便能有效地实现储备粮的流通和轮换。下面将从储备粮流通和轮换的路径、储备粮流通和轮换的经济学分析、储备粮流通和轮换的风险以及管理问题四个方面进行深入探讨。

一、中国储备粮流通和轮换的路径分析

国家储备粮储存时间比较长，质量要求和保管要求也都比较高，但是储存到一定时间后，都会存在不同程度的品质降低以致陈化现象。因此，将储备粮的流通与轮换工作做好存在着重大意义。从节约、高效的原则出发，储备粮的储存时间应当控制在一定的范围之内。例如，稻谷的储存时间以2年为宜，保管条件相对好的略长于2年。在粮食储存期内应经常对其进行检测，及时掌握储粮品质的变化。粮食储存到一定时间后应及时轮换，以减少陈化损耗。依据中储粮轮换管理办法，储备粮的流通和轮换方式按轮换次序有三种分类，即先销后购、先购后销和边销边购；按轮换方向有两种，即轮入与轮出。本部分对我国储备粮流通和轮换领域中最基本和普遍存在的几种路径进行介绍。

（一）用直接收购、委托代购、批量采购的方式进行轮入

1. 直接收购

直接收购是储备粮轮换购入的长期性举措。在储备粮轮换购入中要尽量加大直接收购的比例。目前，粮库大都处在县市城区，乡镇地区分布很少，所以应充分利用基层粮管所的仓容晒场等优势，主要采取租赁、购买的方式扩大收购网点，拓宽直接收购主战场，扩大收购自主权。在网点选择上，要选择一些粮源半径大、仓容晒场条件好的站点；在收购方式上，要以村组收购为主。在收购中要处理好收购质量与入库质量的关系，根据收购市场竞争情况和自身整晒条件，适当放宽质量标准，认真做好二次整晒达标入库工作。

2. 委托代购

鉴于粮食收购具有季节的集中性和收购市场的竞争性等特点，再加上粮库收购网点少、收购人员缺、整晒能力小的局限性，近期储备粮轮换购入的根本性措施当属委托基层粮管所代购。要通过利益纽带大力实施粮库的资金优势和粮管所的人员、网点优势的整合，从而逐步掌握一批稳定的代购群体。在选择代购对象时，要选择那些粮源多、信誉好、包袱轻、改革到位的粮管所。在选择代购方式上，主要采取以下两种方式：一是数量订货式，即在收购前与粮管所签订订货合同，收购后验质起调或边收边调，调时付款。采取此种形式由于受收购价格的不可控性和利益驱动的影响，一般需在收购中或收购后再行商榷后方能履约。二是付款代购式，即在收购中按入库进度和商定的价格向粮管所预付货款，由粮管所运用自身优势自主收购，入库结束时支付给粮管所一定的手续费。

3. 批量采购

批量采购是储备粮轮换购入的补充性措施，一般实施于以下两种情况：一种是当采取上述三种购进方式之后，粮源仍旧不足、有一定缺口时；另一种是当其他方式的成本高于批量采购成本时。一般而言，批量采购的成本是较高的，因此，要准确预测其他方式的购入缺口并认真测算好企业的综合效益账后实施。在实行批量采购时，一是要密切注意资金安全，二是有条件的地方尽量采取竞价购买方式以保障资金安全性最高、进价成本最低。

（二）利用订单农业期货市场渠道进行储备的流通与轮换

通过发展粮食订单农业，建立"国家粮食储备库＋农户＋期货市场"的产

业链，开展中央储备粮的流通与轮换。

1. 建立粮食生产基地

利用"国家粮食储备库＋农户＋期货市场"的粮食订单农业经营模式，帮助农民建立粮食生产基地，既可敦促农民调整粮食种植结构，生产高品质的粮食，增加收入，满足储备粮轮换需要；又可调整储备粮食库存结构，优化粮食品种，确保粮食轮换质量。

2. 与农民签订粮食收购订单合同

国家粮食储备库应以当年储备粮轮换品种和数量为依据，与农民签订粮食种植合同，其品种与数量必须与轮换粮食品种数量保持一致，农民按照订单合同要求进行生产。同时，要根据粮食价格波动规律，利用粮食生长期销售价格相对较高的状况，适时轮出库存粮食。农民收获粮食后，按照与农民签订的收购订单合同，进行及时补库，实施粮食推陈储新。

3. 认真实现储备粮的流通与轮换增值

影响粮食价格不确定的因素有很多，为了规避粮食市场轮换风险，使得储备粮的流通与轮换业务的保质增值得以实现，即在现货市场卖出的同时，在期货市场实行购入，实现规避市场价格风险，从而获取轮换利润。这是因为二者特点和功能不同，价格形成的作用也不同。现货市场主要反映当前供求状况形成的现货价格，期货市场则是对未来供求变化作出预测，反映未来的价格趋势。粮食是一个弱质产业，生产和经营的风险都很高，期货市场是风险再分配市场，一方面可以转移风险，把风险转移给投机者；另一方面，可以分散风险，通过价格的不断变化，将风险分解并消化。我国储备粮也应该学会利用期货这个手段来降低风险，改善自身经营状况。

（三）与购销企业合作进行储备粮的流通与轮换

首先，将国有粮食购销企业收购的粮食作为储备粮轮换来源。国有粮食购销企业收购粮食品种全，数量大，质量好，既有利于国有粮食购销企业粮食销售，又有利于保障轮换粮食质量和数量。因此，国家粮食储备库应加强与国有粮食购销企业沟通合作，互通有无，调剂余缺，确保储备粮轮换任务的顺利完成。

其次，要及时发布有关信息。国有粮食储备库应及时向国有粮食购销企业发布有关轮换的品种、数量、质量和价格等信息，以便于其提供品种对路、符合质量标准、满足数量要求以及价格较为合理的粮食来源。

再次，要对轮换粮源心中有数。国家粮食储备库要加强本地区粮食品种、品质、生产及收购量的调查研究分析，做到对轮换的粮食资源心中有数。

最后，要及时轮换，确保任务完成。要积极与国有粮食购销企业加强配合与合作，及时协调好调运、验质、入库和账款结算等工作，保证轮换粮食品种数量、质量达到国家规定的要求，保质保量完成轮换任务。

二、中国储备粮流通和轮换的经济学分析

我国如今正在着力发展市场经济，我国储备粮的流通和轮换也正处于这种市场经济环境之中，因此势必会遭受市场经济诸多因素的影响。本部分试图从经济学的角度，分析影响我国储备粮流通和轮换的因素，发现粮食流通和轮换中的问题并提出解决问题的方法，以期更好地改善我国储备粮流通和轮换的制度与措施。

（一）我国储备粮流通、轮换与粮食市场化

2001 年 8 月 6 日，《国务院关于进一步深化粮食流通体制改革的意见》中，其主要举措包括加快粮食主销区粮食购销市场化改革、放开粮食收购；完善国家储备粮垂直管理体系，适当扩大中央储备粮规模，增强粮食宏观调控能力；完善粮食风险基金包干办法，完全包给地方，真正实行首长负责制。2003 年印发的《中央储备粮管理条例》的目的是加强对中央储备粮的管理，保证中央储备粮数量切实、质量良好和储存安全，保护农民利益，维护粮食市场稳定，促使中央储备粮在国家宏观调控中能够有效发挥其调控作用。分析以上各项内容可知，这种粮食市场化的趋势必会对我国储备粮轮换产生难以预估的影响。

粮食市场化下影响储备粮流通与轮换的主要原因及困难主要有以下几种：一是粮食收购主体变化。粮食市场化后，收购的主体自然地分成了两大阵营：个体粮食经销商和国有粮食购销企业。由于有个体粮食经销商的竞争，势必会造成国家粮食储备库的收购量减少，收购陷入困境，影响储备粮轮入。二是收购粮食质量降低。收购中的相互抢购是质量降低的主要因素。三是新粮与陈粮价差过大。由于价差较大，给粮食轮换带来了重重困难。

针对以上所述的主要原因及困难，主要的解决措施与途径如下。

一是调整中央储备粮轮换计划下达方式。改变中央储备粮系统同时销售、同时收购的方式，在一定区域和时间范围内，采取对轮换单位分期分段

下达轮换计划，形成具有地域性的时间差和具有时间性的梯度计划，以减少内部竞争、操作无序的局面和集中收购、集中销售对市场的冲击。根据市场经济的特点，建立市场信息网络，把握好价格定位，防止高价进、低价出的现象发生。因此，建议农发行增加现金支付计划，以保障中央储备粮轮换工作顺利进行。

二是调整轮换架空期，实行动态轮换。中储粮总公司制定的 4 个月轮空期，总体而言相对比较合理，基本上能确保粮食轮换的正常进行，但 4 月份以后轮出的粮食，如果在上年度购入的粮食数量较少，就会在轮换过程中出现空库现象，因 4 月份以后粮价好，应在这个时候抓住机遇抛售。同时，对每年 20％～30％的轮换粮食应始终保持在动态、有序的轮换之中，常储常新的目的就可达到。

三是因地制宜，逐步调整库存品种结构，合理调剂储粮品种。从品种来看，同一年入库的品种尽量丰富一些；从数量来看，每年安排总库存量的 1/3 进行轮换比较适宜。这既减轻了轮换的压力，又保证了粮食品质的常储常新，同时也提高了轮换的经济效益和社会效益。

四是保证入库质量，开展科学储粮。一是要建立一套严格的内部管理程序和监督机制，层层把好入库质量关，给粮食储存打好质量基础。二是开展科学储粮，延长储存时间，粮食轮换应以质量为依据，以年限为参考，加强和提高粮食检验的准确率，严格按检验标准做好质检，为粮食轮换提供可靠的科学依据。三是购销市场化以后，粮食收购主体发生了很大变化，粮食来源不稳定，极有可能粮源不足。因此，储备粮库应增添烘晒、翻整、除杂等必要的设施设备。对不合格的粮食进行整理，合格后入库，以确保中央储备粮有稳定的轮换粮源和良好的质量。

五是拓宽收购渠道。调整中央储备粮的购进方式，多渠道收购粮食。改变送货上门、坐库收粮的方式。今后要广开门路，增设收购网点。可采取直接收购和订单购粮方式、种粮前与种粮大户以及农场以合同形式订购粮食；还可以采取联合经营方式，与产粮区有收购资源的经营户和企业联合收购。

六是调整中央储备粮的轮出方式。更改过去"收原粮，卖原粮"的轮换方式。采取"农户＋储备粮库＋加工＋贸易"的轮换经营模式。促进中央储备粮轮换向"生产—加工—贸易"领域延伸和发展。降低轮换成本，提升中央储备粮的增加值。

（二）我国储备粮流通、轮换与粮食市场的价格

一是我国储备粮流通与轮换对粮食批发市场的支撑作用。自从 1990 年 10 月郑州粮食批发市场诞生以来，中国逐渐形成了较为完整的多层次粮食批发市场体系，并在服务国家的宏观调控、保证粮食市场的繁荣稳定以及维护国家粮食安全等方面发挥着越来越大的作用。但是，在与我国储备粮轮换的适应上，还存在一些矛盾。中储粮管理总公司的一份材料显示，20 世纪 90 年代以来，全国共建有一定影响程度的粮食交易市场 15 家，其中大部分粮食交易市场的定位是主营国储（地储）粮食的拍卖。由于储备粮拍卖由国家计划确定，期限存在不确定性，并且拍卖量在逐步减少，使得大部分粮食市场步履维艰。这与粮食流通体制改革的目标要求相悖。

二是我国储备粮流通与轮换对粮食批发市场的价格形成影响。按照当前中央储备粮库存以及平均每 3 年轮换一次的计划，中储粮管理总公司每年轮换粮食达 3 000 万吨。这么庞大的数量，如果能够有效运行，则势必能对现行粮食批发市场的价格调节等起到促进作用，并能加快粮食购销市场化条件下中储粮轮换计划实施中的市场化进程。

三是我国储备粮流通、轮换与批发市场价格形成存在的问题及完善方法。中储粮在适应与创造市场中主动性表现不够强势，经历的市场锻炼与考验较少。中储粮轮换经营计划的实行中，没有充分发挥现有批发市场的资源配置作用，更没有利用独特的自身优势对粮食批发市场的规范与发展起到极其重要的促进作用。造成这种情况的缘由很多，以下两方面尤须引起有关方面重视：一方面是过度重视了中储粮的粮食安全功能，而疏忽了与此同时可以履行并对粮食安全这一核心功能起促进作用的价值形成、信息发布、市场培育、产业开发与带动功能等；另一方面是在注重中储粮管理与粮食省长负责制在国家粮食安全保障中的重要作用时，忽略了其中可能存在的内在冲突与关系协调，从而迫使中储粮轮换计划实施的市场化进程放缓。

对于以上存在的这些问题，要想解决，就必须赋予中储粮市场经济条件下一般粮食的意义，具体可以从以下四方面进行改进和完善：第一，进一步细化中储粮轮换与现有三级粮食批发市场体系的对接研究规范并发展粮食批发市场，必须非常强调以全国中心粮食批发市场为龙头、区域性粮食批发市场为骨干、初级粮食批发市场为基础的三级粮食批发市场体系（从全国范围考虑、从经济区域上划分以及经济联系为纽带所形成）的规划与布局。第二，注重优化

粮食交易市场的功能定位与作用。有关部门要立足建办全国性粮食龙头批发市场的大目标，履行全国性粮食龙头批发市场的功能。第三，加强对新建或重组粮食批发市场的风险分析与防范。第四，经营管理风险。应注重中储粮轮换、粮食批发市场功能强化与粮食交易成本降低之间的动态平衡。

三、中国储备粮流通和轮换面临的风险分析

储备粮的流通和轮换是确保储备粮质量的有效措施，但与此同时，储备粮的流通和轮换过程中也存在很多风险。风险通常是指不确定性，或有可能带来损失的不确定性。企业为有效地提高经济效益，在决策、计划等经营环节，都必须对经营风险认真分析，并通过管理活动和管理手段，消除、控制或规避风险，从而保证企业正常运营和发展。同样，在储备粮的流通与轮换过程中以及之前，如何有效地预测风险、分析风险以及控制和管理风险是至关重要的工作，也是决定着储备粮流通与轮换能否顺利进行的重要工作。

储备粮流通和轮换风险与储备粮流通和轮换的整个过程密切相关。对于储备粮流通和轮换所面临的风险，从储备粮企业来说可以分为内部风险和外部风险。

（一）储备粮流通与轮换中面临的内部风险

内部风险主要有操作风险、执行风险和道德风险。操作风险主要是指在储备粮的流通与轮换过程中，在储备粮的出入库组织运输、进出口贸易与保险等环节上，由于操作不当而出现的损失，操作人员的业务能力欠缺、责任心不强及业务操作环境的复杂性等，都会带来操作风险。执行风险是国家储备粮流通与轮换的各项规章制度、经营方针在储备粮的流通与轮换过程中能否得到认真执行和有效贯彻。在轮换业务中，管理人员或业务人员为实现个人利益而直接或间接造成轮换损失的可能性也是存在的。值得注意的是，在很多情况下，道德风险是以操作风险或执行风险的形式出现的，或是与这两种风险相伴发生的，因此具有较强的隐蔽性。

（二）储备粮流通与轮换中面临的外部风险

从储备粮企业的外部来看，流通与轮换风险主要包括以下四种风险：市场风险、政策风险、信用风险和法律风险。储备粮的流通与轮换必须通过市场实现，并按照市场规则运作，因此市场风险无法回避。市场风险对储备粮

所产生的影响表现在储备粮流通与轮换时由于粮食供求关系所引起的粮食价格上涨或下跌。因此，储备粮的流通与轮换在市场经济条件下必须遵循市场规律，无论采取何种轮换方式，都必须受到粮食市场价格的影响。因为粮食商品的特殊属性，政府在中国经济中扮演着十分重要的角色，所以政府对粮食市场的政策调节是储备粮的流通与轮换的政策风险主要表现形式。信用风险包括一切与储备粮流通和轮换有关的信用关系而产生的风险，在任何市场的商品交换中都存在。我国目前的市场信用状况令人担忧，因此，中央储备粮流通与轮换工作中要时刻警惕信用风险。另外，储备粮的流通与轮换要有相应的法律法规作保障，但是与储备粮轮换业务相关事项的法律环境变化及没有恰当运用法律手段的情况时有发生，因此，储备粮的轮换和流通同样面临着法律风险。

由此可见，储备粮的流通与轮换面临着多方面的风险。因此，必须对风险加以管理，规避和控制风险的发生，从而使得储备粮的流通与轮换工作顺利地进行。

四、储备粮流通和轮换管理存在的问题及规避措施

（一）目前储备粮流通与轮换风险管理中存在的问题

一是储备粮流通与轮换的风险管理原则不明确。由于储备粮流通与轮换的长期发展战略尚未确定，因此，长期发展应遵循怎样的风险管理原则，以及风险管理体系如何规划等，这些风险管理的核心问题还没有得以明确。

二是目前我国专门进行储备粮流通与轮换的风险管理机构缺位。风险管理机构的专门化、独立化正成为一种趋势，风险管理人员要分布于各个业务层次，接受总部风险管理机构的垂直管理，不归所在业务单位的领导，与所在业务单位的负责人不是上下级关系，可以不受业绩考核影响，独立客观地开展工作，并从风险管理方面对重大业务决策有否决权。

三是对各储备库储备粮的流通与轮换的风险识别比较分散，风险的定量评估也比较薄弱。企业的整体风险不是单个、局部风险的简单相加。现在中央储备粮的流通与轮换风险识别和应对，总的说来还是分散的、局部的，而且风险管理也要向精细化方向发展。定量分析、评估是走向精细化的必然要求，而中央储备粮轮换的风险管理仅仅是只作定性的或大面上的分析，在风险的定量评估这方面还比较薄弱。

四是经理人职责权限不明晰。企业的经营管理，归根结底要落实到各级经理人身上。经理人在其业务活动中，所作出的一系列"为"与"不为"的选择，对于企业风险管理至关重要。要提高经理人选择即决策的质量，首先要求职责权限的明晰，即先要对"可为"与"不可为"有明确的界定。如果经理人职责权限在很多情况下处于模糊状态，那么一方面存在盲目决策，即错误作为的风险；另一方面是为回避责任而层层上报，造成事实上的不作为。在中储粮以及其分公司和直属库，经理人的管理任务很多，职责权限并不是很明确，尤其没有专门负责储备粮流通与轮换风险控制问题工作的人员，因此不利于对储备粮流通与轮换风险的管理。

五是风险管理手段不够完善。与风险管理的需要相比，当前中央储备粮轮换的风险管理手段还有待完善，如利用期货市场进行轮换套期保值还仅仅处于试验阶段。

（二）规避储备粮流通与轮换风险的应对措施

一是要构建储备粮流通与轮换的整体风险管理体系。构建储备粮流通与轮换的整体风险管理体系，应该坚持以下几个原则：首先是要坚持全面风险管理，即对各类风险进行综合的、整合的管理。其次是要强化事前防范。对于风险的早识别、早处理，可以降低风险管理成本。再次是要促进共同安全。储备粮的流通与轮换除了要依靠中储粮直属企业外，还需要数量众多的代储企业和其他各类相关企业以及农户的参与。最后是要建立储备粮轮换风险管理的长效机制。具体应做好以下几方面的工作：第一方面是要完善储备粮流通与轮换的风险管理制度和管理队伍，第二方面是要丰富储备粮流通与轮换风险管理手段，第三方面是要充实储备粮流通与轮换风险管理资金。

二是要明确中储粮总公司及各分公司的工作宗旨。一家企业的宗旨和发展原则决定了企业的风险偏好和风险取向，因而也就从根本上形成了风险管理的基础。中储粮总公司自成立以来，一直把实现两个"确保"和服务宏观调控作为最高宗旨，经营管理活动均要紧密围绕这样的宗旨展开；在发展原则上，要突出稳健发展的低风险取向，不从事与轮换无关的一般性经营活动，更不涉足高风险领域。应当说，明确的企业宗旨和坚定的发展原则为储备轮换风险管理打下了坚实的基础。

三是要争取广泛支持，促进共同发展。有效的风险管理需要好的经营和发展环境，以及值得信赖的合作伙伴。中储粮总公司的轮换风险管理，离不开各有关部门，特别是国家粮食和物资储备局、国家发展改革委、财政部等行政主管部门及各级政府部门的指导和支持。同时，储备轮换的相当一部分是通过代储企业进行的，中储粮总公司非常明确地认识到，代储企业是中央储备粮垂直管理体系的有机组成部分，因此积极采取切实措施，与广大代储企业密切协作、共同发展，对储备轮换的风险管理形成了有力的促进。

四是要规范储备粮流通与轮换的制度建设、加强轮换监控。建立完备的制度并保证制度的贯彻落实，是风险管理的主要内容。中储粮总公司根据《中央储备粮管理条例》和国家下达的轮换管理办法，先后制定了总公司的轮换管理办法、轮换监督管理办法、统计信息工作管理办法、法律工作管理办法、铁路重点运输管理办法等多个有助于轮换风险管理的规章制度，并采取了一系列措施强化制度的贯彻落实，努力使轮换工作置于总公司和国家有关部门的全程严格监控之下。另外，必要时，总公司要主动控制轮换节奏、限定购销价格、数量，使轮换风险管理收到较好效果。

五是要加强市场、政策的研究，丰富轮换方式，拓宽轮换空间。研究市场和把握政策的重要性是不言而喻的，中储粮总公司为了加强市场研究，专门成立了信息部，配备了专门的研究人才，从组织和人员上为市场研究提供保证；同时，总公司上下，特别是决策层，要重视对国家大政方针的学习，时刻关注粮食政策动向，并在此基础上确定整个公司轮换工作的指导思想和原则。

六是要稳定粮源基地，强化物流保障。粮源物流是粮食流通企业的根基，也是储备轮换业务的基石。要积极开展订单农业，发展农民经纪人队伍，提供农业生产服务等方式，有效地扩大和稳定轮换粮源，降低采购成本。此外，中储粮物流体系建设也正在积极推进之中。稳定粮源和顺畅物流，将成为轮换风险有效管理的可靠保障。

七是要改进客户管理，提高服务质量，推进品牌建设。储备轮换要面向市场就必须面向客户，拥有丰富的客户资源可显著降低轮换风险。中储粮总公司要努力转变作风，改进服务质量，整合客户资源。从实际效果看，一大批信誉好经营能力强的优质客户，为轮换风险管理带来了很大便利。同时，品牌形象是企业的无形资产，企业形象良好，诚信可靠，合作伙伴对其有信任感和依赖感，便于企业创造良好的经营环境。因此，员工素质和企业活力是企业应对风险的重要力量，在风险管理中发挥着至关重要的作用。

第六节　中国粮食储备的国际风险管理

随着我国加入 WTO，经济全球化对我国的影响越来越明显，已经渗透到我国经济社会生活的各个领域，国内的粮食市场也不例外。长期以来，我国为了保障粮食供给及粮食安全，采取了极为严格的保护措施。然而，这些保护在我国加入 WTO 以后被迫减让甚至撤销，致使我国粮食市场暴露于国际粮食市场的激烈竞争中而无力招架，我国的粮食安全受到影响。基于此，我国的粮食储备也面临着国际风险的严峻挑战。鉴于粮食储备的特殊性质和功能，对其国际风险进行识别和管理应对就显得无比重要。在世界农产品贸易自由化的大背景下，同时考虑到我国的现阶段实际状况，本节探究了我国粮食储备所面临的国际风险因素，并在此基础上试图对粮食储备的国际风险及其类型进行界定，最后对如何进行粮食储备的国际风险管理以规避我国粮食储备面临的国际风险进行了简要分析和概括。

一、中国粮食储备国际风险的来源

一般来讲，粮食储备作为国家平抑粮食价格、稳定国内粮食市场、进行宏观调控的一种手段，其发挥的作用仅限于一国的国内粮食市场。但是随着经济全球化进程的不断深化发展以及我国加入 WTO，国内粮食市场与国际粮食市场联系密切并逐渐融为一体，这就迫使我国粮食储备极大程度上面临一定的国际风险，且无法规避，因此本部分将对粮食储备有可能面临的国际风险因素进行简要分析。

（一）粮食禁运对我国粮食安全的影响

一般意义上的粮食禁运，泛指国际粮食流通受到政策干预而发生的数量减少乃至中断的现象。我国学术界提出粮食禁运问题的起因，在于讨论我国粮食供求扩大国际合作的可能性。这类事件可能有不同表现形式。本书所指的粮食禁运，是指粮食出口国方面出于政治性动机，部分或全部中断与进口国发生的商业性粮食贸易。其可能单纯表现为主要以粮食贸易为对象的禁运措施，亦可能是覆盖面更为广泛的出口禁运体系。

有效粮食禁运对我国粮食安全的作用程度，至少受到两方面因素影响：粮食进口的用途和粮田还原的可能性。这两类因素都可以通过政策手段加以监控。

1. 粮食进口的用途

一般而言，进口粮食主要有两大类用途：一是用作直接口粮消费；二是用于饲料，生产肉类等动物产品，主要用于改善居民膳食结构。两类用途的不同情况下，有效粮食禁运对禁运目标国粮食安全的损害程度存在显著性差异。在第一类情况下，粮食需求弹性很小，消费量调节余地很小，有效粮食禁运会造成较大的福利损耗，可对粮食安全带来较大危害。在第二类情况下，粮食需求弹性较大，消费量调节余地较大，有效禁运的负面影响较小。

2. 非粮食用地还原为粮田的可能性

与自给自足状态相比，进口粮食使得一部分本来必须用于生产粮食的要素，尤其是部分耕地资源释放出来。一是耕地仍用于粮食生产，但复种指数下降；二是耕地完全脱离粮食生产，这又至少可以分为四类情况，即耕地闲置或抛荒，耕地用于其他经济作物，用于其他农业生产用途，转为非农业用地。这些不同情况的还原为粮田的可能性及其需要时间不同，从而使得粮食禁运对粮食安全的风险不同。

（二）加入 WTO 后世界农产品贸易自由化的冲击

1. WTO 框架协议的限制

为确保国内粮食安全，我国政府通常采取关税和非关税壁垒等措施来保护国内粮食市场的稳定。但是，中国入世后，鉴于 WTO 规则的要求，我国政府的保护措施无能为力，国内粮食市场面临挑战，肩负保障国家粮食安全的粮食储备面临风险。对 WTO《农业协议》从政策的角度分析，我国粮食储备面临的风险因素主要有如下四个方面：一是非关税壁垒取消国内粮食市场准入度提高；二是国内支持措施减让，对国内粮食生产的国内支持空间减小；三是对国内粮食出口补贴减少；四是对出口粮食的植物卫生检疫标准降低。

在 WTO 框架下，无论是从市场准入、国内支持、出口补贴还是动植物卫生检疫标准方面分析，我国粮食产业的发展都将受到很大的限制，我国粮食支持与保护的空间也将十分有限。因此，我国粮食产业发展所面临的国内外环境将会异常严峻，这使我国粮食安全受到严重挑战。

2. 世界农产品贸易自由化的冲击

入世以后，在 WTO 框架协议的约束下，我国逐步开放国内粮食市场。由农产品贸易自由化产生的世界市场波动就会传递到国内市场，我国粮食市场及粮食储备不可避免地会受到世界农产品贸易自由化的冲击。主要是以下四个方面会遭受到一定程度上的波及：一是粮食生产萎缩，粮食自给率下降；二是粮食市场进一步开放，粮食贸易依存度提高；三是直接影响粮食储备，粮食市场更趋不稳定；四是政府对粮食进口的宏观调控能力下降。

这里需要说明的是，加入 WTO，世界农产品贸易自由化对我国粮食市场安全及粮食储备的挑战并非各自独立，而是在大多数情况下，或者说几乎所有的情况下是密切联系、共同发生作用的。因此，我们无法精确地把它们分离开。

（三）其他国际风险因素

除上述两种主要的国际风险因素以外，我国粮食储备还有可能受到下列因素的影响。

1. 国际政治军事战略因素

新中国成立后的一段时期，国际上某些国家出于其政治军事战略因素的考虑，对我国采取政治上孤立、军事上包围、经济上封锁的政策。由于我国执行自力更生的正确方针，其阴谋没有得逞，但我国的经济发展速度还是受到一定的影响。今后还不能排除国际上某些国家仍然对我国进行这种有政治军事战略意图的干扰的可能性。粮食作为一种重要战略物资，在这种情况下必然具有特殊重要意义。粮食储备此时不仅仅是保障我国粮食安全，也会因为它的特殊重要战略意义而受到威胁和挑战。

2. 自然灾害及重大疾病

随着经济全球化的发展，经济贸易发展呈现区域化、全球化，世界各地的人们也因此联系越来越紧密。同时，随着人们对自然界的改造和不合理利用，人们生活的环境越来越恶劣，并且这种现象有国际化、区域化的发展趋势。自然灾害的发生不再局限于一个地区或一个国家，而是有可能同时爆发于几个国家，例如海啸的发生，其危害可能波及数个国家和地区。疾病，尤其是传染性疾病的发生，也有可能因为人们交往的世界化而呈现出国际化的特征。如 2003 年延数个国家、影响巨大的 SARS 病毒，现今仍然影响不断的禽流感。这些天灾的发生，都有可能对我国的粮食安全及粮食储备造成不同程度的影响。

综上所述，粮食储备所面临的国际风险因素是多方面的，任何一个方面出现问题，都有可能形成我国粮食储备的风险因素。另外，这些国际风险因素由于其不确定性和联动性，一种风险因素的发生有可能造成数种风险因素的联动，从而给我国粮食储备带来更大的风险。因此，建立和加强对粮食储备国际风险的认识和管理是保障我国粮食安全的迫切需要。

二、中国粮食储备国际风险的类型

上文已经对粮食储备的国际风险来源作出了一定程度的阐述,其是极其复杂、动态联动的,因此我们也可以将其称之为一个风险体系。另外从不同的视角、不同的层面,我们可以对其进行不同的分类,下面主要从两个角度对其进行分类。

(一)按风险发生的部位进行的分类

基于粮食储备的国际风险因素的影响,本书按照其引发的粮食储备国际风险的发生部位进行分类,可以将其分为两大类,即储存风险和动用风险。其中,储存风险又可以细分为规模风险、质量风险、购入风险、成本风险等。下面对这些风险分类进行具体论述。

1. 规模风险

这里的规模风险主要指两种情况:第一,不论是调剂品种结构,还是消费需求,我国需要在国际市场进口粮食,尤其是在入世以后,我国国内市场对国际市场的依赖程度不可避免地会提高。粮食供给有可能严重不足或结构不合理,粮食供求严重不平衡,国内粮食市场必将出现异常波动。这时我国粮食储备原本合理的规模有可能变成不足以抗击风险的规模不足。第二,我国是一个发展中的人口大国,对粮食的需求量极大。特别是在我国加入 WTO 之后,人们对粮食的数量和质量又有了更高层次的需求。随着世界农产品贸易自由化,国内粮食市场逐渐与国际粮食市场融为一体,国际市场对国内市场的冲击必然造成国内粮食市场供给规模扩大、供给结构多元化。这就必然要求我国的粮食储备规模相应地扩大以保障我国粮食安全,这时最显著的影响就是我国粮食储备规模要随着国际粮食市场对我国粮食市场的参与程度而随时调整储备规模。

2. 质量风险

多年来,中国一直抑制带有矮腥黑穗病(TCK)的美国小麦进口。入世以后,由于美国的要求,在《中美农业合作协议》中,中国对涉及小麦等农产品的进口在动植物卫生防疫管理政策上作了让步,同意对美国 7 个州低疫污染的 TCK 小麦开禁。据谷物检疫专家报道,TCK 是一种小麦病害,具有种子传播、土地传播、远地传播等难以根除的特性。小麦感染后产生霉臭黑穗,以致造成减产。在粮食品种中小麦一直是我国人民的重要口粮，但在小麦生产上我国不占优势。

在中国没有足够高的农业技术和防疫水平条件下，进口 TCK 小麦时可能会把病疫带到国内，甚至在国内有蔓延和传播的可能，从而影响国内小麦等的质量和生产。这样有可能出现两种情况：一是进口 TCK 小麦影响我国国内粮食市场上小麦品种的质量，甚至造成疫病的蔓延和传播，为保障粮食安全，我国需要动用大量粮食储备。如果进行储备调节时粮食品种的替代率不高或储备相对于危情造成的影响程度不足，我国粮食储备将面临风险；二是如果我国直接采用一部分进口粮食充实储备，则这种粮食质量问题的发生将直接影响粮食储备的安全。

3. 购入风险

目前，我国粮食主产区的粮食种植一般占农民收入的 60%～70%。长期以来，政府采取了一系列有效的粮食发展保护措施，来提高农民收入和农民种粮的积极性。入世后，按照有关规定，各国都必须增加政策的透明度减少对农业的补贴，我们的粮食保护政策措施的制定与实施都要在 WTO 的监督与规则下进行，我国的一部分粮食市场将被外来的粮食所挤占是必然的。据美方统计，目前我国每年进口美国小麦 200 万吨，今后可能增至 500 万吨，将使我国农民损失 546 亿元人民币。农民从粮食种植中所得收入越来越少乃至亏损会使农民的种粮积极性下降，导致农民最多播种自己的口粮满足自己的温饱，不愿承担多种粮食导致的亏本，这样就会出现大量的农村劳动力转移，粮食减产。在这种情况下，粮食储备就有从粮食进口增加储备的可能，从而国际风险就会直接影响我国的粮食储备。

4. 成本风险

20 世纪 90 年代之前，从总体上讲，中国粮食的国内价格低于国际市场，粮食产品在国际市场具有竞争优势。但据王秀清（1999）分析，20 世纪 80 年代中期之后，我国粮食生产成本呈现出陆续不断上涨的趋势，由 1985 年的每50 千克 10.50 元上涨至 1995 年的 38.07 元，十年间上涨了 263%。同期，国内的粮食收购或议购价格也在不断上涨。1995 年国内稻谷议购价、玉米桌市价、小麦议购价和大豆议购价格较 1985 年上涨了 377.8%、327.0%、255.8% 和218.4%。国际市场价格却基本在一定范围内起伏波动，大米、玉米、小麦和大豆国际价格分别上涨了 49.8%、7.0%、26.7% 和 8.3%。1997 年 7 月，中国小麦价格已高出国际市场价格 48.5％，玉米高出 26.2％，大豆高出 30％。因此，中国粮食的价格竞争优势已逐步丧失，粮食作物已不再具有比较优势。入世以后，大多数低成本、质量高的粮食进入国内市场。对我国的粮食储备来讲，既是机遇也是挑战：一方面，我国粮食储备为降低成本，可以运用一部分进出口调节自身规模，但这不可回避地要面对来自国际粮食市场的各种风险因素；另一方面，如果我国仍然主要采用国内粮食进行储备，则我国粮食储备的成本将会居高不下，对粮食储备的成本管理十分不利。

5. 动用风险

这是指在动用粮食储备、发挥其调控功能时极有可能对粮食储备形成的风险。一方面，国际粮食市场在持续不断渗透、参与国内市场的同时，也导致了国际粮食市场对国内粮食市场的冲击。这种冲击由于其各种国际因素的复杂性、多样性，必然表现出更大的不确定性。我国粮食储备在平抑这种由国际市场影响而造成的国内市场波动时必然面临一定程度的风险。此外，鉴于国内外粮食市场已经融为一体，粮食价格信号自然会以世界粮食供求状况为基础。如此，将会给我国粮食储备形成一定的误导信号，使其误以为国内粮食供求基本平衡或供过于求，从而做出不适宜的调控措施。

（二）按风险发生的原因进行的分类

除了上述分类方法以外，我们还可以按照粮食储备国际风险发生的原因进行分类，即这种国际风险是由哪种风险因素引起的。按照这种分类标准，可以把粮食储备的国际风险划分为以下三类。

1. 粮食禁运风险

即由粮食禁运所造成的风险，如在粮食禁运情况下，我国粮食储备的购入以及动用都极有可能面临该风险。

2. 贸易自由化风险

即由贸易自由化发展造成的一系列影响因素所引起的风险，上述所讲到的各种风险中大多数涉及该风险。

3. 政治因素风险

即由于政治军事等非经济因素造成的风险，该风险发生的可能性不大，但在未来全球经济贸易联系日益紧密的状况下，该风险发生的可能性不无存在。

综上所述，对粮食储备国际风险的含义和类型的认识，是我们认识和理解粮食储备国际风险的前提和基础。通过上述内容，我们对粮食储备国际风险有了一个较为全面的理解，对以下所述中国如何规避粮食储备国际风险的内容有重要意义。

三、规避中国粮食储备国际风险的应对之策

（一）健全和完善粮食储备体系

完备的粮食储备体系是抵御风险的最有力保障，因此，要防御粮食储备的国际风险首先就要健全和完善我国的粮食储备体系。具体来说，还要对以下几个方面进行进一步的改革和完善：重视市场规律的作用，实现企业化经营、市场化运作；建立国家储备粮管理协调机制，提高储备粮运行管理效率；建立健全粮食预警系统。

（二）保持国家粮食储备适度规模

一方面，我们要保持国家储备的适度规模。据世界各国的经验，粮食的安全储备规模大约是该国粮食消费总量的 17％，其中缓冲储备 5％。2 200 万吨的政府专项储备即可达到国际公认的安全标准，但考虑到我国商业储备制度还不够完备，政府储备可能还要大一点，但总体上不应超过 4 000 万吨。

另一方面，要采取措施提高农民储粮的积极性，增加农村储备规模，这是确保我国粮食安全的一个非常重要的方面。

（三）建立与完善粮食风险基金

粮食风险基金可以为粮食储备提供强有力的资金支持，完善的风险基金制度是粮食储备吞吐调节、有效运行的财务基础。因此，粮食风险基金制度是否健全、粮食风险基金数量多少及粮食风险基金的使用直接关系政府储备粮储存保管和销售能否按制度运行。对于应对国际风险的冲击来说，粮食风险基金更是防范粮食储备国际风险的一道防线。针对运行中的粮食风险基金存在的问题，目前最迫切需要解决的问题有两个：一是要切实落实地方财政配套资金，保证粮食风险基金的资金来源；二要改革粮食风险基金的管理办法，防止擅自动用粮食风险基金。

（四）建立高效的粮食安全储备系统

一方面，要建立一定规模的实物储备，即国家粮食储备。在国家遭受粮食禁运时，储备粮能立即释放出来，缓解粮食饥荒，增加回旋余地。但要防止过高的粮食储备。目前，我国粮食储备规模远远高于 FAO 规定的 17％～

18％的安全系数，暴露出明显的效率低、时效性差、成本高、透明度低等弊端。因此，确定合理储备规模对我国目前的国家粮食储备尤为重要。

另一方面，要建立适当的粮食产能储备，稳定可耕地面积。在当前调整产业结构和产品结构时，一是要严格控制耕地面积的非农业占用。因为一旦耕地占用速度超过粮食产量的增长速度，就已经对粮食安全构成了威胁。二是要加强农用地的粮食产能的储备。

（五）构建我国粮食安全保障体系

仅仅依靠粮食储备本身实现防范和控制国际风险是不够的，对于我国粮食安全也是不够的。因此，为切实防范和控制粮食储备的国际风险，保障我国粮食安全，更好地发挥储备粮的调节和保障功能，我国应建立起粮食安全保障体系。我们这里所讲的粮食安全保障体系，实质上是在 WTO 框架规则允许的范围内构建的合理高效的粮食产业支持与保护政策体系。毕竟在世界农产品贸易自由化的大背景下，要发展我国经济就必须遵循国际规则，有以下几个方面：合理设计农业支持与保护结构；加大 WTO 规则的"绿盒"政策措施使用力度；充分利用 WTO 规则内的国内支持空间；加速粮食流通体制的改革，完善粮食储备的调节机制。

（六）调整我国粮食生产结构

切实保护农民对于粮食生产的积极性，从长期来看，我国粮食生产对结构做大的调整应在两个层次上进行。第一层次是对于同一品种品质结构的调整。目前，量的过剩不是早稻和玉米的根本问题，更主要的还是其品质问题，在某种程度上，仍然体现了供给与需求相悖离的矛盾。第二个层次是对于品种结构的调整。比如大豆，究其品质和生产条件，相对而言，我国是具备一定优势的，应当扩大其种植面积，从而可以较少种植玉米等农作物。另外，可以给农民提供相对更为准确的有关信息：一是可以由政府定期公布粮食供求平衡表，以弥补市场信号调节过度的不足；二是进一步完善粮食期货交易市场和交易制度，充分发挥其防范风险和提供价格信息的作用，以便有效地保护农民的利益。

（七）建立粮食进出口的农业保护机制

一是改革粮食外贸体制。政府对粮食进出口宏观管理目标应当是控制总量，允许外贸企业根据比较优势自主经营，调节粮食进出口策略要根据市场供求规律，使国际、国内两个市场相辅相成、相互补充。二是粮食定购价与市场价格并轨，取消粮食进出口调拨价格。定购价的取消，迫使进出口调拨价格将会因此失去依靠而难以维持，促使粮食进出口企业因为效益最大化原则而进入国际粮食市场参与竞争，借以避免盲目出口和盲目进口造成的资源浪费。三是实行符合国际惯例的粮食进出口保护政策。实施粮食进口配额关税政策，加强关税的保护作用，在可接受的程度上将进口总量控制在一定范围之内，同时使粮食最低保护价格制度和进口粮食门槛价格制度得以完善，维护国内粮食生产和粮食价格的稳定。

（八）及时调控粮食进出口

粮食的进出口是国际粮食市场交易的必然结果，同时也是弥补国内生产能力欠缺和满足国内粮食品种类型转换的要求。但是，为促使国内市场粮价不经受国际粮食生产波动的冲击，国内粮食市场与国际粮食市场有一定的隔离是必须要做到的。相应地可以选择以下方法：统一全国粮食进出口关税，可在一定程度上采用欧共体的方式，即当国际粮食价格远远超越国内粮食市场价格时，国内粮商必将迅速组织粮食出口，可以允许国内粮价上涨到把国际粮价大于国内粮价8％以上的余额作为关税征收的结果，以维持国内市场粮价波动不超过8％；当国内市场粮价高于国际市场粮价时，粮商必将迅速地组织粮食进口，把国际粮价低于国内粮食目标价的余额作为关税征收。粮食进出口贸易仍应当由国有粮食企业带领经营。国家储备粮系统参与国际粮食贸易，在国际粮价上涨较大时拿出一定数量的储备粮以供粮商购买用以出口，以减少其对国内粮食市场的冲击；国内市场大幅度高于国际价格时，可从进口粮食中收购一部分用以国家储备。同时，还要通过粮食市场信息实时监测和预测、确定关税、信贷规模、利率等进而控制粮食进口规模。

（九）转换思想应对国际粮食市场的冲击

转换思想，从新视角重新考虑政府对粮食的宏观调控能力和粮食安全问题。政府对粮食的宏观调控能力，仅仅理解为以粮食生产总量为目标是较为片面的。应以提升粮食供给能力为目标。为此，一方面，政府可以通过改善农业基础设施建设、中低产田改造、科技投入等措施，提高粮食的生产能力，从而可以提高粮食生产的长期供给弹性；另一方面，政府应当在充分发挥自身经济实力的前提下，利用国内、国际两个市场来调节粮食供需相对均衡。粮食安全并不一定意味着完全自给自足，而应从多方位、多角度、更为广泛的意义上去理解。我们只有转换思想，从新视角、新范畴重新思考政府对粮食的宏观调控能力和粮食安全问题，才能既更好地抓住国际粮食市场带来的机遇，又能应对好其带来的挑战与威胁，最后才能真正在发展的基础上实现我国粮食安全的目标。

研究展望

粮食安全事关国计民生，是实现经济发展、国家安全和社会稳定的重要基础。习近平总书记深刻指出，"解决好十几亿人口的吃饭问题，始终是我们党治国理政的头等大事""中国人的饭碗任何时候都要牢牢端在自己手中。决不能在吃饭这一基本生存问题上让别人卡住我们的脖子"。新时代新征程，我们要更加紧密地团结在以习近平同志为核心的党中央周围，全面贯彻习近平新时代中国特色社会主义思想，大力弘扬伟大建党精神，以史为鉴、开创未来，立足新发展阶段，完整、准确、全面贯彻新发展理念，构建新发展格局，推动高质量发展，加快构建更高层次、更高质量、更有效率、更可持续的国家粮食安全保障体系，切实守住管好"天下粮仓"，做好"广积粮、积好粮、好积粮"三篇文章，把中国人的饭碗牢牢端在自己手中，为实现第二个百年奋斗目标、实现中华民族伟大复兴的中国梦不懈奋斗。

粮食储备是我国粮食安全重大战略方针中的一环，做好粮食储备管理工作，对保障国家粮食安全、实施粮食宏观调控、平衡粮食供应、确保社会稳定、促进国家经济持续发展具有重大作用。本书则从以下几个方面探究了粮食安全视角下中国粮食储备的一系列理论与实践问题：首先，梳理了国内外关于粮食储备与粮食安全的一系列文献，并对粮食储备风险管理这一重要内容进行了文献回顾，为本书之后的几章内容奠定了基础；其次，深入分析了粮食储备对于国家粮食安全影响的经济效应，进一步印证了粮食储备对于粮食安全、经济发展、国家稳定的重要性；再次，从粮食储备的实践发展入手分析了粮食储备的发展历程与当下存在的问题，另外借助 PEST 分析了影响粮食储备的因素，以期对中国粮食储备有更深入的理解与分析；从次，从粮食储备风险管理这一重要概念入手分析了其内在的学理基础，同时从实践层面入手梳理了国际上关于粮食储备风险管理的具体做法与经验总结；最后，针对以上关于粮食储备尤其是粮食储备风险管理的内容，为规避粮食储备风险、保障中国粮食安全提出了一系列政策建议。

通过以上的研究分析，我们不难得出大力研究中国粮食储备问题的意义十分重大。从多方面、多角度、多层次研究问题的症结所在，之后借鉴先人经验、其他国家相关方面问题的解决措施，再联系本国实际，进而解决问题，是必须要做的。在当前我国的新环境、新形势下，粮食储备的一系列问题如果得到了良好的分析、改进和建设，必将对我国建立高质高效的粮食安全保障体系起到至关重要的支撑作用，其具有非常鲜明的现实意义。

然而，粮食安全视域下的粮食储备风险管理尚有部分内容有待进一步完善：首先，由于笔者自身理论知识水平的局限性、同时身处的地域是在城镇中，而非可与粮食直接、全面接触的乡村中，所以缺少对粮食流通全过程的深入了解和体会，对某些问题的理解可能不太全面；其次，笔者对于规避中国粮食储备风险等方面的建议是基于自己的理解并适当借鉴了学者们已有成果而总结出的，所以本书的建议可能不具备普遍性和全面性；再次，在国际市场粮食安全风险不断升级的情况下，如何做好粮食应急管理工作研究、完善粮食应急管理体系尤为重要，这一部分内容也需要进一步加以研究并应用于实践中；最后，人工智能、物联网、智联网、大数据、云计算等新一代信息技术在粮食储备中的应用也是当下以及未来较长时间内需要持续深入研究的内容。

因此，对于上述问题，今后还需要进一步地探讨与研究：首先，总体来说，本书是在粮食储备的范围内具体研究相关问题。因为在研究时进行了相关范畴的限定，所以在对某些问题的认识上可能还不够深刻、全面。如果从国民经济全局的高度来认识和分析粮食储备问题，抑或是将这些问题放在"三农"的概念中加以研究，可能会得到更加深刻和全面的结论。其次，基于近年新冠疫情以及中美贸易摩擦等国际国内的突发公共事件对于粮食安全的影响，国内粮食安全处于"高难度、低水平、弱安全，吃饱没问题、吃好要进口，平时没问题、战时有风险"的状态，粮食安全现状不容乐观，若管控失当，将会引发重大危机，所以我国要重视粮食供应应急管理中全环节全流程的管理。因此今后从粮食应急管理的角度研究粮食储备的问题也是一个很好的很有价值的研究方向，值得我们继续深入探讨。最后，随着信息技术的发展，为了进一步通过内循环保证粮食储备、确保粮食安全，"藏粮于智"也是未来需要加以关注的重点，要注重构建粮食产业大数据平台，建立健全粮食产业灾害预警与防治体系，推动粮食产业由电脑代替人脑、机器代替人力，实现对粮食生产全过程、全覆盖的动态监测，提高粮食系统防范自然风险和市场风险的能力，这对进一步增加粮食储备系统的韧性是非常重要的，也是值得进一步深入研究的内容。

参考文献

白美清，2019. 我国粮食流通体制改革开放历程的初步回顾与探索［J］. 中国粮食经济（12）：7-10.

毕艳峰，2011. 粮食安全内涵解析［J］. 北方经济（3）：78-79.

蔡基宏，2021. 从"一号文件"看我国粮食安全新机制的构建［J］. 粮食问题研究（4）：20-24.

蔡荣，陶素敏，2021. 中国粮食生产布局演变及空间机制分解：1978—2018［J］. 干旱区资源与环境（6）：1-7.

蔡之兵，2019. 协同合作推动黄河流域高质量发展［N］. 河南日报，09-25.

曹宝明，刘婷，虞松波，2018. 中国粮食流通体制改革：目标、路径与重启［J］. 农业经济问题（12）：33-38.

曹宝明，唐丽霞，胡冰川，等，2021. 全球粮食危机与中国粮食安全［J］. 国际经济评论（2）：9-21，4.

曹怀朋，2006. 浅谈中央储备粮统一轮换存在的问题及对策［J］. 经济师（1）：42-43.

曹荈，2014. 粮食安全的内在含义与法律保障［J］. 沈阳师范大学学报（社会科学版）（1）：61-63.

陈超，2021. 古代粮食储备调控理念对当代黄河流域粮食安全的启示：评《中国古代粮食储备调节制度思想演进》［J］. 粮食与油脂（8）：166-167.

陈克，2012. 国有粮食企业风险管理研究［J］. 商业会计（6）：3-5.

陈蛰蛰，1986. 世界粮食安全形势和展望［J］. 世界农业（10）：3-5.

成升魁，汪寿阳，刘旭，等，2018. 新时期我国国民营养与粮食安全［J］. 科学通报（18）：1764-1774.

崔奇峰，普蓂喆，王国刚，等，2020. 疫情冲击下国际粮食出口限制与我国粮食安全［J］. 中州学刊（4）：20-26.

崔奇峰，王秀丽，钟钰，等，2021. "十四五"时期我国粮食安全形势与战略思考［J］. 新疆师范大学学报（哲学社会科学版）（1）：134-144.

道客巴巴，2021. 广东省揭阳市普宁市南溪粮食储备库（一期）专项债券项目募投报告［EB/OL］. https://www.doc88.com/p-59739019448904.html.

丁声俊，2021. "两个大局"下保障我国粮食安全的大方略（三）［J］. 粮食问题研究（6）：4-11.

董晨阳，2021. 基于 AHP 的粮食安全评价体系研究［J］. 全国流通经济（28）：27-29.

董开华，2009. 防范地方储备粮信贷风险的几点思考［J］. 金融理论与实践（3）：119-120.

杜鹰，2020. 中国的粮食安全战略：上［J］. 农村工作通讯（21）：35-38.

费佐兰，余志刚，2015. 中国粮食储备制度的历史变迁和发展趋势［J］. 世界农业（3）：4-8，211.

傅泽强，蔡运龙，杨友孝，等，2001. 中国粮食安全与耕地资源变化的相关分析［J］. 自然资源学报（4）：313-319.

高帆，龚芳，2012. 中国粮食储备的运行效力：基于国别比较的分析［J］. 学习与探索（10）：83-87.

高洪洋，胡小平，2021. 我国政府粮食储备区域布局：现状、影响及优化路径［J］. 华中农业大学学报（社会科学版）（6）：27-34，187.

高鸿业，2018. 《就业、利息和货币通论》导读［M］. 北京：中国人民大学出版社.

高淑桃，任福全，王晓，2010. 我国粮食安全目标实现的制约因素及对策［J］. 理论探索（4）：71-74.

高铁生，安毅，2009. 理顺储备与经营关系，完善中央储备粮运营机制［J］. 经济与管理研究（9）：34-38.

高瑛，储新元，2021. 我国粮食储备体系的历史流变与问题研究综述［J］. 物流科技（4）：7-10，16.

顾海兵，余翔，沈继楼，2008. 中国粮食安全研究的新架构［J］. 国家行政学院学报（3）：39-42.

国家粮食和物资储备局，2019. 《中国的粮食安全》白皮书［EB/OL］. http://www.lswz.gov.cn/html/xinwen/2019-10/14/content_247014.shtml.

国家粮食和物资储备局，2020. 实施国家粮食安全战略　守住管好"天下粮仓"［J］. 中国粮食经济（5）：6-8.

国家粮油信息中心，2021. 世界粮油市场月报［EB/OL］. http://www.grainoil.com.cn.

韩建军，侯纪伟，程玉，等，2021. 基于空间聚类的省级粮食应急储备分区研究［J］. 粮油食品科技（5）：209-214.

韩永飞，2013. 应急成品粮储备成本控制研究［J］. 价格理论与实践（5）：79-80.

何朝晖，2018. 国有粮食储备企业资金风险评价研究［D］. 福州：闽江学院.

何德兴，夏治强，2011. 对现行国家粮食储备政策的思考和建议［J］. 粮食问题研究（3）：

39-42.

何琳纯，2020. 我国粮食储备体系宏观调控机制探讨［J］. 粮食科技与经济（8）：44-48.

侯立军，2016. 供给侧结构性改革与粮食安全［M］. 南京：东南大学出版社.

胡美伦，2020. 论我国的粮食安全现状分析及其对策［J］. 现代食品（20）：161-163.

胡世才，2003. 有效控制储备粮油管理的制度性风险［J］. 农业发展与金融（8）：51-52.

黄飞，徐玉波，2018. 世界粮食不安全现状、影响因素及趋势分析［J］. 农学学报（10）：
97-100.

黄珊珊，2020. 我国粮食储备与粮食价格的关系研究［J］. 山西农经（3）：56-57.

贾晋，2012. 我国粮食储备的合理规模、布局与宏观调控［J］. 重庆社会科学（2）：82-94.

贾晋，2012. 中国粮食储备体系：历史演进、制度困境与政策优化［J］. 广西社会科学（9）：
97-102.

贾晋，王珏，肖慧琳，2011. 中国粮食储备体系优化的理论研究评述［J］. 经济学动态（3）：
97-100.

蒋和平，朱福守，2015. 我国粮食储备管理现状和政策建议［J］. 中国农业科技导报（6）：
8-14.

江苏省人民政府，2021. 省政府办公厅关于印发江苏省"十四五"粮食流通和物资储备发展规划
的通知［EB/OL］. http://www.jiangsu.gov.cn/art/2021/9/15/art_46144_10014758.html.

金梅，刘洋，张华昌，等，2015. 粮食安全与粮食储备制度的发展演变［J］. 粮油仓储科技
通讯（1）：1-8.

金宇豪，郭恬，阳会兵，2020. 我国粮食安全的影响因素及对策分析［J］. 作物研究（6）：
580-584.

亢霞，2019. 新中国70年我国政府粮食储备体系的演变［J］. 中国粮食经济（10）：32-35.

李福君，2005. 我国粮食储备布局研究［D］. 北京：中国农业大学.

李隆玲，武拉平，2020. 乡村人口变迁对我国粮食安全的影响［J］. 中国农业大学学报（社
会科学版）（1）：80-91.

李鹏，2018. 中国粮食储备体制改革思考与建议［J］. 中国市场（31）：9-12，19.

李全根，2002. 我国省级粮食储备管理体制改革研究［J］. 粮食储藏（6）：3-7.

李蕊，程新睿，2021. 加强中央储备粮质量监管　切实保障粮食安全［J］. 粮食问题研究
（5）：32-34.

李雪，吕新业，2021. 现阶段中国粮食安全形势的判断：数量和质量并重［J］. 农业经济问
题（11）：31-44.

李长明，罗先安，2007. 浅析中央储备粮轮换销售中的风险与对策［J］. 粮油仓储科技通讯
（3）：5-7，15.

李兆立，杨明建，2005. 储备粮管理中的问题及对策［J］. 现代金融（12）：39-40.

刘甲朋, 2004. 中国粮食储备问题研究观点综述 [J]. 经济纵横 (7)：57-60.

刘鹏, 丁乐, 2017. 民间储粮行为与粮食储备制度改革研究 [J]. 世界农业 (2)：88-92.

刘晓丹, 2016. 关于河北省粮食安全预警的评价指标体系构建 [J]. 河北企业 (11)：47-48.

刘笑然, 宋海明, 1993. 建立粮食储备调节体系的对策 [J]. 中国国情国力 (3)：36-38.

刘颖, 2006. 市场化形势下我国粮食流通体制改革研究 [D]. 武汉：华中农业大学.

刘颖, 许为, 樊刚, 2010. 中国粮食安全储备最优规模研究 [J]. 农业技术经济 (11)：83-89.

娄源功, 2003. 基于国家粮食安全的专项储备粮规模研究 [J]. 农业技术经济 (4)：6-12.

娄源功, 2003. 中国粮食安全的宏观分析与比较研究 [J]. 农场经济管理 (3)：30-32.

罗丹, 陈洁, 徐天祥, 2001. 对深化国家粮食专项储备制度改革的探讨 [J]. 西部粮油科技 (6)：3-7.

罗猛, 刘子瑜, 穆月英, 2021. 中国粮食安全问题研究进展：基于 CSSCI 文献计量的综述 [J]. 中国食物与营养 (1)：8-13.

吕新业, 冀县卿, 2013. 关于中国粮食安全问题的再思考 [J]. 农业经济问题 (9)：15-24.

马爱锄, 杨改河, 黑亮, 2003. 粮食安全新内涵与中国粮食安全态势分析 [J]. 西北农林科技大学学报 (社会科学版) (2)：111-116.

马恩朴, 蔡建明, 林静, 等, 2020. 2000—2014 年全球粮食安全格局的时空演化及影响因素 [J]. 地理学报 (2)：332-347.

马九杰, 张象枢, 顾海兵, 2001. 粮食安全衡量及预警指标体系研究 [J]. 管理世界 (1)：154-162.

马克思, 1979. 马克思恩格斯全集：第 46 卷上册 [M]. 北京：人民出版社.

倪坤晓, 何安华, 2021. 中国粮食供需形势分析 [J]. 世界农业 (2)：10-18.

聂伟, 风笑天, 2014. 城镇化：概念、目标、挑战与路径 [J]. 学术界 (9)：82-92, 308.

农发行课题组, 2004. 顺应市场促轮换规范管理防风险：农发行新疆分行营业部储备粮管理主要经验及做法 [J]. 新疆金融 (6)：26-27.

潘小明, 2009. 浅谈储备粮自主轮换风险及对策 [J]. 中国粮食经济 (6)：34-36.

彭锁, 2019. 我国粮食安全中粮食储备体系的问题及对策研究 [J]. 粮食与饲料工业 (7)：5-9.

普冀喆, 郑风田, 崔海兴, 2018. 粮食最优储备规模研究进展及启示 [J]. 华中农业大学学报 (社会科学版) (5)：67-75, 163-164.

普喆, 郑风田, 2020. 粮食储备规模优化研究：基于库存消费比视角 [J]. 农村经济 (7)：78-85.

齐岳, 张雨, 2020. 新冠疫情下农业上市公司粮食安全评价体系构建研究 [J]. 中国软科学 (S1)：23-31.

任新平，2006. 近代中国粮食储备制度的变迁［J］. 江苏社会科学（3）：148-153.

史成刚，2010. 租赁经营模式下地方储备粮轮换的风险［J］. 中国粮食经济（9）：61.

谭文凤，2012. 粮食储备布局研究［D］. 成都：西南财经大学.

谭砚文，曾华盛，马国群，2019. 印度食品管理制度演变、实施效果及对中国的启示［J］. 中国农村经济（9）：124-144.

唐黎标，2017. 对当前我国粮食储备现状与问题的思考［J］. 粮食问题研究（3）：25-28.

唐帅，2021. 江苏省粮食安全测度和影响因素分析［J］. 市场周刊（5）：1-3.

陶小英，2013. 加强省级储备粮财务风险的管理［J］. 审计与理财（12）：31-32.

王夫玉，2011. 健全我国粮食安全的新型储备体系［J］. 中国食物与营养（6）：14-16.

王国敏，张宁，2015. 中国粮食安全三层次的逻辑递进研究［J］. 农村经济（4）：3-8.

王华，邹建成，2013. 中央储备粮质量管理风险关键点分析及其控制措施［J］. 粮食科技与经济（5）：45-46.

王铁汉，2004. 浅谈中国粮食储备制度的延革［J］. 黑龙江科技信息（9）：133.

王文龙，2014. 浙江粮食生产功能区建设的实践及反思［J］. 区域经济评论（3）：120-124.

王晓潺，2010. 中国粮食储备制度研究［D］. 北京：首都经济贸易大学.

王晓君，何亚萍，蒋和平，2020. "十四五"时期的我国粮食安全：形势、问题与对策［J］. 改革（9）：27-39.

王新发，2000. 试论粮食储备的经济管理［J］. 广西粮食经济（3）：29-31.

王秀清，1999. 中国粮食国际竞争力研究［J］. 农业技术经济（2）：7-12.

王一钊，唐树生，吴勇昊，等，2021. "十四五"时期积极应对我国粮食安全的对策研究［J］. 陕西农业科学（4）：1-6.

卫志民，于松浩，王懋轩，2021. 我国粮食安全问题的治理基础研究：问题识别、影响机理与治理路径［J］. 江苏行政学院学报（3）：47-54.

魏霄云，史清华，2020. 农家粮食：储备与安全：以晋浙黔三省为例［J］. 中国农村经济（9）：86-104.

魏玉君，叶中华，2019. 粮食政策研究：问题与对策［J］. 宏观经济管理（6）：67-71，90.

吴昊，2019. 地方粮食储备资金管理问题及对策建议［J］. 粮食问题研究（6）：4-8.

吴昊，2020. 我国政府粮食储备的分级问题研究［D］. 成都：西南财经大学.

吴娟，王雅鹏，2011. 我国粮食储备调控体系的现状与完善对策［J］. 农业现代化研究（6）：661-665.

吴天锡，1983. 世界粮食安全政策［J］. 世界农业（6）：1-4.

吴志华，施国庆，胡荣华，2002. 中国粮食安全储备及其规模确定［J］. 中国农村观察（1）：15-21，46-80.

吴子丹，张强，吴文福，等，2019. 我国粮食产后领域人工智能技术的应用和展望［J］. 中国粮油学报（11）：133-139，146.

向元崇，2009. 浅谈完善地方储备粮政策［J］. 粮食问题研究（4）：42-44.

肖莹莹，艾思思，2010. 世界性粮食危机难料再现［N］. 经济参考报，08-12.

谢洪燕，贾晋，2013. 新时期我国国家粮食储备目标、功能的调整与优化［J］. 宏观经济研究（12）：3-10，34.

新华社，2014. 中储粮直属库"瘦身"753家整合为346家［EB/OL］. http://www.gov.cn/xinwen/2014-10/21/content _ 2768599. htm.

熊鹤鸣，田颖，2004. 以滚动转化的均衡轮换抗御中央储备粮的轮换风险［J］. 中国粮食经济（9）：25.

徐黎明，2020. 科学储粮仓，科学减损耗［J］. 粮食科技与经济（8）：12-13.

徐力行，2004. 中国官方粮食储备合理规模的确定依据［J］. 现代经济探讨（7）：56-58.

徐瑞蓉，2016. 福建省应急储备物资管理研究［J］. 经济研究参考（59）：72-75，79.

徐素荣，李坤，2005. 中央储备粮轮换信贷风险的成因与对策［J］. 现代金融（6）：15-16.

许峰，2005. 中央储备粮轮换的风险管理［J］. 中国粮食经济（11）：35-38.

严复海，党星，颜文虎，2007. 风险管理发展历程和趋势综述［J］. 管理现代化（2）：30-33.

杨刚强，肖广宇，王海森，2021. 新发展阶段保障国家粮食安全的思路与对策［J］. 宏观经济管理（8）：46-53.

杨捷，杨建，2019. 国有粮食购销企业营运资金风险防范与管理［J］. 财经界（34）：94.

杨磊，2014. 我国粮食安全风险分析及粮食安全评价指标体系研究［J］. 农业现代化研究（6）：696-702.

杨万江，陈文佳，2011. 中国水稻生产空间布局变迁及影响因素分析［J］. 经济地理（12）：2086-2093.

杨羽宇，2014. 我国粮食储备管理制度建设研究［D］. 成都：西南财经大学.

姚成胜，滕毅，黄琳，2015. 中国粮食安全评价指标体系构建及实证分析［J］. 农业工程学报（4）：1-10.

姚荣，2010. 中国古代粮食储备制度及启示［J］. 军事经济研究（9）：76-77.

姚胜桃，韦登营，2003. 对市县级储备粮管理的思考［J］. 广西粮食经济（1）：27-28.

易红超，宋小青，2020. 湖南省粮食安全区域格局及其影响因素［J］. 国土资源导刊（4）：45-49.

游连香，2012. 防控储备粮轮入风险［J］. 中国粮食经济（12）：66.

袁华山，2020. 政策与市场的耦合［M］. 南京：东南大学出版社.

曾善娟，2021. 粮食储备企业加强内部控制的思考［J］. 质量与市场（9）：90-92.

张昌彩，2004. 国外粮食储备管理及其对我国的启示［J］. 经济研究参考（24）：33-43.

张铭铭，2021. 国有储备粮食企业内部控制存在的问题及优化研究［D］. 济南：山东师范大学.

张青，安毅，2009. 我国粮食安全与粮食储备体制改革方向 [J]. 国家行政学院学报（5）：83-87.

张庆娥，杨军，2014. 我国粮食质量安全现状与监管体系对策分析 [J]. 粮油食品科技（4）：72-75.

张元红，刘长全，国鲁来，2015. 中国粮食安全状况评价与战略思考 [J]. 中国农村观察（1）：2-14，29，93.

赵一凡，魏亚卿，李琦喆，等，2018. 我国粮食安全的影响因素：基于灰色关联度法的分析 [J]. 经营与管理（10）：97-99.

郑风田，普蕾喆，2016. 我国粮食储备主体结构及其优化研究 [J]. 价格理论与实践（9）：18-22.

中国粮食经济学会，中国粮食行业协会，2009. 中国粮食改革开放三十年 [M]. 北京：中国财政经济出版社.

中国农村科技，2021. "粮食收储保质降耗关键技术研究与装备开发"项目成果推荐 [J]. 中国农村科技（7）：12-15.

中国社会科学院农村发展研究所，2020. 中国农村发展报告 [M]. 北京：中国社会科学出版社.

中国政府网，2016. 中央储备粮管理条例 [EB/OL]. http://www.gov.cn/gongbao/content/2016/content_5139494.htm.

中华人民共和国生态环境部，2018. 第二次全国污染源普查公报 [EB/OL]. https://www.mee.gov.cn/home/ztbd/rdzl/wrypc/.

中华人民共和国生态环境部，2021. 2020 中国生态环境状况公报 [EB/OL]. http://www.mee.gov.cn/hjzl/sthjzk/zghjzkgb/.

钟甫宁，2011. 粮食储备和价格控制能否稳定粮食市场？世界粮食危机的若干启示 [J]. 南京农业大学学报（社会科学版）（2）：20-26.

周博，翟印礼，钱巍，等，2015. 农业可持续发展视角下的我国粮食安全影响因素分析：基于结构方程模型的实证分析 [J]. 农村经济（11）：15-19.

周明建，叶文琴，2005. 发达国家确保粮食安全的对策及对我国的借鉴意义 [J]. 农业经济问题（6）：74-78.

朱晶，李天祥，臧星月，2021. 高水平开放下我国粮食安全的非传统挑战及政策转型 [J]. 农业经济问题（1）：27-40.

朱晓乐，2018. 粮食收储制度改革：动因、成效与展望 [J]. 宏观经济研究（4）：119-123.

朱泽，1998. 中国粮食安全问题：实证研究与政策选择 [M]. 武汉：湖北科学技术出版社.

Abedin M Z, Rahman M Z, Mia M I A, et al., 2012. In-store Losses of Rice and Ways of Reducing Such Losses at Farmers'Level：An Assessment in Selected Regions of Bangladesh

[J]. Journal of the Bangladesh Agricultural University (1)：56-62.

Adesina Jacobs Mobolade，Nameirakpam Bunindro，Dinabandhu Sahoo，et al.，2019. Traditional Methods of Food Grains Preservation and Storage in Nigeria and India [J]. Annals of Agricultural Sciences (2)：196-205.

Ashish M，Paschal M，Ajay S，2018. An Overview of the Post-Harvest Grain Storage Practices of Smallholder Farmers in Developing Countries [J]. Agriculture (4)：571-579.

Ayala Wineman，2016. Multidimensional Household Food Security Measurement in Rural Zambia [J]. Agrekon (3)：837-842.

Boxall R A，2001. Post-harvest Losses to Insects—a World Overview [J]. International Biodeterioration and Biodegradation (1)：137-152.

Brian Wright，CarloCafiero，2011. Grain Reserves and Food Security in the Middle East and North Africa [J]. Food Security (1)：S61-S76.

Chan Hao Yuan，Abdul Halim Lim Sarina，Tan Tai Boon，et al.，2020. Exploring the Drivers and the Interventions towards Sustainable Food Security in the Food Supply Chain [J]. Sustainability (19)：633-639.

Charles D. Singano，Brighton M. Mvumi，Tanya E，2019. Stathers. Effectiveness of Grain Storage Facilities and Protectants in Controlling Stored-maize Insect Pests in a Climate-risk Prone Area of Shire Valley，Southern Malawi [J]. Journal of Stored Products Research (83)：130-147.

Cima E G，Uribe-Opazo M A，Johann J A，et al.，2018. Analysis of Spatial Autocorrelation of Grain Prouction and Agricultural Storage in Paraná [J]. Engenharia Agrícola (3)：395-402.

Coradi Paulo Carteri，Maldaner Vanessa，Lutz Éverton，et al.，2020. Influences of Drying Temperature and Storage Conditions for Preserving the Quality of Maize Postharvest on Laboratory and Field Scales [J]. Scientific Reports (1)：121-128.

Deepak K，Prasanta K，2017. Reducing Postharvest Losses during Storage of Grain Crops to Strengthen Food Security in Developing Countries [J]. Foods (1)：82-89.

Erdenechimeg B，Dambayuren S，Battogoo D，et al.，2014. Food and Agriculrure Oranization of The United Nations [M]. Quintessence.

Escaler，M. and Teng，P. and Caballero-Anthony，et al.，2010. Ensuring Urban Food Security in ASEAN (Association of South East Asian Nations)：Summary of the Findings of the Food Security Expert Group Meeting Held in Singapore 4-5 August，2010 [J]. Food Security (4)：407-411.

Farrukh M U，Bashir M K，Hassan S，et al.，2020. Mapping the Food Security Studies in

India, Pakistan and Bangladesh: Review of Research Priorities and Gaps [J]. Global Food Security (4): 100-106.

Femenia F, 2012. Should Private Storage be Subsidized to Stabilize Agricultural Markets after Price Support Schemes are Removed? A General Equilibrium Analysis Applied to European Reforms [J]. Working Papers.

Firdaus R. B, Radin, Senevi Gunaratne Mahinda, et al. , 2019. Does Climate Change Only Affect Food Availability? What Else Matters? [J]. Cogent Food and Agriculture (1): 455-460.

Francesco Laio, Luca Ridolfi, Paolo D' Odorico, 2016. The Past and Future of Food Stocks [J]. Environmental Research Letters (3): 29-35.

Fraser E, Legwegoh A, Krishna K C, 2015. Food Stocks and Grain Reserves: Evaluating Whether Storing Food Creates Resilient Food Systems [J]. Journal of Environmental Studies and Sciences (5): 445-458.

Gouel C, Jean S, 2015. Optimal Food Price Stabilization in a Small Open Developing Country [J]. Policy Research Working Paper (1): 297-306.

H. Charles, J. Godfray, 2010. Food Security: The Challenge of Feeding 9 Billion People [J]. Science (5967): 812-818.

Holben David H, 2002. An Overview of Food Security and Its Measurement [J]. Nutrition today (4): 156-162.

Jha S, Srinivasan P V, 1999. Grain Price Stabilization in India: Evaluation of Policy Alternatives [J]. Agricultural Economics (1): 93-108.

Joda P. Derrickson, Amy Christine Brown, 2002. Food Security Stakeholders in Hawaii: Perceptions of Food Security Monitoring [J]. Journal of Nutrition Education and Behavior (2): 72-84.

Jonatan A. Lassa, Paul Teng, Mely Caballero Anthony, et al. , 2018. Revisiting Emergency Food Reserve Policy and Practice under Disaster and Extreme Climate Events [J]. International Journal of Disaster Risk Science (1): 36-45.

Lines T, 2011. The Potential Establishment of Emergency Food Reserve Funds [J]. UNCTAD Special Unit on Commodities Working Paper Series on Commodities and Development Discussion paper: 3.

Moshe Kostyukovsky, Anatoly Trostanetsky, Elazar Quinn, 2016. Novel Approaches for Integrated Grain Storage Management [J]. Israel Journal of Plant Sciences (1): 7-16.

Muhammad, Abdullah, 2019. Discrepancy in Germination Behavior and Physico-Chemical Quality Traits During Wheat Storage [J]. Journal of Food Processing and Preservation

（10）：54-61.

Per Pinstrup-Andersen, 2009. Food Security：Definition and Measurement ［J］. Food Security
（1）：187-191.

Reutlinger S, Knapp K, IBRD, et al. , 1980. Food Security in Food Deficit countries ［J］. World
Bank, 1980.

Ryu, Jong Sun, 2013. A Critical Review of the Liberalist Concept of Food Security ［J］. Journal of
Northeast Asian Studies, 2013, 18 (1)：257-277.

Samuelson PA, 1954. The Pure Theory of Public Expenditure ［J］. The Review of Economics
and Statistics (36)：387.

Seo-Hee Park, Byung-Jin Park, Dong-Hyuk Jung, et al. , 2019. Association between House-
hold Food Insecurity and Asthma in Korean Adults ［J］. International Journal of Environ-
mental Research and Public Health (12)：12-16.

Shahbaz Khan, Munir A. Hanjra, Jianxin Mu, 2008. Water Management and Crop Produc-
tion for Food Security in China：A Review ［J］. Agricultural Water Management (3)：349-
360.

Shim Jae Eun, Hwang Ji-Yun, Kim Kirang, 2019. Objective and Perceived Food Environ-
ment and Household Economic Resources Related to Food Insecurity in Older Adults Living
Alone in Rural Areas ［J］. BMC geriatrics (1)：234.

Sipiwe Chihana, Jackson Phiri, Douglas Kunda, 2018. An IoT Based Warehouse Intrusion
Detection (E-Perimeter) and Grain Tracking Model for Food Reserve Agency ［J］. International
Journal of Advanced Computer Science and Applications (IJACSA) (9)：434-439.

Stein T. Holden, Hosaena Ghebru, 2016. Land Tenure Reforms, Tenure Security and Food
Security in Poor Agrarian Economies：Causal Linkages and Research Gaps ［J］. Global Food
Security (10)：21-28.

Tatyana Mikhaylovna Yarkova, Andrey Gennadyevich Svetlakov, 2013. The Meaning of the
State Support Development of the Region's Food Reserves in the Framework of the WTO
［J］. Ėkonomika Regiona (4)：28-33.

Vijayakumar Gayathri, B S Mohan Kumar, 2020. A Potential Biopesticide from Amor-
phophallus Paeoniifolious to Increase the Shelf Life of Stored Food Grains ［J］. Journal of
Food Processing and Preservation (2)：32-39.

Yulianis N, Sarastuti, Risfaheri, et al. , 2021. The Implementation and Synergy of Indonesian Na-
tional Food Reserves ［J］. IOP Conference Series：Earth and Environmental Science (1)：
48-54.